中国易学文化传承解读丛书

金口诀应用学

——各类实战预测例题解读

张得计 著

中国商业出版社

图书在版编目(CIP)数据

金口诀应用学／张得计著. —北京：中国商业出版社，2012. 4
ISBN 978-7-5044-7647-0

Ⅰ. ①金… Ⅱ. ①张… Ⅲ. ①周易—研究 Ⅳ. ①B221. 5

中国版本图书馆 CIP数据核字（2012）第 073531 号

责任编辑 许延平

中国商业出版社出版发行
010-63180647 www.c-cbook.com
(100053 北京广安门内报国寺 1 号)
新华书店总店北京发行所经销
北京明月印务有限责任公司印刷
*
710×1000 毫米 1/16 开 25.5 印张 375 千字
2012 年 8 月第 1 版 2012 年 8 月第 1 次印刷
定价：50.00 元
* * * *

《中国易学文化传承解读丛书》出版前言

中国传统文化以诗、书、易、礼、春秋为源头经典。《三字经》上曾讲“诗、书、易，礼、春秋，号六经，当讲求”，又说“有连山，有归藏，有周易，三易详”。在这六种（其中礼，有周礼、礼记二种）经典中，又以易经为最重要的经典。儒家将其列为群经之首，道家将其列为三玄之冠。因此，武汉大学哲学学院博士生导师唐明邦教授将易经称之为“中华文化的源头活水”。

易经文化的传承，一向分为两大部分，一部分是义理的传承，主要从哲学、政治学、社会学、伦理学等人文科学的方面进行阐释、发挥；另 部分就是数术的传承，主要从未来学、预测学、咨询文化的角度进行阐释、发挥，乃至创新、改造。

该套丛书，虽然也有部分文章着重从义理方面进行阐发解读，但大部分著作主要是从数术角度进行传承，进行解读。这十几部书涉及到数术中的绝大部分种类，既有古代称之为“三式”的太乙、奇门、六壬，又有八卦、六爻、梅花易数以及四柱命理等，都是作者近几年最新的研究和实践成果。

数术文化，源远流长。中华传统文化从本质上讲是一种没有宗教的文化(所谓本土宗教道教，也是在佛教等外来宗教传播的形势下，才以道家老子为鼻祖而新创的一种宗教)，而易经数术文化在中国历史上在一定意义上发挥着“准宗教”的作用，起着抚慰广大人民心灵的作用，换言之，发挥着社会心理学的作用。这就是它“野火烧不尽，春风吹又生”，能够顽强生存下来，得到持久传承的原因。即使到现代科学如此昌明的今天，有人称之为电子时代，信息化社会，但它不仅未能消亡，反而仍然在生生不息地传承着。

当今社会上人们虽对数术文化有着不同见解和看法，但大多数人对其并不十分了解。

为了使广大读者能够深层次地了解传统文化中的数术文化，以便独立地确定自己的意见和见解，我们出版了这部“中国易学文化传承解读丛书”。参与解读的作者都是个人研究的心得和实验的成果，正确与否，只是一家之言，一得之见。广大读者可以从中辨别真伪，或赞同，或批判，或质疑，或否定。

本丛书的很多内容讲的是预测及占筮技术。对此，我们比较赞同著名作家柯云路先生的观点，他在给本丛书之一的《梅花新易》一书的序中写道：“占筮技术在当今的实际应用则是该谨慎的。一个，是因为这种占筮技术本身的作用还是有其限度的，现代人该更多依靠科学决策。另一个，这一行良莠不齐，很容易给各种江湖骗子可乘之机。所以，对于一般大众来讲，我的告诫常常是：命一般不算，起码要少算。算错了，被误导，就真不如不算，那很有损害。而要真正使自己活得好，倒是该从大处掌握《易经》中的道理，那就是乾卦讲的‘天行健，君子以自强不息’，还有坤卦讲的‘地势坤，君子以厚德载物’。大的道理是十分简易的，再加上做事中正，为人诚信，与时偕行，知道进退，《易经》的大道理就都有了。”

目　录

第二篇 《大六壬金口诀》——实战预测学系统信息

第三篇　《大六壬金口诀》——实战预测学实例解读

代 序

——数术精华预测学

一、论大六壬金口诀

金口诀是预测学中的一种独特的预测方法。它与三式中的“六壬”有一定的历史渊源，故称六壬金口诀，然而，它的运筹原理，预测手法以及其预测实践中的准确性又非其他预测学所能比，这是我多年来进行研究预测学，通过大量的预测实践验证而得出的结论。下面我就六壬金口诀的历史渊源，运筹原理及其科学价值作一初步探讨。

（一）大六壬金口诀的历史渊源：

对待任何一种文化都要有一个正确的态度，也就是辨证地看问题。中国玄学文化博大精深，源远流长，需要我们研究其合理的内涵，以便继承和发展。对中国术数学中“金口诀”，我花了十几年的时间做收集整理工作并对它加以评释。从文字资料看，无论是明代的《永乐大典》还是清代的《四库全书》、《古今图书集成》，都未将“金口诀”收入书内，就连近年出版的《方术大全》也没有见到“金口诀”的影子，足见其隐藏之深。然而随着孙膑故里在1991年被发现和确定，《大六壬金口诀神课大全》一书也在孙膑故里一带披露于世。那么孙膑与“金口诀”之间有什么必然的联系呢?该书序言称：“世传神课金口诀，命谓述自孙氏膑，膑始谓六壬”，又称“金口诀”，“口口相传，不留文字……用之者神，得之者胜”。由此我们不难看出，“金口诀”一直在民间秘密流传着，几千年来，历久不衰。同时从序言中我们亦可看出，其术为孙膑所创。《大六壬金口诀神课大全》一书约十二万字，深奥难懂，几千年来在民间秘密流传，几经抄袭翻印，增删不一，已非原作原貌，但其预测军事成败、事业兴衰、人生祸福的基本原理和运筹方法，系统而完整地荟萃于该书，堪称一部世所罕见的术数精典佳作。

（二）大六壬金口诀的运筹机理：

“金口诀”是传统预测学领域的一个独特门类。它也是在干支系统、阴阳系统、五行系统以及宇宙全息思想指导下，经前人的长期研究和大量实践所形成的独特的预测方法。“大六壬金口诀”是前人用口诀形式所表达的一部术数学著作。“金口诀”的运筹原理和演绎方法，说到底是易学领域的一种思维模式，这种思维模式主要体现在无极思维与太极思维这两个方面。按照五行原理，对十天干、十二地支、十二月将、十二贵神进行立课推演，其过程所贯穿和体现的就是太极思维——来人所处方位、立课时间、所报数字，以及预测所取的对象，即是宇宙全息对应论，也称无极思维，瞬间定位。

1.“大六壬金口诀”预测是时间、空间和人事的有机统一。

“金口诀”预测是根据天、地、人三才观念，把天体和地球的运转规律同事物的发展变化有机地结合在一起，按照天文历律和五行生克制化原理，推测事物的发展趋势和相对的结果。其立课项目共四位，一地分，二将神，三贵神，四人元。如果把地分喻作钟表的表盘，那么，将神、贵神、人元则分别是表盘上边的时针、分针和秒针。十二地支既可以表示来人的瞬间所处的十二个方位，又可以表示事物变化的十二个方向，还可以表示事物的某种本质特性，而且是确定贵神、人元的重要依据因素。十天干和十二地支、六十甲子的组合规律互相搭配，再按照“金口诀”的既定方法落入课内，便形象而具体地反映出一定的时空状态。依据“金口诀”的思维原理为思维方法，其立课方法和推测方法本身就是对主观唯心主义的否定，也是对不可知论和有神论的无情鞭挞。

2.“大六壬金口诀”预测体现了对立统一的哲学观念。

《周易》思想体系的重要方面就是辩证思维。这一哲学思想影响了中国古代几千年的政治、经济、文化等各个方面，而最能体现这一思想观念的还是古代的预测学。当矛盾双方处于生克制化的平衡状态时，事物便处于相对稳定的静止时期；当矛盾双方处于冲克刑害的剧烈斗争状态时，事物必然急速进入转变状态；事物受这种合力的影响必然发生某种转机；当矛盾双方处于旬中空亡和四大空亡的隐伏状态时，事物受旺衰力量所制约的不确定性则表现得尤其突出。以上四种状态，往往交织在一起和交替出现，共同推动着事物发展，充分体现了矛盾的斗争性和统一性。“金口诀”预测的这种演绎过程和思维特性，具体体现在地分、将神、贵神、人元的相互关系上，四者之间于制衡中求稳定，于斗争中求发展，演化出一幕幕丰富多彩的历史话剧，呈现出了人间吉凶祸福的万千变化，显示出了事物盛衰休咎的必然趋势。

3.“大六壬金口诀”预测包含着灵机变用的无极思维特征。

古人论述灵机灵应、通变活用的言辞很多，如：“易贵通变”、“会易者不占”、“善易者不言易”等。其中道理仍然源于“天人合一”整体观。易学领域的任何术数方法，都是向高层次预测境界发展的一种手段，是从太极思维逐步过渡到无极思维的一座桥梁。世界上任何一门艺术，在创作过程中，都要求进入思维上高度净化的“意境”，这种意境常常是灵感萌动的源泉，被喻为创新意识和创新成果的土壤。“金口诀”的预测原理，同时要求习之者以太极思维为基础，在日常预测实践中自然而然地锻炼自已捕捉外应的思维能力，力求见机心动，有测必用，以期久则生慧，活变通灵。

“金口诀”灵机变用的方法很多，预测实践中最常用的有八种，即（1）取时法；（2）取向法；（3）取数法；（4）取字法；（5）姓名法；（6）占来信法；（7）占来意法；（8）取外应法等。无论哪一方法立课，都可以准确得到所测的信息。比如让求测者任意写一个字，既可以按笔划数起课，也可以用拆字法当机立断。二者并用，有测必中。1993 年夏季我到山东烟台市举办“金口诀”学习班时，曾先后遇到三个写“好”字的求测者，在分别立课占断的同时，又对字形作了一番拆解。一位问婚姻的女士写了一“好”字，“女”和“子”相隔太远，此为男女离异之象。再按笔划立课，断她婚变应在1992年阴历八月，我说出断语后，该女士连连称对。又一女士测来意，先写了“女”字，因字迹不清，又写了一个完整的“好”字。此为二女争一夫之象，主第三者插足。我指出这种现象后，她立即说出了原委：其丈夫参军入伍，又同团长的女儿谈起了恋爱，结果同她办了离婚手续。她心中不服，连告三年。我对她劝解一番，使她打消了再告下去的念头。还有一位女士，求测生意，写了一“好”字，此字连笔写成，落笔时又加了一点，像拖着尾巴，由字观之，笔划相连，一气呵成，主此次生意做得一帆风顺，又多出一点，主事后节外生枝。我又按字笔划起课，断她求财到手，但是不顺利，得财后口舌官司缠身。她说，这宗买卖成交很快，货款两清后因质量问题发生纠纷，产生官司。

“金口诀”预测的思维特征是表现在多方面的，这就构成了推测方法的多样性和时空定位的多向性。对于初学者来说，依法立课不难，难的是抓住用神，以简驭繁，由此及彼，综合判断，从中找出矛盾斗争的激化点，才能把握主要矛盾的主要方面，作出符合事物发展规律的判断。

六壬金口诀的实践特性——“学会金口诀，来人不用说”这句俗语多年来在群众中广为流传，大有称誉易坛之势，可见其术影响之大，其法运作之神。“金口诀”预测之所以应验如神，是因为它在易学理论和演绎方法的结合上别具一格，自成体系，气势恢宏，包罗玄机，以简驭繁，深藏奥理，灵机变用，感而遂通。并且具有简便而易掌握，凡测皆可推断，运筹操作性强，预测准确性高的特点。正因为如此，“金口诀”被古人视为绝术奇技，珍藏秘传，仅为少数人所掌握，不肯也不敢将其流传于世，深恐“泄露天机，受到天谴”。至于“金口诀”中不立文字的口传秘法更是守口如瓶“宁肯失传，绝不妄传”，以免心术不正者得之而危害天下。“金口诀”的实践体现在预测推断的演绎过程，其因果性，全息性和模糊性充分显示出这门科学的哲学意义和存在价值。

(1) 因果性：用一句话来概括就是无此即无彼。按“金口诀”的方法所立之课，反映了求测者所处的特定的时空状态。课中的四位关系描绘出天、地、人的综合信息场态。此课之场态与彼事之应验互为因果，即此因反映彼果，彼果形成于此因。因与果的交接点则是课中的用神，用神呈现旺相其作用力必强，用神呈现衰弱囚死其作用力必弱，运用到预测中即是或胜或败，或得或失，或吉或凶，或福或祸。用神与课中三位的生克制化关系是过去、现在、未来三种信息的具体反映，有此即有彼。课内四位与年、月、日、时所含信息，受人的行为因素制约，二者之间的因果关系有时也会发生微妙的变化。所以，源于天人合一的思想的预测学主张人的思想和行为一定要顺应自然规律和社会规律的发展要求，积德行善不图报，多行不义必自毙。

（2）全息性：所谓易经术数预测学的全息性，系指从个体的现象中演绎出全方位，多角度的整体内容。“金口诀”预测上涉天文，下涉地理，中涉人事，其信息含量尤为可观。按地分十二位，每位十二课，日有十二时，五日为一元计算，可以起得 8640 个课式。而每课又含有天时、军事、经济、人生等各类信息，故“金口诀”的信息含量是难以计算的。再看课中四位，自下向上排列，地分表示田宅、子孙、奴仆、鞍马、六畜；月将表示己身、妻、财、内爻；贵神表示主人、宰相、臣、父、官禄；人元表示客、天、君、祖、外爻。由此可见，一课之中，既可测得此类事物的信息，又可测得彼类事物的信息，是此中含彼的全息性信息网络。加之四位之间的不同交错关系，又表示不同事物的趋势性后果，充分展示多维空间的多种变化。更何况，8640 个课式分别以五行生克休旺作为占断的必要参量，而每个课式又可参照不同的时空，变化万千，真可谓波澜壮阔，包罗万象。毋庸置疑，古人以“神课”二字陪衬“金口诀”是不无道理的。

（3）模糊性：如同模糊性数学原理，“金口诀”预测同样具有模糊性的实践特性。“金口诀”是洞察过去、明了现在、预测未来的学问，它能大至宇宙，世界局势，小到个人命运，甚至生活琐事都能概括地判断事物发展的趋势性后果，有由此点透视全局的效应。我们知道，任何信息都具有细节上的伸缩性，而未来的发展和变化的全过程及其最终结果，只能明其实质，举其大要，言其概观，知其趋势，而不能将其所有的细节点滴不漏地说清楚，更不能以说不清楚细节为由将预测学随意鞭挞。在中国预测学发展史上，任何一种术数门类从诞生、普及到提高，除了自身是否有较高的科学价值和实用价值外，与掌握该术数人员的自身素质和操作水平也有着重要的关系。所以，预测实践中的模糊性现象是符合预测学发展规律的，是不可避免的，而求全责备的态度则是不可取的。

1991年农历五月，全国著名戏曲表演艺术家牛××的一位弟子找我求测其子升学情况和此次出行情况。辛未年、甲午月、辛巳日、丙申时，根据“金口诀”原理推测出如下情况：

①二木夹一火，内外相生，其子求学主事必成，火主二四八数，癸为五数，用款8500元或8800元(办事顺利实用8600元)。

②火主二四八，此行去了四人、二木生中间巳火，为受人之邀而往。课内巳火为用，火旺之相，金死于火中，卯为船车，被辛金克主车翻伤人，卯木遇火必自焚。“金口诀”云：“庚辛白虎在外亡，若见火上更凶伤”。以此课论，途中当有车祸之凶灾。

③人元与神干辛金同克贵神卯木，卯又为门户，主出行有阻隔，乘车被巳火所克，主将车窗玻璃撞碎。

④地分卯木与贵神六合卯木生将神巳火，火炎上而克人元与神干辛金，人元为头部和颈部，神干为胸肋背，所以破窗而出之时必然伤及身体上部。

⑤二辛金克卯木，主车撞树被伤。

⑥人元辛金为道路，将巳火克人元辛金，主叉路口拐弯处。

⑦巳与申明合暗刑，将干癸水被时干丙火所绝，辛又为道路，所以这次交通事故应发生在下午3到5点。

⑧丙申合于辛卯，此路方向东北至西南，车祸发生在行驶中的左侧路边。

⑨申时的干为丙，与课中二辛争合，为争夺之象。车祸发生是因为超车争夺路面而致。

⑩贵神六合木为酒食之物，主司机巳时曾喝酒，因酒后驾驶而发生车祸。

⑪人元、神干辛入课，为逢天德喜神，夏占丑寅卯入课为得天喜之助，但夏火克辛金，辛金克卯木，定然喜中生悲。

⑫课中不见丑，本为不逢飞天五鬼，但求测者属丑牛，名字又叫“子丑”，正应“丙辛见丑土，飞天五鬼凶”，又“辛日见申为廉，天灾人祸不可免”。建议：当天办完事后，当天不要回来。若推到第二天，可避免车祸发生。当时，他听了我的预测情况只是笑笑，答应按我说的做。可是，他出行办事时，事情办的顺利，中午与司机喝了酒，把我的话给忘了，当天驾车回来，结果在中途发生了车祸，与我的预测完全吻合，车祸发生后，一位同乡的车辆经过救了他们。为此事他事后专门宴请了我，向我说了当时的状况。

不知道哪位学者发明了“逻辑切片”这个词，这个名词词不达意，把它用到“金口诀”预测原理上却是非常贴切的。任一事物发展过程中的任一阶段，都是这一事物的横切面，即是“逻辑切片”的引申义。“金口诀”的预测实践过程，即是由一个一个的“逻辑切片”组合而成的。

（三）六壬金口诀的预测价值：

“六”者天一也，地五成之，“壬”者人也。合而言之，即为尊从天、地、人三才之理，推崇天、地、人三才之道，合于天、地、人三才之法，广被天、地、人三才之德。壬又属阳水，水有形而无体，随方而方，随圆而圆，随大而大，随小而小，随变而变。刚柔相济，无缝不入，无处不有。是故“金口诀”对世间万事万物无所不包，占无不应，主张效法自然，无为而为，从而超出了一般的古代预测学。上世纪80年代初期，我有幸拜在“金口诀”门下，得到吕鸿雁先师的亲授，步入“金口诀”的奥秘之门，逐渐踏进易学神秘文化的殿堂，以后便一发而不可收，学习到许多易学知识，从中悟解了许多自然科学知识，亲身领略了“金口诀”这一奇术绝技的众多灵验画面，为中华民族传统文化的博大精深感到由衷的自豪，全人类有此文化瑰宝而骄傲，也为“金口诀”得以传扬天下而高兴。

“大六壬金口诀”的理论价值和实用价值是不可低估的。

从“金口诀”的哲学意义上来看，集中体现了人时空统一观，《周易》学说的天、地、人三才整体观，深刻揭示了人和自然实质性关系，具有一定的哲学研究价值。世界是物质的世界，时间和空间是无限的，是由物质所组成的，并且是可以认识的。而易学中的天、地、人三才整体观从宏观上揭示了与时空的辩证关系，要人们必须遵从自然法则和社会法则，并以此来规定自身的言语和行动，顺应事物发展的客观规律要求。“金口诀”的基本理论和演绎方法与上述哲学思想达到了高度的和谐统一，以其可操作性和可重复性论证了它的科学性。比如“金口诀”中的发用原理，是预测实践的重要组成部分，包括两方面的内容，一是取用爻之法，规定三阴一阳，以阳为用；三阳一阴，以阴为用；二阴二阳，以将为用；纯阴反阳，以将为用，纯阳反阴，以神为用。二是取五动爻之法，规定干克方为妻动，神克干为官动，神克将为贼动，将克神为财动，方克干为鬼动。在这里明确指出：“凡课以发用为由，五动为发用之门，用爻为万物本体。”课中的用爻和动爻，是所测事物的信息枢纽。以此为焦点所展开的演绎过程，盘根错节，环环相扣，把人与自然的种种关系，生动而具体地展现在推测者的面前。演绎过程的各个环节无不渗透着阴阳消长的时空观点和五行生克的辩证观点，其时空场能态的信息变化令人叹为观止。从中可以体验到“金口诀”预测不仅是一种高级演绎方法，更重要的是一种别具风格的辩证唯物主义的完整思维体系。

从“金口诀”的社会作用看，全方位地适应了当今信息社会发展需求，既反馈过去信息，又折射未来的信息，能够多角度地提供决策依据，具有一定的决策参考价值。“金口诀”所包容的丰富信息，具有两个特点：

一是在时间上跳跃度大，对事物纵向发展层面很深，对事物横向发展的每个枝节都可以进行解析。把“金口诀”说成是信息网络系统是毫不为过的。从一般意义上讲，“金口诀”是参谋机关的“秘密武器”，它以“知己知彼，百战不殆”为宗旨，着重于敌我双方的军事部署，战局发展进程，最终胜负结果和战斗善后处理等环节的预测，同时还可以预测敌方地理特征，军纪军心，作战意图，用兵时间，奸细位置，逃跑方向等，甚至敌方将领的性格特征及能否被擒情况。对我军的预测，主要是安营扎寨，兵力配备，主攻方向，进攻时间以及转败为胜，转换时空等。我曾经将历史上的许多著名战役重新立课演示，特别是战国时期孙膑亲自指挥的“桂陵之战”更是神课灵验，从而摸索出很多规律性的东西，在军事预测研究方面领悟了一些新的道理。“金口诀”在军事预测领域所作出的贡献有待整理，其宝贵经验有待深化，其运筹机理有待研究。在这之前，仓促将研究成果披露于世，是不合时宜的，也是不明智的。

二是经济决策。易学界有这样一种说法：易学预测只有为经济服务，才能跟上时代前进的步伐，才能在新时期大放光彩。这句话说得很有道理，这也是人心所向，大势所趋。商场就是战场，要打有把握之仗，必须重视事先预测。正如古人说的：“凡事预则立，不预则废”。

三是人类决策。关于人生节律问题，古今中外的专家学者投入了大量的精力进行研究，已取得了可喜的成果，“金口诀”对这个问题也作了大胆的尝试，并且形成了一套系列的操作方法。比如将人出生的年月日时立成四课，将姓名笔画数立成一课或三课，以及按宅命法立课和按门位法立课测家运等，都可以预测出人生历程的盛衰周期和吉凶轨迹，使被测者做到心中有数，洞察天机，进退有备，决策无误。

四是“金口诀”的趋吉避凶价值。每个人的出生时间和地点，即是他生命场在宇宙大背景下的特定时空点，每件事的发生时间地点，也是当事者人生历程中所遇到的特定时空点。这两个时空点的场态性质，相合则有吉事，相悖则有凶事。吉事不知难全吉，凶事不知其凶倍增。“金口诀”趋吉避凶的作用表现在：抓住有利时间，到有利方向的地点，去做有利的事情，避开不利的时间、方向、地方，以不变应万变，以一静制万动。其趋吉避凶的运筹机理是：时空点的场态具有一定的阴阳属性和五行属性，并由此构成一定的场能作用力。按照阴阳消长和五行制化的原理，太过者泄其势，不及者助其力，用互相制约的办法求得平衡，从而达到趋吉避凶的目的。预测实践中，有的凶灾能够化解，有的不能化解。一般来讲，趋吉避凶的具体方法有以下几种：信息组场法，择时方位法，住宅调整法，姓名变更法，吉祥物设置法，行为修炼法等。这些方法，有调整气场的因素，也有心理学因素，有的能够用现代科学原理解释，有的则属于唯象理论的范畴。

“金口诀”预测同术数中其他至今仍行之有效的预测方法一样，都有其科学价值。熟练掌握预测之术，有一个循序渐进的过程，初学者不可能一测即准，经验丰富也不可能百分之百的正确，但这些都抹杀不了易学的价值和作用，作为“金口诀”这一术数学的研究者和实践者，应当坚信——“实践是检验真理的惟一标准”这一思想，敢于实践、勤于检验，不断创新，扬弃并用，博闻强记，灵活变通，用现代科学进行分析研究，加以发展改造，才能逐步提高预测的准确率，成为“金口诀”预测的行家，使“金口诀”为人类服务，为人类造福。

张得计

1996 年于北京

《大六壬金口诀》
——至简至精的决策方法和工具

游石松

凡事都需要谋略，复杂性科学认为，事物要从无序走向有序，是需要组织运用谋略来实现的。中华民族特别重视对谋略的研究，早在春秋战国时期就已形成了“士”阶层，专门注重“人一人关系”的研究，杰出的谋略奇才不断涌现，有关谋略理论的论述则分散于诸如像古代兵法等类的著作中。直到上世纪80年代，关于谋略理论的集中体系的论述——《军事谋略学》（李炳彦、孙兢著）才正式问世。

谋略的真谛是什么？汉代刘向有一段深刻的论述：“谋有两端，上谋知命，其次知事。知命者，预见存亡祸福之源，早知盛衰废兴之始，防事之未萌，避难于无形……彼知事者亦尚矣，见事而知得失成败之分，而究其终极，故无败业废功。”（刘向《说苑》）

实现谋略真谛的道路有现代与传统之分，或者说是“科学”与“神秘”之分

“科学”走过来的是一条复杂的路，且“精英”亦难于掌握、难于奏效。例如现代的管理科学（管理的核心是决策），在近一百年来从泰勒的“科学管理”开始，经过马斯洛的“以人为本”，麦肯锡、波特的“战略竞争”，戴明的“日本式管理技巧”，彼得的“学习型组织”，发展到现在的“复杂科学管理”。各种管理方法成百上千，形成了丛林状态，令人眼花缭乱。在“复杂科学管理”中，现代科学最新的“耗散结构理论”、“协同学理论”、“超循环理论”、“突变理论”、“混沌理论”、“分形理论”、“复杂性理论”全

都上了阵，真可谓复杂。

可这些现代的“科学”理论和方法的掌握、运用，说起来是一个“难”字，既难以掌握，又难以奏效。因为当今管理的难点，主要在于事物的复杂程度日益增加；参与人群的价值观与利益的差异不断增大，使人们难以把握事物中诸多因素的辩证关系，进而难以把握事物的整体性和对变化的适应性，因此而产生顾此失彼，甚至丢了西瓜捡了芝麻的情况。其结果，或者是不能保证成功；或者是成功的程度不高；或者是短暂的成功之后的停滞、下滑、直至失败。在应对这种情况中，连当今在全球占统治地位的“系统理论”也只能不断改进自身，以适应变化。它先将原“硬系统理论”改进为“软系统理论”，进而又发展到“辩证系统理论”，但这种改进恐怕将是持续的，无有止境。原因就是这些“科学”理论、方法是跟随时代而发展的，它们不含“超前”因子，只能在时代后面亦步亦趋。

神秘的东方“易学”，则不然，它是“广大悉备，有天道焉，有人道焉，有地道焉”，它是超越时空的。“神秘”并非迷信，也不是伪科学，是“百姓日用而不明”也。美国物理学家F·卡普拉在他的《现代物理学和东方神秘主义》中指出这两者是平行发展的，东方神秘主义不断启发现代物理学的研究，现代物理学的研究成果不断证明东方神秘主义。卡普拉说的东方神秘主义包括佛学、道学、易学、中医、瑜伽等。就我们自己来认识“神秘”，它较之世界其他文化，是一种“早熟文化”（梁漱溟语）。这种文化具有时间的超前性和空间的超越性。属于易学范畴的《大六壬神课金口诀》，正在走向大众，走向现代社会的各个方面，为广大群众所掌握。以我同六壬金口诀第78代传人张得计老师的接触中所见所闻来看，是真实不谬的。

开始，我电话向张老师的学生柴旭辉求解我朋友的一件事，没说具体是什么事，柴也只要了我朋友的一个条件，我报的是年龄。几分钟后柴复电告知，先说出我朋友的长相特征，接着说那件事不好办，他测到的是拟与人合作，但对方尚有官司未了，结果完全正确，增加了我对金口诀的信心。

张老师在“北大”当访问学者期间，任务之一是用金口诀来解解放战争和抗美援朝的“战例”。他只须先了解某个战例中的一个起始因素，如时间、地点、指挥者等，就可以推演整个战斗或战役的进程和结果，再与“战例”相对照，其结果都是相符的。我看到他有厚厚的推演记录。

1996年7月6日，军事统筹学会在北京西山对张得计教授进行了为期三天的专门考测，内容除了口头提问外，还有“以棋演兵”和“步兵班攻防的预先判断”、“以正出兵以奇制胜的伏击法”三项。以棋演兵是在楼下另请人找两名战士下棋，考测与被考测者均不知情，只请对手中的一人与张见一面，或者在场人提出预谋的课题，要求判断其对手的情况和一段时间内的棋局结果。攻防判断是要求事先说出攻击、退却的方向和战斗的结果。这些他都给出了与实际情况和结果相符的答案，他的预知准确度超越了我们现在所用的统计学，以及逻辑推理学很多，他的研究成果令在场的军事专家无不称为奇术，他这个人被大家称为军事奇才，至此统筹学会将张得计教授聘为军事谋略研究中心主任研究员。

之后张老师以主要精力介入市场经济，同时开办培训班。1998年夏天在北戴河天津工人疗养院的培训班上，金口诀又展现出精彩的一幕。在开幕的当天一位浙江的女学员点了方位“酉”要求为自己当前的问题求解，张老师将她从商的经过及遇到的问题和症结一一道出，同时指出了破解的办法，令她诚服。不料在培训班将结束前，一位宁夏的女学员又特意点了方位“酉”来求解自己当前的问题，她是要试一试张老师的功底。张老师在同一的方位上道出的是她的婚姻破裂的原因和时间，以及儿子因故致病且坐轮椅的情况，因而她更坚定了要张老师收其子为徒的决心。

1998年秋我到广州会见张老师，顺便带了几位朋友请他给以指点，问题有生意上的、有个人升迁的、还有赴美国签证是否能拿到的，等等，张老师均从“外应”给予了答案。事后我了解，做生意的越来越好，升迁的已经遂意，欲求签证者至今未获。

金口诀在科学试验中也得到了应用，河北邯郸的张总的纳米保温材料配方，用的是金口诀，但和用华罗庚教授的“优选法”一样取得了好的效果。凡此种种的事例说明“六壬金口诀”的神奇，也让我们从中看出一个问题，那就是“大道至简”、“大道至善”。金口诀不需要现代科学所要求的那么多而不易取得的条件、数据、资料，也不需要动用电子计算机，更不需要“云计算”。对于现代“科学”无法办到的社会、人事等问题的求解，金口诀也是等闲视之，真正的一个“秀才不出门，全知天下事”啊！我们何不好好地利用这个“至简”“至善”的方法和工具，来促进我们事业的成功、优化、良性循环，为国家的富强、为民族的复兴建功立业呢。

现代“科学”和“神秘”主义各有所长，各有其用，不能以现代“科学”的标准来衡量和要求“神秘”主义，因为这不是同类的东西，否则就会陷入“科学迷信”（张老师的一位朋友，应用数学专家郭俊义教授驳某反伪科学权威的用语）。现代“科学”并不能包打天下，世界文化必须是多元的。易学的主要贡献在于，它的思维模式符合辩证法认为事物之间是相互联系、相互作用的原理。“易学”以其思维模式从紊乱中找到了联系、从混沌中理清了线条。它还用自己的语言描述了那些事物之间不计其数的相互作用——生、克、制、化，以及相互作用的节律、周期——旺、相、休、囚、死。这是几千年来被无数实践所证明了的真实不虚。故又见F·卡普拉说：“量子力学迫使我们认识到，宇宙并不是物体的集合，而是统一体中各部分间相互关系的复杂网络。但这正是东方神秘主义体验世界的方式，他们所描述的体验与原子物理学家所使用的语言是极其相似的。”

2010年12月26日

（作者曾是中国军事统筹学会常务理事，现为中国优选法统筹法与经济数学研究会统筹分会常务理事兼副秘书长、中国发展战略学研究会会员）

《大六壬金口诀》——我国传统易经文化的瑰宝

朱建国

我虽是八十几岁的老人历经人生沧桑，虽从军出生入死，以追随党的事业为己任，同时爱好国学文化以及超越性的思想、特异性的思维、尖端性的科学，以及超常思维的神学、宇宙学、外星人学、公理学说等，所以追随着各种各样的非主流社会超常思维，超常人物，虽耗尽精力，总以苦为乐。追求真理，寻求公理。在朋友的介绍下，我认识了张得计先生。看到了张先生的朴实个性、坦荡包容的胸怀以及他提出“多算胜，少算不胜，何况不算乎。”是公理，不是科学、不是玄学、不是迷信的学术观点，吸引了我，使我不得不追随他，研究他的公理思想并且参与用公理解读事理的方法，见证了此方法的正确性。

古往今来集易经、阴符经、太阳经、内经、兵经、阴兵兵经和奇门遁甲精粹之大六壬金口诀，经姜尚、孙武、鬼谷、孙膑、孔子、张良、陈平、孔明等高人几千年的精心研究与实践考验的结果，不断传承发展，直到张得计先生将古人的智慧与现代科技结合进行至大至始的自主创新，使这一神奇的古老绝学《大六壬金口诀》在实践运用中达到了自然公理的水准，形成了我国传统文化国学易经中之瑰宝。不论任何人你只要确实爱好它，认真学习它，遵循它的公理规则，奉行相关的道德规范，都能在你的认知水平上，增智开悟、科学决策、统筹事务、发财致富、趋利避害、化凶为善等方面得到更大的成就。《大六壬金口诀》乃王者之学，品德高尚之人若能为国家或世界在军、政、公、经、金、教、科、文、外等领域应用，将能解决人、文艺学、社会学中的核心难题，逐步消除自私、贪欲、专制、独裁、战争、恐怖、污染等各种人祸灾害，才能应运逐步实现和谐、和平、民主、自由、公平、正义、尊严、文明和进步、引领人类在21世纪面临重大灾祸中减少损失，向更高的宇宙文明尽快转进。定能解决柳传志所写的一封百年信所提到四大问题：2106年，中国和世界会打大战争吗？会发生危机、多数人有大灾吗？中国何时方能处于世界领先地位？中国大多数人何时能生活在富裕、尊严、幸福之中？可能《大六壬金口诀》能给予相当精准的回答。

我们国家以马列为宝，功绩不少，若能重视国宝，参与决策，将会取得更大成就。若用大六壬金口诀这套自然公理方法参与决策，一定会更辉煌。人们活在天、地、间、生、人、物、事、理、法、时、空之中，受日、月、星、辰等和地内、地外高智慧生物的四正、五毒、六欲、七情之影响。导致了人类的本源思维被埋没。至简至易的智慧不能为人类和谐发挥它的应有作用，《大六壬金口诀》用特定的公理、数理模型架构，以瞬间定位的模式，解析自然界客观存在的生克关系，客观描述、理性指导某个问题的内外生克联系、因果是非、吉凶利弊、过程结果，从而为我们提供正确的决策思维、行动、语言、气味，进一步得出符合实际的先知预测理论与方法。

根据钱学森大成智慧论认为：人们想认识、改变和顺应世界，要靠自然科学的辩证法、社会科学的历史唯物论、思维科学的认识论、数理哲学各门具体科学的核心理论和专家系统，但光凭这些还不能对各种开放的复杂巨系统作出科学的决策。必须充分吸收民间高人的特异灵感思维和实践各类思维的大量宝贵经验，才能使决策者的思维、行动、语言、气味逐步接近客观公理，作出比较正确、近于实际的科学决策。我根据国家权威机构长时间、多领域跟踪的实例总结，张得计先生传承、研究的大六壬金口诀公理预测、对各种事件兴衰成败的准确率达到95%左右，它比目前任何一种现代科学统计方法、预测方法更快、更准、更接近真理，其实用性成本也是最低的。它应该定位是我国独立拥有的一种超强大软实力，在当前激烈的国际经济领域竞争中，它处于十分有利的地位。在当前我国军、政、科技硬件落后的情况下，如何将知己、知彼、多算、知胜、制度、谋略等提升为国家对外竞争的核心力量，我坚信我国综合国力不比任何貌似强大的国家差。我们只要将圣人之智慧给予深度的挖掘和整理，将此真理、公理运用于军事、政治、社会以及科学定可能促进人类文明的发展。

由于本人多年来一直跟踪关注参与张得计先生对大六壬金口诀的理论与方法的研究和实践应用，证实了他研究的理论与方法是公理，我见识了用公理解读事理的正确性、权威性。我亲身参与了，并亲眼看到了用此公理提前测试马英九先生大选时是否上台，上台时穿什么颜色的衣服，带什么颜色的领带，选票比对方的差距等，我们根据金口诀的预测公理提前三周的时间解析了马英九上台的人生事理，其验证结果是非常正确的。他上台的那一天正如我们预测的结果一样，穿的是一身蓝色的衣服，带的是一条红色的领带，其票数比对方高达接近一倍。这种预测的准确度如果你不是亲身参与、亲眼看到，你绝对不会相信世上还有这样的公理能准确地解析事理。所以说没有见到真正的公理谁都会说公理是迷信，是玄学。

我想，是金子总会发光的，公理的光芒和力量是任何人不可战胜的。是任何谬论不可以将它驳倒的，我深信大六壬金口诀一定会在我国得到更快、更好、更多、更广的传播应用，特别是一切希望自学成才的人、事业向上的人、人生需要大成就的人，一切高智能商人、高学历、高职位的人，我们应该尊崇、学习、应用、创新、传播国之瑰宝公理，这也是国人跳出易经是迷信、是玄学、不是科学的历史怪圈的最佳途径。此体会是以为序。

2010 年 12 月 13 日于北京

前　言

一、论万物瞬间定位

《万物瞬间定位立体决策思维》是本人于1996年在北京大学做访问学者时将佛学、道学、儒学、兵学、玄学、神学给予逻辑切割，创编而成的。

通过古代与现代全息思想的讨论，我们只是回答了自然向人们提出的新的问题，用新的思想观点来面对问题。这一章，我们将讨论考察万物的基本点，有这个点，我们便可以衡量万物，把握万物，掌握其规律，为我所用。这个点就是万物存在发展的四大要素：时（所处的某一时间段），位（所在的空间位置及其各种条件），量（其存在的数，质量），性（所具有的客观属性）。我们下面对这四大要素分别加以讨论。

一、时、位、量、性

（一）时：

人们对时间观念形成很早，传说中，有“结绳记时”的说法，而在最早的文字甲骨文中，成系统的文字便是记时文字。即十天干（甲、乙、丙、丁、戊、己、庚、辛、壬、癸）与十二地支（子、丑、寅、卯、辰、巳、午、未、申、酉、戌、亥）。有了时间观念，那么，标记事件就有序可寻了。从人们形成时间概念的前后来看，是先有“日”的概念。在甲骨文中也有反映，只记载日，而不计其他。每一天太阳升落一次，作为一个记时单位最先被人们感知当无可非议。为什么用干来称十天干的记时名称，这一点我另有专文讨论，因古人观察太阳以树干作参照物的缘故。太阳另有别名叫“扶桑”便是印证。其次万物生长靠太阳，太阳的行为与地球上的一切生命活动息息相关。“日出而作，日落而息”的古老格言，是先民生活与太阳活动协调一致的证明，太阳成了计时的首选参照物。太阳一次又一次的东出西没，做着不间断的周期运动。于是，日出日落所显示的太阳绕地球的周期转动(古人观察的结果，现在我们当然知道实际上是地球绕太阳运转)，成了人类计时的第一时间单位：日。

第二个时间单位是“月”，太阳掌管着白天，而月亮掌握着夜晚。它是夜空的太阳，它的阴晴圆缺的周期给人们提供了一个新的较长的计时单位。且每月的变化与物候变化联系起来。

第三个时间单位是“年”，这一时间单位不是来源于天象，而是源于物候——大地上诸种生命的周期变化。由每月的物候的演变，积十二个月大致可以循环一次。这些草木一荣一枯鸟兽眠而又醒，显示了大地在一个更长时段的周期变化，这就是“年”。“年”这个时间单位有多种说法。《尔雅·释天》说：夏曰岁，商曰祀，周曰年，唐曰载。

关于时辰的划分它是很晚的事情了。因为那时人们的时间观念并不如现代人强，分秒必争。白天黑夜概念形成很早，再把白天与黑夜划分开来，是通过计算日影的长短而来。中国人根据天干地支的计时法，把一昼夜分为十二个时辰。埃及人最先将一天划分为 24 小时。现在计时用的分秒是从西方引进的文化了。中国人比时辰更小的计时单位分秒。与现在的分秒不一致。其计算方法，可参考古代预测学——《太乙》。

有了年、月、日、时的划分，配以计时的干支，就容易把一个具体时间确定下来。于是万物存在发展变化便可以在时间流逝中加以记录了。万物皆在时间中，而关于时间的区分形成概念，并用文字的形成固定下来，其中的发展过程是极其漫长的。其中包含了多少对宇宙万物的观察与思考，融进了多少宇宙万物的信息，是我们无法想像的。

(二) 位：

有了时间观念可以察往知来。对考察限定事物是不够的，因为，任何事物不仅在时间内，同时也在空间内，有了时间，还必须有空间。它们是不可分的，故而才有了它们紧密结合的名词——时空，或者说成宇宙。在这里，我们给空间连同空间中的各种条件合在一起称为“位”。

位的观念的形成。位的观念的形成可能要比时的观念还早些，至少不会晚于时。天干地支是时间符号，那么，八卦符号，河图洛书可以说是空间符号。在太极与八卦的解说中，我们知道：“无极生太极，太极生两仪，两仪生四相，四相生八方。”八方用八种符号代之。即八卦符号，这里解释了从无到有，从零状态到可以指方定位的空间的生成。这就是说，古人的空间方位意识观念已相当成熟了。在先天八卦中，乾为南，为上为天，坤为北，为下，为地。到了后天八卦中，古人根据卦象与各方位的具体物象变化定出了各卦新的方位，即：坎为北为水，离为南属火，兑为西为金，震为东为木，巽为东南为木，坤为西南为木，乾为西北为金，艮为东北为土。

古人在长期的生产活动中，逐渐又使用了地支代十二方位。因为亥子月为冬，为阴冷，认为与水相关，定为北，同样巳午月为夏，为炎热，与火相关，定为南，申酉为秋为西，寅卯春为东。再把四个土月分别分到四个方位去，形成了地支十二方位，子为北，丑为东北偏北，寅为东北偏东，卯为东。辰为西偏南，巳为东南偏南。午为南，未为西南偏南，申为西南偏西。酉为西，戌为西北偏西，亥为西北偏北。这相当于把四周看成一个圆，平均分为十二份，每份占三十度。这样，用记录时间的十二地支来定十二方位，古人就把时空给统一起来了。

这样，有了时空观念，对考察描述规定事物便有了依据。时空范围内仅能描述存在有无，对于事物本身的规定考察还必须量有尺度。这便形成了量与性。

（三）量：

人们要对事物的多与少，大与小。重与轻加以计量描述，量的多少势必与数有关。数的产生时代很早，从现有的文字资料来看，比时间的观念形成要早得多。从传说中九天玄女传八卦与洛书来看，数字的传播者是位女性。

在闪烁不定的神话色彩中，我们可以窥到，这些数字在母系氏族时代就已成熟。河图与洛书这两幅与数字有关的图示，给现代人以深深的震撼，为它高超绝伦的数字排列而惊叹不已。其中这些数中含有多少宇宙的信息，至今仍无人可以揭开。现在我们要讨论的是：数字只有九个数。同时反映了数的限，即数大不过九，再增即变，数小不过一，再减即变零。有关洛书九宫图独特的排列形式，有专门文章讨论。数字产生后，计量问题便可迎刃而解了。

（四）性：

性，万事万物皆有性。纷繁驳杂，变化万千的自然之物，它们由什么组成的，由哪些基本物质构成？五行为木主东，火主南，金主西，水主北，土主中央。甲乙属木属东方，丙丁属火属南方，戊己属土属中央，庚辛金属西方，壬癸属水属北方。地支五行规定同理，因亥子为北方属水，寅卯属东方属木，巳午为南方属火，申酉属西方属金，辰戌丑未为四季土为中央。有了金木水火土万物五性，加上时、空、量就可以精确地描述评说规定事物了。

这里需补充的是，在干支方位中；惟独中央未定，同时，干支与数未规定。古人在长期实践中对万物有了丰富的感观知识后，认为脚下的土生长万物处于中央位，这样干支中的土便为中央土，又因数在九宫图中，五处中央土属量五。这样，数在九宫图中戴九履一，左三右七；二四为肩，六八为足。而干支数的规定与九宫图不能天衣无缝的吻合，因有十天干，十二地支。人们在实践中，总结出干支与数的对应为甲己子午九，乙庚丑未八，丙辛寅申七，丁壬卯酉六，戊癸辰戌五，巳亥为四，或为金木三六九，水土一五七，火主二四八。至此我们可以看出干支与时、位、量、性都有了对应。而万事万物的存在，发展，消亡都在时位量性之中。从中我们可以看出干支就是宇宙万物的全息元。古人通过干支来描述评说事物、规范事物便有了准则。

有了以上客观的时、位、量、性的概念，我们便可以讨论万事万物的存在，发展，变化、消亡的过程。也可以考察历史，认识现在，预测未来。怎样考察、认识和预测呢，下面我们来讨论一些主观的条件。因为任何事物都处在时间流逝中，处在永恒的运动中，这是客观的，我们也无法去把握和认识；要充分把握和认识，必须在主观上设立一定的条件，这便是定。

二、定时、定位、定量、定性

万事万物都处在时间中，处在永不停息的运动中，运动是绝对的，正像时间不会停止一样，我们在考察评价它们时，总是在特定的时间内，长可以跨越千年，短可以在瞬间微秒，只要时间规定后，那么便可以从容考察研究了。

（一）定时：

定时，就是我们根据考察研究的对象，研究的目的，把时间控制在一定范围内考察研究。时间不确定就无法进行考察研究，我们要研究蝴蝶的外形、色彩、习性等，只能是蛹化蝶后的时间段，往前只是一只蛹。躲进壳中的蛹，它的生命象是在休眠状态，内部正悄悄地发生变化。再往前，它只是一只青虫，在不停地吃与长；再往前，它只是一只卵。所以，我们给蝶定性中——会飞，只能是它的生命最后阶段的性质。我们可以看出蝶的一生有四个时期，卵——青虫（幼虫）——蛹——蝶。每个时间段中，生命状态都有质的差别。从中我们可以看出定时重要性。时—空，我们就可以肯定地判断它是蝶或不是蝶。如果我们考察某一物种的演变时，我们要追溯上千万年甚至上亿年，物种的变化才有显著的差别。也就是说，在某阶段数十个春秋间，物种是不变的稳定的，具有同样的性质，也就是说，某一物种如植物的高度，叶面大小，花的颜色，果实的滋味等等都是固定的。相对于上千万年甚至上亿年来说，数十个春秋的时间是定的。故植物的高度，叶子的形状，花的颜色，果实的滋味是固定的，不变的。当我们考察一株长年生植物时，它的变化在一年内就会显现出来，但某一天就不会显现出来，那么，天的时间对它来说，是定的。一年生植物每小时的变化是显不出来的，小时对它来说是定的。如果是数小时生菌类，或更短时间生菌类，那么，时间将会变得更小，在理论上就是瞬间定时，即在考察的刹那，一切都定下来，凝止不动，像照相机快门闪动的刹那，一切都定格了，在这种定格内考察事物瞬间的一切。尽管在实践中很难做到，在理论上是不容置疑的，只要把时间固定下来，便可以从容考察研究事物了。

（二）定位

当时定下来后，随之而来的就是定位，位不确定，那么，结果可能还不一样。位的确定同样是随考察研究对象而定。比如，当我们确定一断圆木生长的情况。通过年轮可以判断它生长的时间，通过年轮差距可以知道每年的长势，通过同一年轮的偏差可以判断树生长的某一面是向阳的，从而可以断定树木面向的方位。这里的对圆木面向的方位的判断，必须先定位，即先确定它生长在南半球还是北半球，南北有别，方向相反。再比如，同样一个物种——虎。东北虎与华南虎，就有许多不同点。这恐怕是生活在不同地理环境产生的吧。同样，在城市中成长的孩子与在乡村成长起来的孩子也全不一样。就是同一个人，位不同，也会产生不同的思想个性。我们在论人时，常有“士别三日，当刮目相看”之说，这是时间上的差异而不能用老眼光来看问题。 还有一句“时位之移人也”，虽然时与位相提并论，但主要是针对位来说的。当年落难的国君到处逃难，在又冷又饿的情况下,农夫煮芋给他吃，自然是又香又甜，当这位国君又重临朝，君临天下，尝尽山珍海味后，又吃煮芋，滋味当如何?肯定不好吃，为什么?地位已发生了变化——吃尽了山珍海味后，如果他依然是饥饱难料的落难者，情况恐怕就不同了。位的不同，考察的结果就会不一样。从讨论中，我们可以看出，位在这里涵盖内容很广，地理位置，所处环境，前后上下左右的关系等等都在位的范围。比如苹果在北方生长就会长得大，味甜。相对在南方就差得多，橘子则刚好相反。这里位的影响，主要是气候的原因，哈密瓜在新疆生长强于其他地方。这里位有了这个规定，我们考察的结果与之比较，得出最后的定性——好还是不好。这里后面的定量是人为的规定。

（三）定量

在事物本身也有个量的规定，不是人规定的，是物体所固有的。我们通过考察可以总结出来。比如，在上面考察蝴蝶的一生，其中的青虫阶段，在它的体重增加到一定的程度时，就会结茧变蛹。这就是青虫自身的定量，我们考察时，就会根据青虫的体重用量的规律推知青虫还要多长时间才能结茧成蛹。再如树上的蝉，它的幼虫在地下一般生成三到五年。当量增加到某个程度时，就会爬出地面，脱变成蝉，量不够，就不能成蝉，所以蝉的幼虫在地下生活最长可达十多年，以求量的增加到一定的限度，才爬出地面。然而在社会中，一些社会行为量的规定是人为的，也就是说，人们根据总结一定的规律制出一个量的极限，作为定性的标准。比如：贪污一元钱不犯法只是违纪，二元呢，三元呢，在什么量上才是违法，必须在量上有所规定，贪污一百元构不成犯罪，二百元呢，三百元呢，多少才构成犯罪，必须有个量的问题。这些量的规定，都是人为的规定，它给定性提供了标准。下面我们再来讨论一下定性问题。

（四）定性

当我们考察的事物在定时定位又定量的情况下便可定性了。因为时位量规定事物的性，任何事物都如此。比如在树种破土而出的时候时间一定，它所处的位也定了——外部的生存条件长在土里，外部的气候条件等等定了。量也定了——它的高矮、粗细，韧度等都定了。在这种情况下，我们便可以给它定性——树苗。它的这一特性规定了它不能架屋，不能做家具。随着时间的推移，它在所处的位中生长变化，通过量的增加后，它就发生了性的变化——大树，原来不具有的性质也便具有了。

应该说，时、位、量、性是紧密联系不可分割的，通过这四个方面的考察，我们去规定一个事物。时与位是外部的，量与性是内部的，因为量性离不开时空，所以这四者之间，任何一方面变了，都会导致其他几方面的变化。由于人们为了把握事物，对于定性相对稳定，比如对蝴蝶，这是人们从宏观上为了把握才这样定性的，实质上，时、位、量只要稍微一变，那么性也就会随着变。这是毫无疑问的，比如从树苗到大树，它们之间不像蝴蝶一生那样有明显的标志，那么，我们就很难说性在什么时候起的变化。这也就是说，性每时每刻都在变化。

三、差

我们通过讨论“四定”来考察研究事物，就能够认识事物，把握事物。在上述观点中，在一定的时间，一定的空间（位）事物具有一定的量，具有一定的性。这是毫无疑问的。我们通过定时、定位、定量、定性来考察事物的目的，决不是仅仅为了解决某个时空内事物固有的东西，而是为了进一步探知这一时空的事物在前面的情况如何，以后又会怎样发展，这才是首要解决的问题。那么，问题来了，为什么会有现在所考察的结果呢？以前的状况如何？关于这方面的考察，我们谓之“因”，现在的情况向什么方向发展，发展的情况怎样？我们谓之“果”。其实，这种考察是两个“因果关系”，即现在考察的状况为以前状况的“果”，又是向后继续发展的“因”。在这里建立起这两个词，为了更好地表达事物发展进程，从因到果之间的时位量性的变化我们在这里谓之“差”。

差的关系即事物发展的不同阶段所体现出的不同的表现形式。这里包括：时的不同，位的不同，量的不同，性的不同。也就是说，给事物规范的四个条件任何一个变了，事物就会变；就会和原来的事物产生一定的距离，比如对蝴蝶一生的考察，某个时间内它是一条青虫，再过一段时间它变成了蛹。再过一段时间，又变为蝶。时变了，就引起差的关系，这差的关系从宏观上看主要是性的不同。一粒玉米从种到收由一粒变成了百粒。量上产生了极大的变化，也就是说从种下一粒玉米的时位量性到收获时的时位量性中间存在的差，从宏观上看体现在量上。同样，如果当时种下的玉米粒胚芽已坏，或在冰天雪地中，或在沙漠中，或种子过于干瘪。那么，我们要考察的差（收获）将会等于零。也就说“差前”（即播种时）的时（冰天雪地）、位（沙漠中）、量（种子干瘪）、性（胚芽已坏）决定着“差后”（收获）的时、位、量、性。我们把前一种由一粒种子到百粒收获的情况符合我们的主观愿望叫“优差”，后一种不符合人们愿望的差叫“劣差”。也就是说，我们通过差的考察研究，是为了获得“优差”而避免“劣差”。

同样，我们根据宇宙万物重演律的规律，推知万物万事发生发展一般规律，那么，我们再根据“差”的考察研究，就可知差的前后的时位量性，也可逐步探知，由差前的时位量性，预测差后的时位量性。即得到的是优差，还是劣差。现在我们来看这种情况，怀孕受胎时定、位定、量定、性定了，这里先讨论性的影响，即精卵子是正常的，那么结合后，十月怀胎，就可以生出胎儿来。这里的性还可以继续划分，即精子中的染色体是“X”还是“Y”，它决定着生男还是生女。这里从受胎的瞬间的时、位、量、性的差前，到生出胎儿的时、位、量、性的差后。差后的优劣，差前的性（即精卵子的质量）起到了至关重要的作用。同样，时位量性一样起作用，比如春夏秋冬四时不同，因人而异，会对坐胎产生影响，只是不如性的作用大罢了。即我们知道了坐胎的时位量性，那么我们便可以预测出生胎儿的时位量性，同样，当我们知道了胎儿出生的时位量性也可推知坐胎的时位量性。为什么可以预测，正是通过大量的从受孕坐胎到胎儿出生的差的考察研究，总结了规律。

差的规律即万物全息重演律的总结，根据差的规律，我们当可以推知事物此刻之前的任一时间段中的事物发生发展的状况，即任一时间段中的时、位、量、性。比如，考古学家根据恐龙化石——这一特定阶段的物体，恐龙死时的特定时空通过化石的形式保存下来，相当于照相机定格镜头一般。那么，考古学家就凭着这特定的时空，位定，量定，性定的化石，为我们描绘了一幅生动奇特、充满童话色彩的恐龙时代。通过对恐龙化石本身鉴定，时间确定了，生活环境确定了（定位），这一物种的大小、体重可确定了，它属于哪种生物类也可以确定了。那么，它成为化石前是怎样的，根据化石这一特定的时位量性，根据差的规律，找出它生存的环境，生存的时间，演变的历程。同样，根据差的规律，来找出恐龙灭绝的时、位、量、性。即生存环境（包括地理环境，气候环境等骤变）的改变是决定恐龙灭绝的主要原因，即位的改变引起的。

差的规律是由万事万物全息重演律决定的，也是对宇宙万物考察总结出来的。这里再讨论一下必然差与偶然差。比如，男女结婚后，只要男女生殖能力正常，那么，这对夫妻会生孩子就是必然差。再比如，种下红色菊花的种子，开出红色菊花，这就是必然差的结果，但开出蓝色花，这就是偶然差。同样，在社会环境中，按照社会规律办事，那么事情一般是在必然差中。

这里讨论偶然差与必然差，优差与劣差的目的，决不是仅顺着事物发展的必然差与偶然差中等待优差与劣差的出现。如果仅是这样，也就失去了讨论的意义。重要的是我们还须研究为什么会出现偶然差，优差与劣差出现的决定性条件是什么，为了扬优弃劣，必须寻找差的条件。

我们前面已知道事物存在发展变化的因素只有时、位、量、性，那么，无论必然差，偶然差，优差或劣差必定在时、位、量、性中。这样，我们便可以从客观考察研究了。

比如，种玉米，从种到收之间的差，我们研究考察差前后的时、位、量、性。差前的时、位、量、性影响决定着差后的时、位、量、性，故而才有差前的选种。有时为了保证幼苗的茁壮，还要浸种。所有这些都是为了保证优差——即收获的时、位、量、性。在整个玉米生长过程中，何时松土，浇水，何时施肥等都要管理好。像“土肥水种，密保管工”，每个环节的失误都可能影响收获的质量——即差后的时、位、量、性，我们把处理玉米生长过程中的每个时期中的时、位、量、性使之向优差发展的手段称为——“控”。

四、控

“控”，控什么？如何控？我们知道影响事物发展变化的四个要素时、位、量、性，那么控什么的问题便可以解决，即控时、控位、控量、控性。

控时，为了达到某种愿望，取得优差。我们必须遵循事物的客观规律，把时的关系处理好。比如，种玉米，玉米最适易在什么时间内播种，什么时间内生长，什么时间内成熟，自有它的规律，所以我们要把播种玉米的时间性控制在一定的季节内，如果错了季节，播种将会是徒劳无益。秋天是收获玉米的季节，你去种玉米，可以肯定，那得到的将会是劣差。那么在人生的社会活动中，控时更为重要。俗语云，“相时而动”，“机不可失，时不再来”。就是要我们要好好地把握时的意义，因为它直接影响着你人生路以后的差，是优差还是劣差。时的选择很重要。同样，一个企业，一个国家，都是如此。对一个企业来说，现在大政策深入改革，对外开放，对内搞活，企业如何利用这一特定历史机遇，走向辉煌。同样一个产品也因时而产生。时把握的好，你将会赚钱，获得优差。把握不好，你就会亏损，获得劣差。时控得好，对你的成功将起到决定性的作用。

控位，通过对事物所处的环境进行控制，以便事物向优差发展。比如在上例中，把玉米种在什么样的土里，此地的气候条件如何，土肥是否丰富，要把这些条件控制在适合玉米向优差发展的位。同样，人生也要控位。在农村山区的环境与大城市的环境对人生的影响绝不会相同。虽然，人的出身无法选择，但后天可以努力创造适合自己发展的环境。如果定不好位，控不好位，那么你一生将是失败的人生。你本身不具备经商素质，你偏要在生意场中实现自己的价值，这一控位的不当，你的人生将会出现劣差。一个企业同样如此，需要控好自己的位。比如，某个企业是加工业，那么关于厂址的选择，就有这几种可能，一是选择销售市场附近，一是选择原料市场附近，一是选择廉价劳动力市场附近。这三种选择方案最后决定于投入成本少与获利高这一优差。

控量，即对事物在量上进行度的把握，不能过，也不可不及。在上例种玉米中，一定土地上下多少种子为适量，一定要有控，过少得不到理想的收获——优差，过多同样也达不到优差。做任何事都不是“韩信带兵，多多益善”。大跃进时期喊出口号“人有多大的胆，地有多高的产”。完全是错误的。是违反“控量”原则的，在不足一亩的土地上，竟然下了两千斤小麦种，这一举动就连略有些生物知识的人都知道是错误的，结果只能是使出土的小麦因太密无法通风而憋死。一个社会，一个国家也是如此，如人口问题，如果说只看到人有两只手可以创造，也应看到吃穿住行的消费。故而，人口要与国家的资源相适应，过少不行，没有足够的劳动力会限制社会的发展，过多也不行，劳动力大量剩余，就会带来许多社会问题。所以在我们这个国家要实行计划生育，在人口数量上加以控制。

控性，即对事情的性质加以控制，以期达到一个即定的标准。在上例种玉米中，种子一定要保证质量，要种的种子其性变了。过于干瘪的种子，已损坏了胚芽的种子都不能生长。达不到种子要求的性质，不够种子这一定性，故必然得不到优差。在企业的产品生产中，每个环节都要控性。任何一个部件不符合质量要求都要出现次品，同样，企业的人员也要控性每个人的职责性质是什么，严格按职责要求办事，企业运作就会正常高效。不然，就会运作失常，得出劣差。

在实际操作过程中，任何一个环节都不能独立存在，时、位、量、性是相依存的，比如在玉米苗生长过程中的控，如控水，这先定性了，说明不是控肥，不是控土。控水中，必须先定性——玉米苗需要水。比如，在控水中要浇水，就必须先定时，什么时间；再定位，什么地方的禾苗；再定量，土里面含水量多少；最后定性——旱了。在浇水过程中，必须控时，即在哪个时间段中浇水；控位，即某地方的禾苗；控量，即浇水的多少。数量要适宜，太多量过，则变性，好事变成坏事，事物将向反面发展，由旱变涝。再如施肥，先定时，即在什么时间追肥，这很重要，当在玉米成熟期施肥则是徒劳无功。追肥要控量，过多便为害，过少不起作用，都达不到追肥增进植物生长之目的——即性。

在上面，我们所谈到的控时，控位，控量，控性，其目的在于控差。使最终的差符合我们的理想，也就是说使差向优差发展。

一般地说，事物的发展自有其规律，不以人的意志为转移。事物发展的规律都不同程度地遵循万物全息重演律。人们通过大量的事物发展阶段不同差的考察，来认识其规律，掌握规律的目的在于遵循事物规律的同时更好地控差。为了控差，须了解事物现在的时位量性。要了解此时的时位量性，就需用“定”。只有通过“定”以后才能便于研究考察，清醒地认识现在，才能借鉴历史，预测未来。事物的发展自有它本身的规律，人们只要客观地去认识它、把握它，就可以在客观基础上进行控差。所以认清现在是重要的，即给现在的事物定时位量性。比如："文革"时期，在开始阶段，人们不能客观清醒地认识，给它定时位量性，没有从实际出发，人为地强加给它以时位量性。当时开展"文化革命"是必须的，肃清党内的一些错误思想也是必须的，在定量上必须扩大，定性上文化革命是伟大的正确的，须进行到底。这样没有遵重事实，人为地加以不正确的定时位量性，在控上又人为地扩大化，于是给国家民族带来了空前的灾难。可以说，这一劣差是人为的，在事实面前，人们不得不重新审视，加以重新定性，进行拔乱反正。为当时社会情况进行定时位量性。提出目标——差。然后进行控———改革开放，两手抓。事实证明，给当时社会定的时位量性是正确的，控的手段也是正确的，因为达到了预期的目标——翻两番——优差。

在这里，我们又重新讨论劣优问题，差分出优差与劣差。在宇宙自然中遵循一条法则：物竞天择，适者生存，也就是说，宇宙自然运动的结果，总是淘汰劣差，保存优差。在这种运动中宇宙自然也无形中使用了控的手段。虽如此，宇宙自然使用控的手段不过是自然选择的结果。而人的伟大便是在考察研究自然中，总结规律，利用规律，让自然万物为我所用。用自己的智慧，自己的意识去"控"，以改变自然中的不利因素，以保证优差。怎样来"控"优差呢？在上面我们已经谈到控时、控位、控量、控性就是达到"优差"的手段，下面我们再分别举例加以说明：

为控差而用控时的手段达到，如建筑一座大楼，原计划要十个月峻工，根据合同来看，第十个月施工的月份正是梅雨季节，肯定影响施工，影响工程的进度，这就必须根据实际情况，尽量赶在梅雨到来之前峻工，通过控时来达到提前峻工，如果不调整，不控时，梅雨季节延误了峻工时间，根据合同肯定受罚。这个差相对工程队来说就是劣差，不控时，就达不到控差的目的。

为控差而用控位的手段达到，比如收购一种农副产品作工业原料，就须找一个适易这种农产品的地区来种植收购。再如种植人参。了解到人参生长的环境，就须控制这种环境，以利于人参的生长，你就不能让人参生长在热带雨林气候地区。再如培育一些食用菌，它不需要像其他植物那样要太多的阳光，所以必须控制避免阳光直接强烈的照射。对于人才的培养也是如此，所谓“近朱者赤，近墨者黑”就是这个道理，孟母三迁择邻，也是说的这种道理。

为控差可用控量的手段达到，如一些学生学习功课，通过做一定量的习题后，可以巩固学到的知识，提高功课的成绩。

为控差可用控性的手段达到，比如，种麦子用高产的新品种。

当我们了解到事物的发展规律，了解事物发展阶段的差，知道通过各种手段可以控差。那么，在这种意义上，我们说：“人定胜天”，也正是在这一点上体现了人的伟大，体现了人的聪明才智。人更伟大的，不仅仅是在自然的一般常规内来控差，更重要的是人还能“独辟蹊径”，突破一般常规以达到更好控差的目的，这样才有了发明创造，我们下面就讨论这种控差与“独辟蹊径”。

在我们讨论差中，已经渗透优差与劣差，必然差与偶然差。在一般的情况下，必然差是优差，因为它符合事物发展的一般规律。偶然差是劣差，它超出了常规，但是偶然差是向极端发展的情况，因为它不在常规内，所以它常是突破了原有事物的时位量性。不在原有的时位量性内，所以就有新的定性论。比如，种下红色花种，开出红色的花，这是必然差，达到了种花的目的，这种是优差。若开出蓝色花，这是偶然差，不符合种红花的目的，这样来看就是劣差。但从时位量性来进行定性论，因为这种花从没有蓝花，那么，培育出了蓝花，就必然名贵无比。从新的角度看，这又是超出一般的优差。优良品种的培育，正是利用了这一偶然差，诱发出物种还未显现的潜在信息，把它变为一种显性的物种特性。我们在这里把它定为偶然差中的优差。那么这种情况，我们可以说是“独辟蹊径”。同样，在社会活动中，按照社会规律办事，那么事情一般都在必然差中，而社会活动中的偶然差概率要大得多。谁能找到并把握诱发偶然差中优差的机会，那么，他必然是社会上的优秀人才。

这种“独辟蹊径”，是利用了偶然差中的优差而实现的，在美术史上，突破传统画法的“印象派”、“荒诞派”、“立体派”等都因自己独特的画技而闻名画坛，永垂美史。为什么会有这种情况的出现，我们还要在时位量性上找原因。在正常条件下，即时位量性在一定的条件下必然向着必然差发展。如果时位量性中的任何一个条件变了，即超出了原来所控的度，那么差就会向偶然差发展。如果运用在社会实践活动中，偶然差的劣差出现，这种情况就会称之为失败，伪科学。偶然差中的优差出现，这种情况就称为成功，科学。于是，搞科研发明创造的人经过多次的实验失败，终于找出了偶然差中优差所需的时位量性，就被作为一种科研成果规定下来。自然界经过漫长的自然选择，（控差）渐渐形成了丰富的自然万物。宇宙自然是伟大的，而人通过有目的控差，创造了更多的奇迹。比如花卉的培育，大自然经过上万年的选择，不如人们上百年通过有目的控差所培育出的花色品种多。在这一点上，我们可以说，人定胜天。爱迪生经过上千次的实验，终于通过控性找到了做灯泡的钨丝，揭开了电灯历史的新篇章。人们有了“独辟蹊径”的思维，科技的发展才能一日千里。

二、论万物瞬间定位的实践价值

在以上的讨论中，我们论述了宇宙万物的全息性。从古代全息论的萌芽到现代全息论丰富的实验，这一切都向我们揭示，宇宙的可知性，宇宙万物都互相全息着，有一种无形的“力”在联系着。这正像人体经络虽然在解剖学上无法找到，而我们却能实实在在地感觉到，这就是通过经络原理可以治病的道理。宇宙万物也是一样，某个地方的一株树木被砍伐了，也许在地球的另一个地方就发生了一次地震。自然界中的这种“联想”现在听起来有点痴人说梦，纯属一派唯心论的胡言乱语。而这种“胡言乱语”并非我的发明，而是在中国千年前的预测学中就出现了。我们可以设想一下，如果对几千年前的人说：“你所做的一切的行动和说的话语我可以用一种方法保存起来，想什么时候拿出来就什么时候拿出来”，他们是不是也认为是痴人说梦。

现在不是实现了吗？所以，树木与地震间有必然的关系并不是不可能。

在我们讨论万物存在发展的四要素时，知道了时、位、量、性的作用。我们明了只有通过定时、定位、定量、定性才能去考察研究事物，我在这里把这些进行综合考察——即瞬间定位，即在定时一节中，我们所说在某一刻像照相机的镜头般进行定格，时定了，那么此时这个事物的位肯定也定了，同时量与性也定了。这时，我们可以找到此刻此事物所处的位，即它的前后如何，左右如何，上下如何，有多少量，具有什么样的性都定了。瞬间定位后，我们便可能研究确定此刻事物的一切，我们可以知道它所具有的量、性质、它所处的环境，即它受到哪些影响，上下左右前后各施加怎样的影响，这些影响的相互作用力如何。这种相互作用力在此刻前怎样，向后如何，发展如何，我们都可以在瞬间定位的前提下获得。这就是瞬间定位的意义。也就是把握了这一解决万事万物的钥匙，即通过瞬间定位的时位量性的考察，我们可以深刻地认识现在，也可以推知过去，同样可以预知未来。使预知的情况按照差的规律加以“控”，我们就能够掌握处理问题解决问题的主动权，使事物向着自己的理想目的发展。就是达不到尽善尽美，也可以减少失误，最大程度地控制损失。

在这里我们要谈的是万物瞬间定位论如何在实际生活中的运用问题。实际上，理论与实践相结合总是有一段距离。我们来看在现实生活中人们已经了解这一定律，因为理论总是来源于实践活动。比如在商业活动中，某企业要推出一种产品，那么我们就给这一产品进行瞬间定位。第一，确定在什么时间。比如在某年某月某日，那么，我们就在这一时刻，要给产品定位，即此刻的市场需求，原料来源，竞争能力等等，也就是产品出现所处的环境，然后找出优差的条件，产品的销售地，质量，性能，消费者的心理等等。也就是说，这所有的一切都要通过大量的市场调查后，在某一刻定下来，来个瞬间定位，此种产品可否开发推出。

再如，某人在某一时给自己的人生来个定位——即确定某种理想，然后，为之去努力奋斗。这也是瞬间定位的意义。当然，我们的生活经验告诉我们，无论产品的开发，还是我们的人生理想不都是像理论所述的那样。对古代预测学的辩证观点在上面谈到测定万物把握万物，让事物向着利于人们的方向发展的探索，古人早已形成了一套理论，用这套理论来进行超前预测，用测得的结果来指导人们趋吉避凶，这就是古代预测学。古代预测学从最简单的占卜到形成一套完整理论的体系工程，并不是用一个迷信就能了结的事情。几千年来，它能盛行不衰，就足以说明问题了。当然，我们不能把古人通过千年的探索得出的东西等同于一些江湖骗术。我承认有些人打着易学的旗号去招摇撞骗，但不能有假的而连真的一同否定，这也是一种不科学的态度，因为真与假总是相伴而生，没有真的何来假的，如果预测学是假的，没用的东西，那么，为什么会有人以此来骗人呢？打个比方说，现在的假冒伪劣商品，造假人决不会冒没名的没真实东西的牌子，而是选择名牌人们信得过的东西。由此，我们也可以说，古代预测学是一门实用性很高的东西，不然，也没人去假冒了，它的价值也是不可估量的。作为一种古文化遗产，我们不应该全盘否定，任何一种东西都要辩证地看待，不要把孩子连同洗澡水一同泼掉。

正像我前面谈到的观点一样，最新的科学理论往往回到古人那儿去，我们有什么理由不假思考不假考察地去否定古人呢？我们正确的态度是研究古人的理论，然后把它放到实践中去检验，总结有价值的东西，批驳其中不正确的东西，这才是我们对待古人的态度。不了解就没有发言权，不占有就没有发言权，不研究也没有发言权。我相信古文化的光辉必将在这个时代大放异彩，因为越来越多的学者开始深入研究这门古老的文化，这个时代必将把古代预测学推向一个新的高峰。

三、揭开玄学之奥秘

科学的发展解答了自然向人们提出的许许多多的问题，同时，新的层出不穷的问题又接踵而来。人类面对新的问题总是勇敢地面对，人类凭着不屈的精神，不断开创的意志渐渐揭开大自然的层层面纱，使一个个神秘的不解之谜统一在人类精神的精华中——真理的阳光之下。

人的天性总是怀疑。只要略加深究就可以发现，宇宙就像梦幻一样令人困惑不解，而我们自己——人则更是一个“斯芬克司”之谜，宇宙是由无数问号组成的，我们人类认识史上每一页都写着“为什么”。

面对宇宙千差万别、色彩纷呈、令人目不暇接……使我们惊叹不已的是：当我们真正深入研究时，却惊异地发现为什么在看来截然不同的东西中会呈现出十分相似的性质？为什么对立着的东西可以互相转化？为什么死的东西会变成活的东西？为什么宇宙会开出如此壮美的灿烂之花？……

如果说宇宙是浩淼无际的沧海，地球也不过仅仅是沧海一粟。人类呢？恐怕连粟中之粟也称不上了。然而，人类最伟大的便是勇敢地，甚至可以说是狂妄地向宇宙世界挑战，这种挑战从人类的童年时代就开始了——向神秘的自然界发起进攻，向广袤的太空宣战，要探求宇宙的本源。人类似乎一开始就坚信，在这纷纭复杂的现象中一定隐藏着深刻的统一性。这种信念对于人类的进步是极其重要的。如果宇宙不是统一的，人类就没有希望揭开它那神秘的面纱，识其真面目。于是，人类迈着蹒跚的脚步，踏上了无限遥远的认识旅程。

在人类探索宇宙自然过程中，抛弃了远古类似神话对宇宙自然的演说。近代科学的发展解决了一定范围内宇宙自然之谜，所以这一科学观念深入人心，人们总是用这把“科学”的尺子去衡量自己的对象，常常怀着嘲讽的口吻去“科学”地谈论先哲们的“天真梦想”。然而，那些在历史尘埃中放射出古朴光辉的真知灼见，却在某种程度上被贬值了。实际上，人们心中的这种科学观念只是一种科学的迷信，而先哲们那些披着神秘外衣的见解却常常是未被人们理解的更加深刻的科学。这里关于对真理的探索不妨打个比喻，在真理的彼岸与此岸隔着湍急的流水，那么如何跨过急流到达真理的彼岸，是搭桥还是造船，只是方法不完全相同。我们怎能妄下断语搭桥对还是造船对呢？科学史一再表明，人们自以为已经达到了很高水平的探索却往往要回到古人那里去，现代物理学达到了如此惊人的地步，但更加深入的探索却使许多物理学家深刻认识到了现代物理学与东方神秘主义的高度一致性。

事情往往就是这样：人们之所以觉得某些现象某些思想是迷信，仅仅是因为人们尚未理解它，因此，在我们真正弄懂它以前最好不要过早下断言。

古代先哲的思想至今还闪烁着古朴的光辉，古人在漫长的实践中是怎样把握了宇宙整体，形成了古代科学的整体观，现代的全息论科学在探源中从东方哲学中吸取了丰富的精神营养。这种整体观正如恩格斯所说，本质上是正确的。如果说古代科学是一粒尚未分化的种子，那么近现代科学则是这粒种子的展开，而且它不过是细节上展现了这粒种子的内容。实质上，今天的科学在最本质上并未超越古人，而只是在细节上、实践上证实了古人思想的正确性，这正是我们的科学不得不一次又一次回到古人那里去的缘故。因此，许多有远见的科学家越来越重视现代科学与东方古典哲学，尤其是与中国古典哲学的结合，这是未来发展的大趋势。

在古老的中国传统哲学中所蕴含的大宇宙的自然之理，自觉地运用了宇宙全息思想，在考察万物时运用了定位理论，这使得中国传统哲学更具合理性，更符合宇宙自然之理。正是在这个意义上我们才能看到古文化中那些闪烁在神秘之处的合理内核，也正是这一点才使我们一代一代人深入其间穷毕生精力来研究。

在以下我们要讨论的内容，一是全息方法论，一是万物瞬间定位论。这里所要讲解的是后一种理论，全息论思想在这里是为万物瞬间定位论来服务的。瞬间定位论在这里是一种假说，正如物理学是建立在一些假说的基础上一样，比如“在摩擦力为零时，物体作匀速直线运动状态或静止状态”。实际上，再光滑的平面摩擦力都不会为零。然而正是在这一假说的基础上，建立了物体间的作用力学。

我们在这里说的万物瞬间定位论，同样是为了研究事物的产生、发展和结局的需要而设定的。如果我们能把握瞬间定位这一研究事物的方法，就能够全面地研究当前的事物，推知它的过去、预知它的未来。那么，我们将会在社会实践中左右逢源，游刃有余，必将助我们少走弯路，避免失败，取得成功。

四、古代神话的寓意

对于宇宙世界的探索和对人类本身的探索似乎成了人类永远的司芬克司之谜，这种探索从人类开始有模糊的意识便开始了，对于宇宙世界与人本身之谜的回答贯穿在整个人类史中。

关于世界的来源，在东西方文明中都有所深刻的反映，古人对宇宙的探索没有现代人这些可以凭借的高科技仪器，然而，古人凭借着丰富的想像力去探索宇宙，于是便形成了古代绚丽多彩的神话故事。在古代神话中的《创世纪》把宇宙的形成归功于一个万能的神——上帝，从这一神话中，我们可以触摸到人类社会已经形成，且已接近了阶级社会。然而，在中国古代神话中却反映了一层更深的理解，《盘古开天辟地》中对宇宙形成的解释更接近于一种自然之理，宇宙开始不过是一粒卵，是浑沌的，在这片浑沌中孕育了盘古，盘古醒来，用一板斧劈开这片浑沌的世界，于是清气上升，浊气下降。清气上升为天，浊气下沉为地。在这个神话中，我们可以看到，宇宙形成于自然，人也同样，并不是万能的神创造的。这更符合宇宙的来源说，现在天文学家提出的一种假说——宇宙源于一次大爆炸理论，与神话说何其相似，并且人们用射电望远镜观察星际空间，发现任何一个方向都有以连续形态出现的 3K 微波辐射。这说明星际间是各向同性，星际空间并非虚空，而是有能量辐射。大爆炸宇宙认为 3K 微波辐射就是宇宙的一个均匀、统一的背景。

在这一远古神话中，我们是不是看到了对宇宙解释的合理成分。同样，我们循着远古神话的外衣，来寻找其理论的内核，如果我们穷追下去，混沌未开的宇宙卵怎么来的？天地形成后，万物如何来的？我们再看盘古死后的情景，盘古倒下后，他的左日变为太阳，右目变为月亮，头发变为星星，血脉变为河流，骨骼变为山脉，身上的毫毛变为森林，肌肉变为肥沃的土地。从这里我们看到，人生于黄土、归于黄土的观念，人体与宇宙的对应思想，也就是说人体全息着整个宇宙的朴素的思想观念。中国远古神话对自然的关注，把自然现象与具有人的个性的神对应起来的思想，反映了古人与自然作斗争的坚强不屈的精神。同样，我们也看到了天人感应的思想观念。神话故事生动的情节中所蕴含的哲学思想总是散乱的，不成体系的，我们只是透过外衣来识辨其闪烁迷离的思想内核。

中国古代先哲们对宇宙自然的认识与理解是惊人的，这要分析与之相关的各种问题，甚至可以牵动整个宇宙，古代先哲们的这种博大精深的思想体系集中地反映在中国最古老的一部经书——《周易》中。

五、宇宙大爆炸理论与九宫图

在上节中我们讨论了神话中宇宙形成于混沌未开的卵状物，这种说法接近宇宙大爆炸学说，这一学说的形成是宇宙天文学以越来越多的实例来证明了太空并非是真空，里面放射着一种特殊的射线，这种射线在太空中任何一个位置都相同，这种射线物质被命名为3K，正是因为这一射线的发现，才提出了宇宙大爆炸学说。那么，我们来看，宇宙爆炸学说的宇宙源于宇宙的奇点，时空极度弯曲，由点膨胀而炸开形成星云，星云经过凝聚逐渐演化形成星系。至于爆炸后多少时间才形成宇宙天体，我们暂不讨论，我们可以说在宇宙爆炸时产生了时空，因为在此之前，时空是极度弯曲，只是一个奇点，也就是没有时空。对于宇宙来说这一爆炸便是宇宙的瞬间定位，如果没有这一瞬间定位，我们便无法在此基础上来推导测量宇宙的产生、发展，以求对宇宙更好的认识，揭开更多的宇宙之谜。

在这里我们来看一看古人对宇宙空间的认识，我们来分析一下由河图洛书排列出的九宫图。

九宫图的排列是一个特殊的排列，现在我们来分析九宫图时，对它的精巧排列惊叹不已。

在九宫图中我们可以看到，无论横竖，还是对角线的任意三个数的和都为 15，以中间的 5 为对角线，相对应的两数和都为 10，也就是说，以 5 为中心，对应的两数不平衡，但要达到平衡，要向 5 过渡，同时要保持两边平衡，在量上要保持一致，如 1 与 9 是极不平衡的，但在 1 的这一边配合 8 与 6，在 9 的一边配合了 2 与 4，让 8 与 2，6 与 4 相应。同时，1+8+6 组成 15，9+2+4 组成 15，这样，两边又可达到平衡。我们可以看出，各对应点间的不平衡，构成了对立，正因为不平衡就要向平衡过渡，这样也就形成了运动，故而九宫图是稳定的又是运动的。在这个图中，我们同样可以看出从中心点“5”开始向四周的分解展开，这种分解是连续不断的，是从不平衡到平衡再到不平衡，无限地分解下去。如下面所示，从（图一）到（图二）再到（图三）中，我们可以看出，由 9 这个至大数转达到 1 这个至小数，从 2 到 8，由 4 到 6，从 3 到 7，从 7 到 3，从 8 到 2，从 1 到 9，从 6 到 4，(图二）是（图一）的展开，同样（图三）是（图二）的展开，这样的展开下去就组成了如下图形。

4	9	2
3	5	7
8	1	6

(图一)

4	9	2	8	1	6	4	9	2
3	5	7	3	5	7	3	5	7
8	1	6	4	9	2	8	1	6

(图二)

这种展开是一个单方的展开，实际上，九宫图的展开是同时向左向右向上向下向前向后作无限的展开，这样就形成了一个如下的图形：

6	1	8	2	9	4	6	1	8
7	5	3	7	5	3	7	5	3
2	9	4	6	1	8	2	9	4
8	1	6	4	9	2	8	1	6
3	5	7	3	5	7	3	5	7
4	9	2	8	1	6	4	9	2
6	1	8	2	9	4	6	1	8
7	5	3	7	5	3	7	5	3
2	9	4	6	1	8	2	9	4

（图三）

把九宫图无限制地这样展开下去，取同样一个图形来看，又是一个大的九宫图，我们说在这个大的图形中，也要构成新的平衡，新的运动，才能把图继续展开，那么这个图形的左上方的九宫图就是大九宫图中的4，上中的九宫图就是大九宫图中的9，右上方的九宫图就是2，左中的九宫图就是3，右中图就是7，左下的九宫图就是8，右下的九宫图就是6，中间的九宫图就是5。那么把这个展开的图看成新的九宫图。这是九宫平面的展开，九宫图不仅是在平面上展开的来，在空间立体上也同样是展开的，道理是一样。这样，九宫图就是宇宙的爆炸形式，同样九宫图也说明了全息论，说明了宇宙的全息性，任何物体都可用九宫图表示出来。这个图是其大无外，其小无内的。因为九宫图的任一个数字都是小九宫图，九宫图又可以无限制地收缩为点。这样，一个九宫图摸拟了宇宙的形式，也说明了阴阳互变由平衡到不平衡再到平衡的万物运动规律。

我们在这里再来看中心点“5”，中心点“5”是一个原点，可以说是一个零点，通过这一点的展开，才形成了宇宙世界，形成了自然万物。这一点也是一个平衡点，是展开的九宫图的一平衡点，其他各点通过对应的消长要从不平衡向平衡过渡，宇宙就是通过九宫图的展开构成不平衡的各点，通过各点的互相运动又趋向平衡，这就是宇宙发展的规律。

六、九宫图与太极图

“九宫图”可以无限制地展开，体现了它其大无外、其小无内的特点，它摹拟了宇宙形成发展，摹拟了万物发生发展与结局的规律。我们在讨论“九宫图”数字的排列规则时，在九个数中，我们未讨论起点零。正如老子在《道德经》中所说：“道生一，一生二，二生三，三生万物……”也如八卦起源中解说：“无极生太极，太极生两仪，两仪生四象，四象生八卦”说出了太极由无极产生，“有”是从“无”中产生的。

“九宫图”既然是宇宙的摹拟图，那么，它的零点在哪里呢？其实，在“九宫图”中，（五）的位置就是零点，根据“九宫图”其小无内的原理，每个数字的位置都是一个小“九宫图”。这和“太极图”是完全吻合的。“太极图”外面的大图本就是无极，太极由无极生成，也就是说外面的大圆本来就是（零点坐标）。由此我们可以看出，这两图之间的相似性。更有意思的是我们把太极图中的（阴阳鱼）量化后再看它的排列形式，如下图：

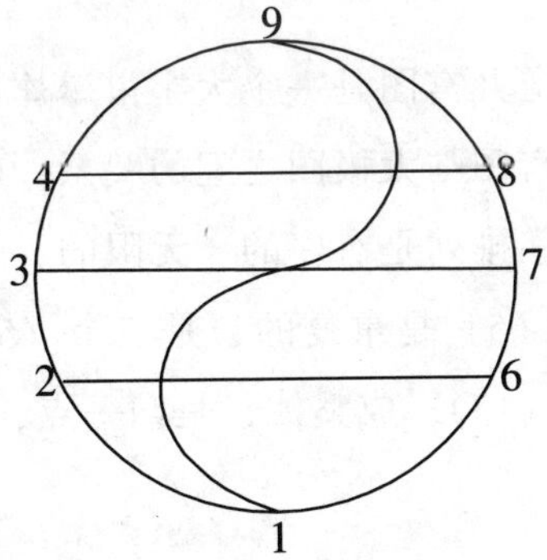

在这个太极图中，我们把它分成上下四份，在阳的部分从下往上阳气增加，分别为（1、2、3、4）到（5），为最大，如果整个圆表示整份（10）、为阳，那么随着阴性增加，阳性递次减少，分别为（9、8、7、6）到（5）

又入中。我们把这个图形方形化得出如下图：

4	9	8
3	5	7
2	1	6

很显然，这个图与九宫图的差别只是数字“2”与“8”的位置不同。如果，我们再相对阴性的增加量来讨论，就会得出另一个图（即下图）：

4	9	2
3	5	7
8	1	6

我们把这个图进行合并，以求达到阴阳平衡，便可得到九宫图。即如下图：

4	9	2
3	5	7
8	1	6

由此，我们可以知道九宫图是一个大宇宙爆炸后的“瞬间定位立体图”，我们从而也就知道了九宫图与太极图之间的关系。由此，我们知道了九宫图是浑圆立体的，它的数字排列是有序的、无限的、天衣无缝的。我们又可根据太极图知道了中间的（5）是重复的，是三个（5）。我们即可看作阴阳的交接点，又可相加后成（15），成整体，是归一点，也可简称“零点坐标”。

七、干支数与宇宙本数

天干与地支也是一套完整的表示时空的体系符号，与九宫图这一摹拟宇宙的形式图比较，在运用时，相对可以独立灵活使用。我们在这里也须揭开干支数的排列与空间数的关系。

我们现在来看十天干之数，它的排列顺序为甲乙丙丁戊己庚辛壬癸。如果我们把天干顺序与自然数结合起来，那么我们就可以破解宇宙密码。

我们说瞬间定位是研究考察万物的方法，它是建立在一种假说的基础上的，也就是说，在某一个特定的时空内，一切都停止不前，时间空间在此时固定下来，以便我们从容考察与精确把握。正像照相机拍摄照片一样，在快门闪动的刹那，一切都固定下来，不再运动，不管时间过去多久，我们仍从照片上看到特定时刻内的一切。同样，我们可凭借这张照片推知里面人物景物在数年后的大致变化，这个比喻只能大致地说明瞬间定位的情形，它的内容实质上远不止这些，它是一套严谨的理论，它解释大到茫茫宇宙，小到基本粒子的微观世界，我们通过这套理论来研究宇宙中的一切。宇宙浩渺，大得让我们感到惊异。宇宙世界的万物存在发展与结局，不知要多少亿万年。

而我们人类自身所处的自然界对于大宇宙来说仅是沧海一粟，对于我们人本身来说，连一粟也称不上。自然界的万物都在瞬息万变中。然而，人类在认识宇宙、与自然作斗争中，对宇宙世界的整体把握是惊人的，特别是东方哲学文化中对宇宙自然万物的形成作了精确的回答，论述了万事万物起源于“无”，阴阳对立统一后产生万物的理论，用九宫图描述了空间位置的产生与裂变的形态。也就是说，宇宙不论多大都在九宫图中，微粒再小也是一个九宫图。九宫图描述空间位置对立平衡与运动集中表现裂变情形。这与宇宙形成理论有惊人的一致性，九宫图的数学排列空间并不是均衡统一的，而是含有一定的量，这与现代科学提出空间场能是相一致的。相对来说九宫图中的场能所涵概的内容要大得多，复杂得多。要知，宇宙空间是运动不息的，每时每刻都在发生着变化，而九宫图则是一个固定的数字排列图。它描述了一个特定时间中的空间形式。这给我们研究万物提供了一种方法，在这里我们给它以命名叫——万物瞬间定位论。

从以上论述来看，万物瞬间定位法已在科学发展史与哲学发展史上早已被运用，只是未加以系统分析而已，在这里我们对这种方法加以分析论证。

我们接触到的万事万物与我们的生产经验告诉我们：自然界的万物每时每刻都在发生着变化，不要说天空中急速飞过的鸟儿，很快从我们的视线上消失得无影无踪；不要说“离离原上草，一岁一枯荣”；也不要说人有生老病死。就是我们看到巍峨的群山，像是万古不变，然而在历经几世几劫后，都会沧海桑田。人类不是在海底见到了陆生动植物化石，在喜马拉雅山上找到了海洋中的贝壳吗？所有这一切都在告诉我们，万事万物都不是永恒的，而是每时每刻都在变化。然而，我们在认识研究事物时不能在其变化无常中把握清晰，这正如我们不能在鸟儿急速飞翔中来研究鸟儿一样。实际上，我们是通过定格方式来研究鸟儿的，比如鸟的飞翔方式 ，我们可以通过拍摄的镜头作定格处理或慢镜头处理，也就是把翅膀振动的瞬间定下来研究。

宇宙中的万物是运动的，宇宙本身也在不停的运动，如何来研究这永不停息的运动宇宙呢？我们的祖先是伟大的，他们最早创立了瞬间定位分析法，运用了多种系统方法：九宫图（河图洛书系统）、太极阴阳学说、五行系统、八卦系统、干支学说。这一系列的理论中都动用了全息论思想，所以能精确地描述宇宙自然，这也是东方文化中最有价值的东西。今天我们来研究它，就是要拂去人们心中迷信的灰尘，还这些理论的本来面目，重新放出它应有的灿烂光芒。

八、干支数与宇宙本数（螺旋数）

天干与地支也是一套完整的表示时空的体系符号，与九宫图这一摹拟宇宙的形式图比较，在运用时，相对可以独立灵活使用。我们在这里也须揭开干支数的排列与空间数的关系。

我们现在来看十天干之数，它的排列顺序为甲乙丙丁戊己庚辛壬癸。如果我们简单地把天干顺序与自然数 1、2、3、4、5、6、7、8、9、10 对应起来，就会有失偏颇。那么，我们从奇门遁甲中的九个天干寄宫来看其数，在阳遁九局活盘中，戊在坎宫为 1，己在坤宫为 2，庚在震宫为 3，辛在巽宫为4，壬在中宫为5，癸在乾宫为6，丁在兑宫为7，丙在艮宫为8，乙在离宫为9，由此可推知甲为10，为至尊，隐藏不用。在阴遁九局活盘中，戊在坎宫为9，己在艮宫为8，庚在兑宫为7，辛在乾宫为6，壬在中宫为5，癸在巽宫为4，丁在震宫为3，丙在坤宫为2，乙在坎宫为1，由此又可推知甲为0，为开始，为至尊,隐藏不用。我们来看，把阳遁活盘各天干数加在一起，即为甲10+乙9+丙8+丁7+戊1+己2+庚3+辛4+壬5+癸6=55数，阴遁局中的各数相加为甲0+乙1+丙2+丁3+戊9+己8+庚7+辛6+壬5+癸4=45数。两数合为100数。此为天干总数，为宇宙之数。

我们再把阴阳两局合起来看，

阳局：	甲10	乙9	丙8	丁7	戊1	己2	庚3	辛4	壬5	癸6	55
+阴局：	甲0	乙1	丙2	丁3	戊9	己8	庚7	辛6	壬5	癸4	45
和：	10	10	10	10	10	10	10	10	10	10	100

由此，我们可以得出天干数与宇宙数是各自吻合的，不分大小，只是次序不同，如果我们把这组结果合在一起看只有0与1，由此，我们也可以得出宇宙进位是二进制，即现代计算机采用的二进制。

我们再来分析阴阳两局中天干的合处的数字，甲与己合，甲己为9，即甲为10阳，己为8阴，合为18，分后为9;同理乙庚为8，丙辛为7，丁壬为6，戊癸辰戌5，我们把天干地支画为下表。我们由天干数知道甲己为9，为数最大，是阴阳两局相合得来，也就是说，在一个单图中，甲与已不会同时为9，这样，我们就不得不再列出一个相对的图表来。同样，子午不会同时为9，根据天干相合为10的理论，我们不能推知当甲为9，己就为0、为1，即当子为9，午就为0、为1。由此，我们不难发现这两个图的排列方式，巳与亥在这里是空缺，我们可以看到，在上图中，巳紧邻午，午为1，巳应为0，那么亥邻子，子为9，亥应为10。同理在下图中则相反，因为始点与终点10都起止应归于中，那么，辰戌两位为5，为平衡点，也应归为中，这样，辰巳戌亥位便空了，这便是天塌西北，地陷东南的说法。同时，我们从上面两图曲线转动来看，就清楚地看出了是一个太极图：

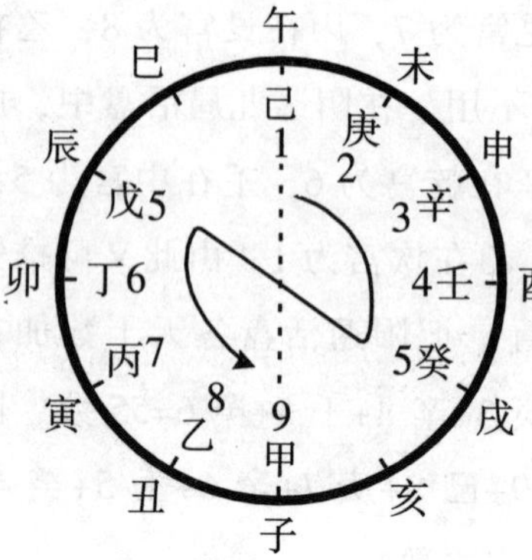

九、揭开五行本源之谜

我们的祖先在认识世界的过程中，建立起一种哲学思想来解释万物，以便更好地认识世界、掌握自然规律，达到运用其规律改造自然的目的。要解决这一问题首先要弄清组成万物的基本框架是什么物质。当然，古时候不可能使用现代的科技手段获取物质元素，而先哲们通过对万物的感知，把复杂的东西简单化，选取金、木、水、火、土五种物质为代表，对万事万物进行形象化的说明。

推断五行学说产生时代应是金属工具出现以后的事情。因为有一点可以肯定，古人决不会选取自己还没有认识的事物作为五行的代表来描述宇宙间的万事万物，而是从自己切身相关的物质中感知总结出来的。木是人们最常接触的东西，是人们生活生产资料的主要来源；火是人们较早利用的一种有形无体，在人的生活生产中起到了至关重要的作用；水更是人们生活一刻不能离开的东西，土承载万物，生长万物；金是人们掌握的又一种自然物质，由此我们说，五行学说的形成至少是金属工具出现后很晚的事情了。其他的万事万物都是这五种基本物质通过不同形式组合产生的。

然而，作为一种哲学学说，作为解释宇宙自然的一套完整理论，五行学说虽取自然五种物质，但并非实指五种物质，而是把五种物质抽象化，但仍不脱离此五种物质的本质内涵，用现代的话说就是五种场能。在这一点上，古人的认识是深刻的，建立了五种场能间的（生克循环）之理，从而把存在于自然界的万事万物统一起来。我们来看五行相生原理：水生木，木生火，火生土，土生金，金生水。五行用图表示为：

五行循环图

五种物质循环相生，生生不息，使我们看到万物自然周而复始地循环运动，这与物理学上的物质不灭定律、能量守恒定律是一致的。根据万物平衡理论，除五行相生外，还有相互制约的关系，在五行学说中称为“克”，即水克火，火克金，金克木，木克土，土克水。五行相克理论同样把五种物质相联系起来，是以另一种形式，这与事物生态平衡理论是一致的，万物无制则繁，繁而生害，制太过则失去平衡，则需生，五种物态就在相生相克中达到平衡。假设金过多，则木被制过则木少，那么，金多则生水，水多则生木，可补木之不足，木少则金少，金得不到补给，则对木有利，自然复又要归于原来的平衡。

我们来看五行相生相克图，在五行相生中构成了一个五边形，在五行相克中构成一个五角星形，五角星形中又构成一个五边形，又可以看作一个五行相生图。

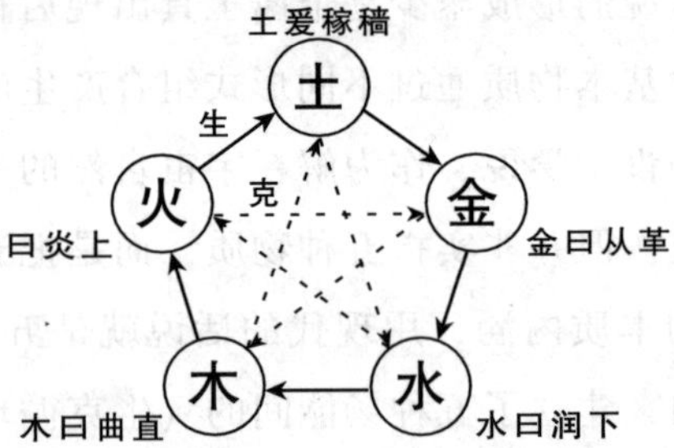

五行生克关系图

相生图中又含有相克图，这样，一层层地循环下去，到无限小，又可扩大开来到无穷大。所以，自然界是一个五行图，大宇宙也是一个五行图。一个人体也是一个五行图，配合五脏六腑。同理，我们也可以把人体中的任一部分都看作一个五行图，里边全息着五行的生克制化，这样，我们从五行理论中也发现了宇宙万物全息论，它是建立在五行学说中的，我们不得不惊叹我们祖先的伟大智慧，现代最先进的科学理论都没脱离五行理论的原理。

十、揭开阴阳本源之谜

一阴一阳谓之“道”，阴阳思想的产生与解释万物形成与存在是分不开的。阴阳是对立的统一，在太极图中阴阳鱼是对立存在的，黑白分明，然而，阴中有阳，阳中有阴，又都存在于太极图内，由此看来，又是统一的，不可分割的。这是对阴阳最清晰最合理的解释，那么，这一思想来源于何时，我们也只能作一个大致的推测。

老子云："道生（是）一，一生（含）二，三生（含）万物"，又论："万物还原于三、三还原于二、二还原于一"，说出了无生有之理，同时说出了"一阴一阳之谓道"即指明万物皆由阴阳而生，阴阳产生于太极，太极源于无极，也就是由"无"中生"有"，"有"便是以阴阳的形式存在了。在太极图中，一阴一阳的对立存在不是静止的，而是运动的，不是实体的，而是一种炁，阴阳二气交媾则万物生矣，这都体现了中国古哲学对万物理解之深刻，所以说万物皆有炁，有炁则生则长则动，无炁则万物不复存在，炁以阴阳形式存在，负阴而抱阳。在表现形式上，古人没有抽象化，而是具体指出，对立存在即为阴阳。以树叶为例，正面朝上的为阳，背面为阴；以人体为例，背为阳，腹为阴；以人类论，男人为阳，女人就为阴；以天体论，太阳为阳，月亮为阴；以天地论，天为阳，地为阴。以此观之，宇宙万物皆有阴阳，阴阳无处不在，小可至微，大可无外，一套阴阳理论解释了万物形成存在形式，并且又指出，纯阴不生，孤阳不长，万事万物消长生息无不由阴阳交合而存在。也说明了阴与阳不会单独存在，负阴而抱阳明确指出，阴中有阳，阳中有阴，万物皆然。西方的对立统一论的提出比中国阴阳学说不知要晚多少个世纪。而阴阳学说不但包含了对立统一论的全部内容，而且比其他的内容多得多。阴阳二字的内涵已蕴含宇宙世界的至理，无论现代科技怎样发展，探测到多远的宇宙，分解到超微粒子也好，都在阴阳世界之内。中国人在阴阳平衡理论指导下，建立了中医理论来探知人体的奥秘，同样也建立了一种精深的哲学思想，用来指导人们观察世界，历经千百万年，仍然散发着它的光芒，正说明这一理论具有至简至备的真理性。

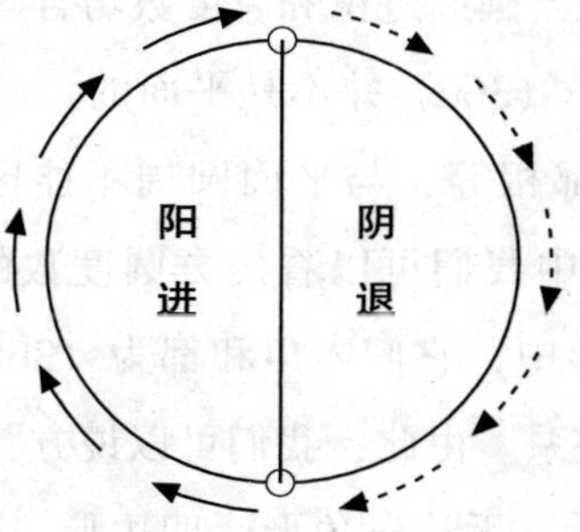

十一、揭开周天 360 度之谜

周天度数为（360°），也就是说任一个圆周都是（360°），而不是其他数字呢，为什么不采用（10）进制呢，而采用了（360）进制。我们在这里也要进一步讨论。

我们先讨论（60）进位，也就是说（1°）等于（60）分度，换句话说，（60）分度组成（1°），（60）秒度组成（1）分度，由此我们可以推导出（60°）就该是一个圆了，为什么反而变成（360°）一个圆呢。在（60）分的基础上又扩大了六倍。这又是什么道理呢？真是古人强以规定之，而无道理可说吗？恐怕没那么简单吧。

我们不妨再看一下九宫图：

4	9	2
3	5	7
8	1	6

在图中，如果我们以（5）为平衡点，与四周各数发生关系即可得出（4）个（15），即（60）也就是说在平衡点的基础上。由平衡理论关系推出一个平面九宫图为（60）数，为整体（1）。如果我们用九宫图组合一个立体，那么，正好须用（6）面，一面为（60），那么（6）面正好为（360）数，这些九宫图推导出来的数字仅仅是与圆周进位和总度数巧合吗？恐怕并不那么简单吧。因此，我们也可以看出，（360）并不是平面的，而是指“立体的”，而在圆球中球面上各点与圆心都相等，与平面圆周不能区分，故平面圆度数也为（360°）数，即 360°。从中我们可以看出方圆度数的构成关系。在一个方形中，或由四边构成的矩形中，它们内角和都为（360°），而三角形、五边形、六边形等都构不成这种关系。由此，我们可以说方圆角相等。

如果我们进一步来看，无论三角形、四边形、五边形、六边形等，它们的外角和永远都是（360°），也就是说,无论何形都在圆中。天圆地方的道理由此而来。再大大不过方圆，有点几何知识的人都知道，在周长相等的图形中，圆的面积最大。

由以上的讨论，我们得出（360°）的由来，从这一点上，我们来肯定，宇宙之数为（360°），也就是说，不管宇宙如何大，它也超不过（360°）。同样，无论一个微粒有多小，也是（360°），正是从这个意义上，我们在追溯神话故事时才有十八层天、十八层地狱的说法。我们把宇宙看作一个整圆，一分为二，就得出两个（180°），（10°）为一层，上为天十八层，下为地十八层。所以古人流传的神话不是随口乱说的，也含有极深的宇宙数理。

所以说九宫图、太极图、天干地支的数字组合，它们并不是平面，而是负阴而抱阳的混圆立体，这里隐含着辩证对立统一，而我们现在的预测学只是运用了其中的一面，而没有运用另一面。这也是现在预测学不能全面而准确地推测事物，常常会有误差的原因，也是产生模棱两可的根本所在。

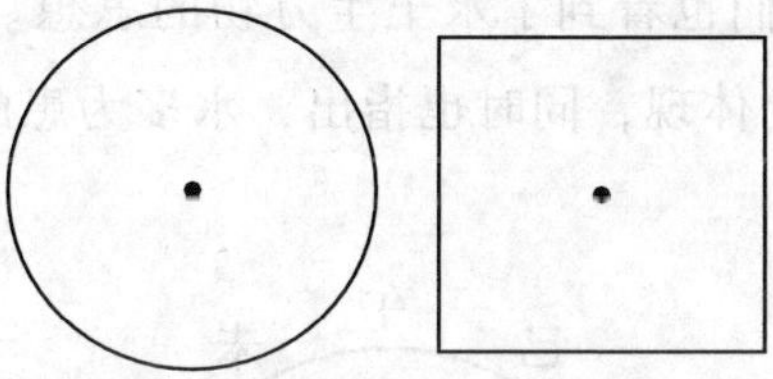

方圆相等图（360 度相等）

体积相等吗？面积相等吗？重量相等吗？容量相等吗？含量相等吗？形状相等吗？其答案都不相等。真正相等的是角（360）度，是结构，是程序，是坐标，是归零。

十二、女娲补天的神话传说

我们在讨论较为严肃的事情，神话不能用作理论根据，但作为古代哲学的讨论，神话中也往往隐含着某种哲理，古代神话的产生并不是某个人一时的随意创作，其间包含着很深的哲理与社会内容。我们这里并不是从神话中来探讨古人伟大精神与社会内涵，而是看一下其中的神话与古玄学相关的命题。

女娲是中国神话中最伟大的女性，她不但创造了人类，而且是人类的保护神。女娲用黄土造就了人类，赋予了人类生命，与她造出的人一起生活，教给他们智慧，担当人类的保护神。然而，在广袤的天地间也有不可测的灾难，共工与祝融争帝把支撑天柱撞断了，于是，天塌西北地陷东南，大雨从天的裂缝中倾泻而出，又从地下冒出洪水，大地上顿时浊浪滔滔，人类陷入了灭顶之灾。正是这位女娲娘娘斩了神龟用其腿支撑起西北的天，炼成了五彩石补住天的裂缝，又用草灰堵住了东南的地洞，从而拯救了人类。在这则神话中，我们可以看出古人对宇宙自然的深深思索。神话中的天塌西北，地陷东南之说，正好符合地支排列图，东南方与西北方的地支作为起点与平衡点都入了中，以起到阴阳平衡运动维持持续不断的运行。

在这则神话中，我们也看到了水土生万物的思想。人也是生于水土，这也正是古人五行观念的体现，同时也指出，水多为患的思想。下面我们再看十二地支图。

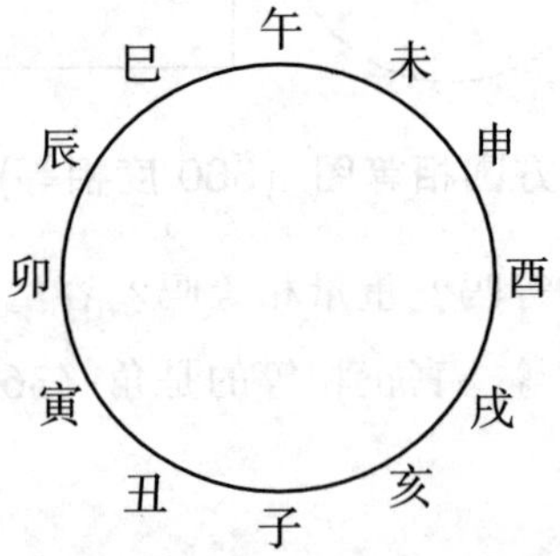

在十二地支图中，我们看到二木、二水、二火、二金、四土，由于天塌地陷，辰巳与戌亥都入了中，这样，就少了两土一水一火，由此我们来看，在古人的意识里水火都不可太多，多则无益，宁肯少一点，这也是长期与自然作斗争的总结。由于东南与西北两位全缺了，就构不成平衡，于是东北方的木就借到了辰巳位，西南方的金又被借到了西北方位上。这样八方就基本定位了，这与后天八卦的定位正好相符。

十三、揭开三五之道之谜

“三五之道”，是宇宙自然（公理）的化身，也是现代天文学中发现的宇宙射线（3K）的影子，它是万物之本源，是宇宙之缩影，是哲学之源头，是“瞬间定位归零坐标”之模型，是分析问题、研究问题、解决问题的逻辑切片工具。实际上，“三五之道”由（九宫图）引出，是符合自然之理的一种“中庸之道”。因在（九宫图）中以（五）为中心排列的九个数字，无论横竖、还是斜线的三个数字的和都为（15），构成了“三五规律”。同时，通过下面的讨论，我们知道，“九宫图”是宇宙自然的结构图，同时也是万物发展运动的形式图，故而其中蕴含着万事万物存在、发展、变化的至理。所以，掌握了“三五之道”，便是掌握了一把理解处理万事万物的金钥匙。

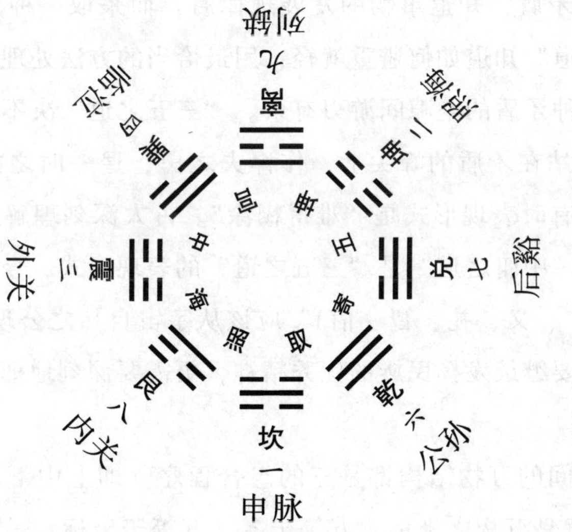

九宫八卦方位图

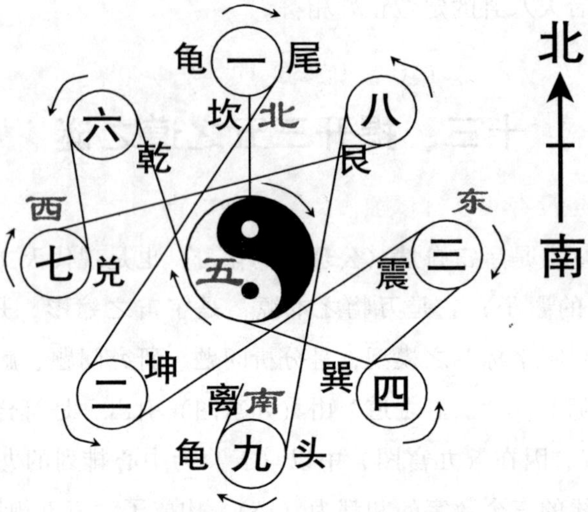

九宫坐标图

“三五之道”即取（中）之道，（中）即（5），它是事物发生发展的“零点”，又是事物发生发展的“终结”。“三五之道”取（中）之理却在洞察事物的各种矛盾，知道事物的发展规律后，而采取一种处理事物矛盾态度。“三五之道”知道如何避重就轻；用最恰当的方法处理矛盾，像庖丁解牛一样，在各种矛盾的空隙间游刃有余。“三五之道”决不是奸滑之举，它告诉人们不要站在矛盾的峰尖上，作悍夫之勇，逞一时之能，作无谓的牺牲，故而，它有时表现形式是“难得糊涂”。古人深刻理解这一点，才有了“中庸之道”。“中庸之道”是“三五之道”的表现形式，今天我们再来理解“中庸之道（仁、义、礼、智、信)”应该从宇宙自然之公理来看其和谐性、互补性。我们要继续发扬民族的优秀精神，更需要深刻地把握它、运用它造福人类。

演说宇宙间的万物结构都是三的组合程序（即上中下、前中后、左中右），至于五就是万物之坐标，五等于零，五等于坐标，是宇宙之中，万物之中，天地之中。所以古人将复杂的东西给予简单化，给予归并化、归零化，对宇宙及万物作了一个统一的认识，统一的说法。

十四、揭开八卦之谜

先天八卦是没有指南针以前古人对时间的认识、对日出日落的认识所画出来的每一日太阳与地球的规律图，所以定位为离东坎西，乾南坤北的名言。至于后天八卦是古人有了指南针以后将每一年的四季八节给予定位，形成了后天八卦，我们现在所看到的后天八卦的符号排列图应是错误的定位。其理由是自然界是阴阳互补而对立的，所以说后天八卦图的排列程序乾坤并非是对立的，由此可知古人将正确的排列顺序图给予错位的排列，导致了后学者不能将后天八卦图还原于自然法则，公理法则。更可笑的是大家都将先天八卦和后天八卦混合使用。根据一日中的四时与一年中的四季定位，事实证明，一日的规律是以日出日落、日午日夜为定位，是人类没有指南针以前看太阳的升落来定位，它是一个独立体系，但是它又受到月规律变化的影响，也就是说冬天的日出日落与夏天的日出日落从时间上不同，空间角度上不同，时空能量更不同，所以说先天八卦虽与后天八卦有连带关系，但是它们绝不是体用关系。

宇宙爆炸后形成了自然界，自然界的组成，不外乎时间、空间及万事万物，八卦就是自然界的（象、形）缩影体系，所以说八卦大可以容天容地，小可以显微；大可以分天分地，小可以分解微粒子——本源、性质、数量、含量等等……

八卦系统是使用八种符号指代宇宙间的万事万物，使用的是一种“象”的形式，易云：易者，象也，象者，像也。就是用高度概括抽象的形象来指代万事万物的具体象。在八卦源起中解说：“无极生太极，太极生两仪，两仪生四相，四相生八卦”，这种说法道出了事物从无到有、从有到多的形式，揭示出事物在空间中以几何形式递增的增加状态，我们现在来研究它，就从这里揭开它的来源。

我们知道万物起源于无，起源于空，那么，我们在这里用零表示即

“0”，我们画作“.”。我们知道事物发展以几何递增的形式即“2”的某次方的几何数递增。从无到有的过程即$2^0=1$，那么由此我们可以依次类推下去：

$2^1=2$

$2^2=4$

$2^3=8$

由此我们可以看到，从无的空点到一实点，即原点。两个原点就可确定一条直线，这条直线向任一方向移动就形成一个平面，这个平面向任意前后方移动就形成一个空间，那么我们通过（$2^2=4$）的平面图建立数轴来表示：

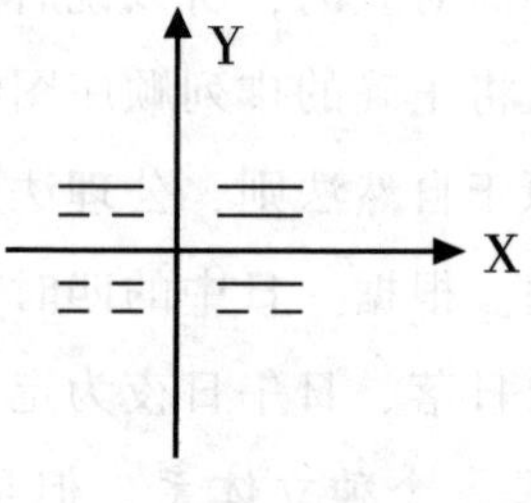

纵横坐标图

我们把箭头所指的方向定为正，用八卦的阳爻表示，相反的方向用阴爻表示，那么就得出如图的形式，同理我们建立一个三维空间数轴；就可以得出八卦符号：

由此，我们知道八卦符号可以代指三维空间中的万事万物，八卦符号不是平面的而是立体空间的。

在先天八卦图中，是中心对称图形，是力求达到一种平衡稳定的图形，乾坤相对，兑巽相对，震艮相对，离坎相对。这样先天八卦图的平衡态就达到了。我们再看八卦图中数字排列：从（1）到（4），从（5）到（8），正好构成一个倒“S”形，从（8）到中（9）再到（1），构成循环，构成一个“8”字形，这是稳定的平衡态。在先天八卦中，它的系统是相对独立的，后天八卦是配合宇宙形式图——九宫图而来，故而后天八卦既是一种平衡稳定态，又是一种运动态，更能切实地描述万事万物。

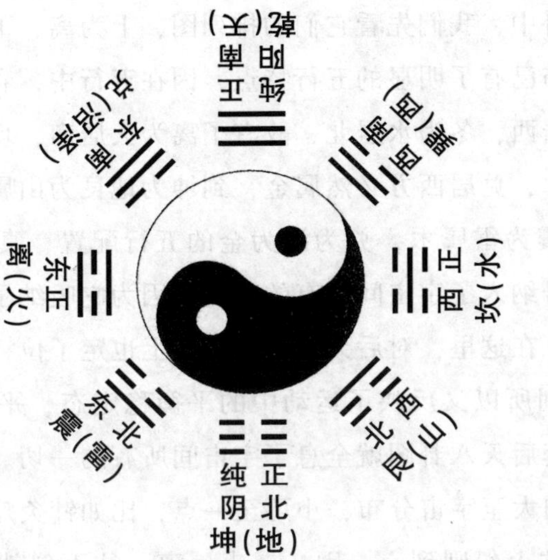

伏羲八卦(先天八卦)

后天八卦的排列形式图是与九宫图结合而成，吸收了阴阳五行学说的内容，故而后天八卦的排列有着一种新的状态，我们知道先天八卦排列图只显示了大宇宙的平衡态，而后天八卦排列图不但是一种平衡稳定态。同时也是一种运动态，更能确切地描述万物的运动规律与平衡规律。

后天八卦图

在后天八卦中，我们先看它们的排列图，上为离，下为坎，左为震，右为兑，这种分布已有了明显的五行特点，因在五行中，春为木居东，夏为火居南，秋为金居西，冬为水居北，故有了离为火居南，坎为水居北，而震居东方，必然属木，兑居西方必然属金，到坤为地艮为山属土。这种五行配置也很好理解，震为雷属木，兑为泽为金的五行配置，真是无可挑剔。虽如此，但八卦符号纳入了宇宙间所有的事物，因为它吸纳了五行系统，所以它就配合了万物。在这里，对后天八卦在位置上也定了位，又因它的定位结合了九宫图的排列所以又反映了运动中的平衡稳定态，平衡稳定态中的运动态，故而，一套后天八卦图就全息了宇宙间所有的一切。

后天八卦图大至宇宙分布，小可至一点，比如针灸疗法中，一个穴位内就有八卦，针往上斜则到心，因心属火属离，往下斜就到肾，因肾属水属坎，左到肝，右到肺，就是根据八卦图分布来进行治疗的，一个手掌中有八卦，一个面上有八卦，一个人体也是一个八卦分布图，且分布情况与八卦属性丝毫不差。同样，我们可以把八卦图放大到一个城市，一个国家，细细加以研究，凡符合八卦图分布的，就能兴盛，反之则不然。实际上，大部分情况下，都巧合了八卦图，比如，整个中国地理情况的分布就暗合了八卦图分布，南方属离属火，南方土地为红土，北方土地为黑土，中原为黄土，西方多盐碱矿石，为白色，东方山青水秀。

由此，我们可以看出中国古文化中蕴藏着极深的万物至理，符合自然之道，把万物的规律，全息论，运动论，平衡论等都用一个至简的理论全部涵盖。由此，我们可以看出，东方古文化所散发出的独特魅力，是西方学说乃至近现代科学都无法比拟的。我们有责任去挖掘它、开发它，从这两点出发，我们分析，综合、归纳整理出一套完整的瞬间定位理论，让这些古文化的思维方式，以及其中博大精深的文化底蕴更好地为现代社会服务，为人类服务。

张得计

1996 年于北京

第一篇

《大六壬金口诀》——实战预测学基础知识

第一章　论述十天干

一、十天干名称

甲、乙、丙、丁、戊、己、庚、辛、壬、癸。

二、十天干阴阳

甲、丙、戊、庚、壬为五阳干。

乙、丁、己、辛、癸为五阴干。

三、十天干五行

甲乙木，丙丁火，戊己土，庚辛金，壬癸水。

四、十天干方位

甲乙代表东方，丙丁代表南方，戊己代表中央，庚辛代表西方，壬癸代表北方。

五、十天干属性

1. 甲木，纯阳之木，名为大林木，有参天之势，性坚质硬，栋梁之材，故为阳木。

2. 乙木，属纯阴之木，名为花草之木，有装扮人间之美，性柔质软，故为阴木。

3. 丙火，属纯阳之火，名为太阳之火，有普照万物之功，性情刚烈，故为阳火。

4. 丁火，属纯阴之火，名为灯烛之火，有照亮万户之功，性柔质弱，故为阴火。

5. 戊土，属纯阳之土，名为城墙之土，为万物之司命，性高质硬，而向阳，故为阳土。

6. 己土，属纯阴之土，名为田园之土，有生育万物之功，培木溶水之能，性湿质软，低洼向阴，故为阴土。

7. 庚金，属纯阳之金，名为剑戟之金，有刚健肃杀之力，性刚质硬，故为阳金。

8. 辛金，为纯阴之金，名为装饰之金，有增艳人间之美，性软洁静，故为阴金。

9. 壬水，属纯阳之水，名为江河海洋之水。随地球运转，周流不息，故为阳水。

10. 癸水，属纯阴之水，名为雨露坑涧之水，气化而得，性静弱，滋生万物，故为阴水。

六、十天干配四季

1. 甲乙木：时间为春季（寅、卯、辰三个月）。

2. 丙丁火：时间为夏季（巳、午、未三个月）。

3. 庚辛金：时间为秋季（申、酉、戌三个月）。

4. 壬癸水：时间为冬季（亥、子、丑三个月）。

5. 戊己土：时间为四季末（辰、戌、丑、未四个月）。

注：戊己中央土是每个季节的最后十八天。

七、十天干配方位

1. 甲乙木：其位东方，名为甲乙东方木。

2. 丙丁火：其位南方，名为丙丁南方火。

3. 庚辛金：其位西方，名为庚辛西方金。

4. 壬癸水：其位北方，名为北方壬癸水。

5. 戊己土：其位中央，名为戊己中央土。

八、十天干与人体部位

1. 部位口诀：

甲头乙项丙肩求，丁胸戊肚己脐腹。

庚为腰间辛为肋，壬是股部癸四肢。

2. 甲头、乙项、丙肩、丁胸、戊肚、己脐、庚腰、辛肋、壬股、癸四肢。

九、十天干与人体脏腑

脏腑口诀：

甲胆乙肝丙小肠，丁心戊胃己脾乡。

庚是大肠辛主肺，膀胱之焦在壬方，

若问肾水心包处，二者皆在癸中藏。

十、十天干之间的关系

1. 十天干五合：

甲与己合，乙与庚合，丙与辛合，丁与壬合，戊与癸合。

2. 十天干五化：

甲己化土，乙庚化金，丙辛化水，丁壬化木，戊癸化火。

3. 十天干五冲：

甲与庚相冲，乙与辛相冲，丙与壬相冲，丁与癸相冲。

4. 十天干相生：

甲木生丁火，乙木生丙火，丙火生己土，丁火生戊土，己土生庚金，戊土生辛金，庚金生癸水，辛金生壬水，癸水生甲木，壬水生乙木。

5. 十天干相克：

甲克戊，乙克己，丙克庚，丁克辛，戊克壬，己克癸，庚克甲，辛克乙，壬克丙，癸克丁。

十一、十天干自然颜色

颜色口诀：

甲青、乙兰、丙红、丁粉红、戊黄、己土黄、庚纯白、辛灰白、壬墨绿、癸明绿。

十二、十天干吉凶应验

1. 甲为天福星：行恩施惠，成功赏德，吉庆喜美，婚姻可成，升官发财，喜乐康宁，家长、领导、文字、老翁、荣华、富贵、金榜题名，旺相一生禄位清闲。眉清目秀富豪称，品德高尚受尊崇；甲木受克无官无贵文学迟。

2. 乙为天德星：宜施恩赏德，体恤安抚之情，旺相求财得，交易合成，门户兴旺，受克时盗贼损害，斗讼官司，损车，损身，伤四肢。

3. 丙为天威星：宜发号施令，以显雄威，又主暴躁、火光、血光，受克时被外人剑伤或有水灾、烫伤、凶伤、头痛、头晕、斗讼官司、文字争执、忧愁伤残。

4. 丁为阴火：主烟光、鬼怪、血灾、凶伤、火光伤残，因妇女发生斗讼和牢狱之灾，虚惊及被外人谋害；受克时灾可减轻。

5. 戊为天武：宜发号施令，受克，外来官讼，家宅损破，贫穷及破产，如旺相主先贫后富，出访有得。斗打官司，伤灾、胃病，田宅斗讼及邻居口角，及亲属发生斗打。

6. 己为六合：宜修疆理域，阴私事，得酒食，得阴人田宅，或因田土而斗讼官司，受克主伤身损财。

7. 庚为天狱：主官灾伤残，凶祸、军人、凶丧、凶死在外，血光，车祸，被火克主凶伤残致命。见水土无事，见木主刑狱，斗打事。

8. 辛为天庭：宜正法治囚，不利吉事，见火主外丧凶事，天灾人祸，伤筋动骨，被暗箭所伤，有肺病及呼吸道之病，又主更改门户数次，有克时主外贼伤身。

9. 壬为盗贼：毒药、水灾、伤骨、伤腰、肾病、尿道病、寡妇孤儿、丢失、冤屈、邪淫、奸私、暗昧婚姻、情外有遇。

10. 癸为积蓄锐气：气索之物、田宅房屋、斗讼事、水灾伤人、走失四足动物、婚姻斗讼、争婚姻事。

十三、十天干出行应验

1. 六甲：出行最吉利，宜逢贵人，见喜庆事，见婚姻事，求财可得，见首脑及地省级官员。

2. 六乙：出行吉庆，见秃头及官职之人，见交易时谈对象之人，见酒食宴会，见水主阴私之事。

3. 六丙：见人骑车过路，骑摩托车之人，汽车是高档的，并为官禄之人所坐，丙为红色见水为黑红色，见金为红白色，见木主灰色，见土为黄色。

4. 六丁：高官、老总、经理、厂长、科长，又主有惊恐之灾，虚惊，火光、烟光、伤灾及疯魔之人，或气喘之人。

5. 六戊：见气功师及僧道，见两妇女身穿黄衣及灰黄衣，见官司斗打事，或牢狱之人斗打。口舌血灾，预测师、过土坡之地。

6. 六己：见贫穷之人，被欺辱之灾，见老妇及斗打妇人，买火烧之物，吃食果物，酱菜，买菜之人。

7. 六庚：主道路、斜路、军人、军官，持枪及金银铜铁器等，车辆、出外见丧孝、孝服之人，车祸及在外凶伤，见官司是非口舌之事。

8. 六辛：小路、斜路、仙佛、阴私、情人、和合事，喝酒及酒醉之人，见烟酒店门市部，吃食果物及买果物之人。

9. 六壬：出行见河涧坑沟及过桥，见堆石，见穿黑衣之人，见手艺、艺术之人，受克伤脚腿之人，鸟鸣，见丑恶之人。

10. 六癸：见四足动物走失，或见四足之动物，见四个小儿在路边玩耍，见山林隐士，气功大师，阴人小口迎面而来。

十四、揭开天干之奥秘

天干从何而来？

这一直是个千古之谜，今天我要揭开这个谜，让真正有志于预测学研究的人明明白白地学，不要在谜中东一头西一头乱撞，浪费时间和大好年华。我从事讲学多年，在教学中发现有些学员从事易学研究十几年甚至几十年之久，其刻苦钻研、持之以恒的精神也着实可贵，令人感动。作为一名炎黄子孙，为华夏大地上有这么多的有识之士而感到骄傲、自豪。但令人感到可惜的是他们虽然学习了很多年预测学，书也背了不少，但是法会而理不通，只能是知其然而不知其所以然，还没有掌握到预测学的真髓——天干理论的根源。看到这种情况，我决定揭开古玄学（天干）历史之谜，订正流传千古的部分错误，使真正爱好这门古老科学的人，都能够真正掌握这门高科学，我相信21世纪的人类社会，将会使这门古老而年轻的预测科学重放光彩。

翻开历史的书籍可知，天干来历一直传说为神人所造、天人所知留给人类的。这纯属传说，没有任何理论根据，是不可信任的。据文字记载天干、地支最早出现在甲骨文中。因甲骨文中有用“甲子”、“癸巳”、“丁未”等六十甲子记事的记载。这说明祖先们在那时对天干地支的运用已经十分得心应手了，由此可以肯定“天干”不是那时造出来的，其产生的年代肯定比甲骨文还要早。

天干到底是怎样产生的呢？据师傅口传“天干来源于太阳中的黑乌鸦”，那个时候没有天文台不可能有望远镜，是不是有特异功能或者什么高功夫的人看到太阳中黑子的活动规律呢？根据师傅的这句口传，我翻阅了古今中外天文学有关资料，才明白师傅这句话的真正含义。原来古人所说的太阳中的黑乌鸦，其实质上就是现在天文学上所说的“太阳黑子”，传说中太阳里的黑乌鸦是变化的，其形状一年一变，十年后又重新回到十年前的形状和位置，这种周而复始的运转规律被古人发现后，就命名为——十天干。这种传说正与现代的天文学家测量的“太阳黑子”活动周期为11.1年左右相吻合(我国天文学家对公元1645年到1884年的天象资料进行分析，统计出黑子的周期约为10.4年)，于是古人就用十天干来记年。

在科技极不发达的远古时期，古人又怎样观察看到的呢？是不是有高功能的人观察到的呢？这话说的不完全对。首先应当肯定，远古人类先天的特性比现代人更易于开发，那时候人和自然是和睦相处的。鸟兽鱼虫，花草树木，美丽、明净、高远的天空，清新、爽朗的空气，一切都是那样的美好，绝对没有污染的大气层，更没有环境的破坏这一说。因此，几万年前甚至是十几万、几十万年前，大气层没有受到污染，其透明度不知要高于现在的多少倍，因此，古人肉眼能看到的东西也许今天我们借助望远镜都难以看清楚。因此我们说古人看到了太阳黑子活动规律，并不是指古人有什么特异功能或者高功夫，而是正常的。

那么古人用天干记时，十天干为什么又非起名叫“干”呢？其实，名字只是某种符号，如同人名一样，本无特殊的含义，但古人叫“干”，是受到当时居住环境的影响，“干”的本义就是树干。古人在黄帝造屋之前，人们多是生活在窝棚、山洞之内，尤其是居住窝棚时代，像鸟窝一样搭建在大树丛中，那时候的人类像猴子一样善于攀缘登高，睡在树上又可以躲避毒蛇猛兽的侵袭。因此，每天太阳出来时又红又圆又大，太阳光照在人们的身上，睡醒的人总是通过大树的支干看到远方的太阳，看到太阳中的“黑乌鸦”。因此，古人命名为“干”，“干”的十个象形文字符号，转化为现代文字，即：甲、乙、丙、丁、戊、己、庚、辛、壬、癸，来记录太阳黑子的活动规律，天干的名字因此而来，天干就此而来。

天干是用来记录太阳黑子活动规律对地球人类影响的运程——时运。至于十天干之间的生、克、冲、合的关系，是古人根据天体的运转规律发现的一种能量场之间的相互关系。以后，我将逐步把这些宇宙之规律，预测学之谜，全部揭示出来。这里绝对没有鬼、神的影子，也不是什么玄而又玄的玄学、迷而又迷的迷信，是天文学、是太阳运动时对自然界万事万物影响的一门自然科学，是有法可依的、有理可寻的、有根可追的一门简单明了的自然规律科学——是人人可以学会、学精的，并且人人可以用公式运算的人时空定位学说。

注：在中国的《汉书·五行志》中有世界公认的人类关于太阳黑子的最早记录：“三月乙未，日出黄，有黑气，大如钱，居日中央。”

第二章　十二地支论述

一、十二地支名称

子、丑、寅、卯、辰、巳、午、未、申、酉、戌、亥。

二、十二地支数目

子一，丑二，寅三，卯四，辰五，巳六，午七，未八，申九，酉十，戌十一，亥十二。

三、十二地支六阳

子、寅、辰，午、申、戌是六阳支。

四、十二地支六阴

丑、卯、巳、未、酉、亥是六阴支。

五、十二地支五行

子为阳水，亥为阴木，寅为阳木，卯为阴木，巳为阴火，午为阳火，申为阳金，酉为阴金，辰戌阳土，丑未阴土。

六、十二地支方位

寅卯代表东方木，巳午代表南方火，申酉代表西方金，亥子代表北方水，辰戌丑未代表中央土。

七、十二地支四季

1. 季节：寅卯辰春季，巳午未夏季，申酉戌秋季，亥子丑冬季。

2. 辰戌丑未土在每个季节的最后十八天，最后一个月为土月。

八、十二地支与人体部位

人体部位口诀：

子丑为腿脚，寅亥为腿膝，卯戌为屁股，

辰酉为两臂，巳申为肩，午未为头面。

九、十二地支与人体脏腑

人体脏腑口诀：

子属膀胱水道耳，丑为肚脐及脾胃。寅胆目疾脉两手，

卯木十指内肝方。辰土为脾肩胸痰，巳面齿咽小肠肛。

午火心脏并眼目，未土胃脾并脊梁。申金大肠经络肺，

酉金咽喉及气管。戌土命门腿踝足，亥水发骨尿道肾。

十、十二地支与月份

1. 古人说：一二三阳开泰，斗柄回寅万事春。就是说：每一年的寅月、寅日、寅时，北斗的把柄指向寅位。古人是以斗柄所指来分十二个月份。因北斗星的斗柄每年正月指向寅位。

2. 古人说：寅做为正月，卯为二月、辰为三月，巳为四月，午为五月，未为六月，申为七月，酉为八月，戌为九月，亥为十月，子为十一月，丑为十二月。

3. 说明：正月见寅，寅是月建。二月见卯，卯是月建。三月见辰，辰是月建。四月见巳，巳是月建。五月见午，午是月建。六月见未，未是月建。七月见申，申是月建。八月见酉，酉是月建。九月见戌，戌是月建。十月见亥，亥是月建。十一月见子，子是月建。十二月见丑，丑是月建。必须

在立春之后，惊蛰以前。十二月建主要用于选黄道吉日。

十一、十二地支与月将阴阳五行

1. 定义：十二月将是取了月建的六合方位而命名的，也就是在十二地支上加一个代号。其十二月将是三传四用奇书中专用的基本知识。

寅是正月月建，亥阴水是正月的月将，即寅与亥合；

卯是二月月建，戌阳土是二月的月将，即卯与戌合；

辰是三月月建，酉阴金是三月的月将，即辰与酉合；

巳是四月月建，申阳金是四月的月将，即巳与申合；

午是五月月建，未阴土是五月的月将，即午与未合；

未是六月月建，午阳火是六月的月将，即未与午合；

申是七月月建，巳阴火是七月的月将，即申与巳合；

酉是八月月建，辰阳土是八月的月将，即酉与辰合；

戌是九月月建，卯阴木是九月的月将，即戌与卯合；

亥是十月月建，寅阳木是十月的月将，即亥与寅合；

子是十一月建，丑阴土是十一月的月将，即子与丑合；

丑是十二月建，子阳水是十二月的月将，即丑与子合。

十二、十二地支与月将名称

登明亥阴水是正月的月将，河魁戌阳土是二月的月将，

从魁酉阴金是三月的月将，传送申阳金是四月的月将，

小吉未阴土是五月的月将，胜光午阳火是六月的月将，

太乙巳阴火是七月的月将，天罡辰阳土是八月的月将，

太冲卯阴木是九月的月将，功曹寅阳木是十月的月将，

大吉丑阴土是十一月月将，神后子阳水是十二月月将。

说明：此月将在十二地支上逆行运转。

十三、十二地支与时辰及现代时间换算诀

子时转换现在时间 23~01 点，

丑时转换现在时间 01~03 点，

寅时转换现在时间 03~05 点，

卯时转换现在时间 05~07 点，

辰时转换现在时间 07~09 点，

巳时转换现在时间 09~11 点，

午时转换现在时间 11~13 点，

未时转换现在时间 13~15 点，

申时转换现在时间 15~17 点，

酉时转换现在时间 17~19 点，

戌时转换现在时间 19~21 时，

亥时转换现在时间 21~23 点。

说明：古代一个时辰转换成现代时间的两个小时。

十四、十二地支与人属相

子鼠、丑牛、寅虎、卯兔、辰龙、巳蛇、午马、未羊、申猴、酉鸡、戌狗、亥猪。

说明：因人类先认识动物，然后将动物的兴衰周期规律的时间与人出生的时间对应起来，形成了时间与属相的关系，即人与时间、人与动物的场能合一关系。

十五、十二地支六合

子与丑合，寅与亥合，卯与戌合，辰与酉合，巳与申合，午与未合。

说明：如子与丑合，卯与戌合，巳与申合，为合中有克。成中有败，先喜后忧，先合后分，先热后冷，先好后坏。六合中相克为克合，如办事求人顺中有阻隔。

说明：如寅与亥合，辰与酉合，午与未合。求人、办事、出行寻人，升迁、婚姻主喜庆和合事，人事关系永久合好，前后顺利，合为一体。六合中相生为生合。

十六、十二地支三合局

申子辰合水局，为斗打是非格局，亥卯未合木局，为买卖交易格局，寅午戌合火局，为文书信息格局，巳酉丑合金局，为隐私和合格局。

说明：凡课中见三合局，问事作三个事论，办事时必须有三个人，或三个单位参予，及三个计划，无冲破者，占事已定，求望成功，见冲破难成、不成，成中有破，事情有变动。

十七、十二地支生、旺、墓三合局

主事初、中、未三个阶段。

1. 水生在申、旺在子、墓在辰：凡有求望开始于申年、申月、申日、申时，成于子年、子月、子日、子时，终于辰年、辰月、辰日、辰时。

2. 木生在亥、旺在卯、墓在未：凡交易婚姻、喜庆和合事，都成于亥卯未年、未月、未日、未时。

3. 火生在寅、旺在午、墓在戌：凡文书、信息、家中团聚，一般在于正月、五月、九月。

4. 金生在巳、旺在酉、墓在丑：主阴私合和事，又主各种事开始于巳年、巳月、巳日、巳时，旺于酉年、酉月、酉日、酉时，成于丑年、丑月、丑日、丑时。

5. 说明：如课内见辰、戌、丑、未为合土局，为一种借局，土有生万物之功，求人望事迟缓，牵连阻隔不断，万事忧愁，苦心求成，枉费心机。

十八、十二地支六冲

子午相冲，丑未相冲，寅申相冲，卯酉相冲，辰戌相冲，巳亥相冲。

说明：凡求人望事，婚姻不成或分散事，易被别人骗诈，谋害，陷害，上当，自身有伤损，有病灾，被别人斗打。

十九、十二地支六害

子害未，丑害午，寅害巳，卯害辰，申害亥，酉害戌。

说明：凡求望被人骗诈，谋害入狱，严重受害之事。遇害者如气弱无救，定会有天灾、凶伤、病灾、凶祸等。经商的将损大财，并斗打官司。升官不成反有免职，问家庭必是分散事，谈婚姻不成，出行阻隔不通，工作则受他人排挤，如旺相受害，主求谋平常，劳而无功。

二十、十二地支相刑

1. 无礼之刑：子刑卯，卯刑午，午刑子。课中占此者都是客犯主，民告官，斗讼官司，父子，六亲反目，争财动官，手足无情，问婚姻则被异性纠缠。未婚破体，孕妇损胎，情伤忧愁，任何事都不吉祥。

2. 无恩之刑：如寅刑巳，巳刑申，申刑寅。凡遇无恩之刑，知恩不报反为仇，有如东郭先生救狼，被狼伤害，当官者防被他人谋害，或本人做好事反被诬陷，因贪外财，或小人之财而被官司牵连。为平地起风波，贼咬一口，事非官司，斗打口舌，伤灾，凶伤，疾病，血光，丢失财物，车辆，六亲少靠，妇女损胎，未婚女子防奸淫。

3. 恃势之刑：丑刑未，未刑戌，戌刑丑，占此者为有势力之人凭借权势胡作非为，欺压别人，反斗打官司，勾心斗角，同志间不睦、互相排挤，暗箭伤人。一般人打架斗殴，惹事生非。经商人被诈骗，经济纠纷，骗取财产，出行被外人斗打、受害、女性则发生口舌斗讼事，夫妻间格格不入，分离之忧愁，互不尊重，各有外情。

4. 辰午酉亥自刑：辰、午、酉、亥相见称为自刑。凡课中自刑，是本人想达到某种目的而不择手段，触犯了刑律，或因没有达到某种目的而自寻烦恼，造成身心不康，病灾伤残，自杀或自相残杀，引起了一场官灾。或本家内产生斗打，六亲不合，万事不顺。凡日、时见午火，课内又见午火，叫自刑。课内与本人属相同也叫自刑。

5. 说明：相刑指两个物体互相对立，它们之间有生有克，各自为政，互不相让，造成事物发展中的挫折，干事触犯刑律。在人体则多为疾病，伤残，痛苦、斗讼官司。

二十一、地支所藏三元论

1. 天元：古人将天干之能量代表天的作用，天对地、对万物的比和生克作用，将天干简称为天元；天元是在演说天干的阴阳，天干的五行，天干的本属，天干的时间，天干的空间，以及天干的物象、天干的颜色、天干的形状、天干的数字（排列数、组合数、本源数、正负数、螺旋数、双螺旋数等）其中包括了天象、天气、以及天体运转周期规律，兴衰关系对人类及万物的影响。

2. 地元：古人将地支之场能代表地的作用，地对人对万物的比生克作用，将地支简称为地元；地元是在演说地支的阴阳，地支的五行，地支的本属，地支的时间，地支的空间，以及地支的物象、地支的颜色、地支的形状、地支的数字（排列数、组合数、本源数、正负数、螺旋数、双螺旋数等）其中包括了天象、天气、以及天体运转周期规律，兴衰关系对人类及万物的影响。

总之，地支与天干比较起来，就复杂多了。在十二地支中只有子、午、卯、酉四个地支含有一种纯正的天干五行能量，其他地支均含有二个天干五行能量或者三个天干五行能量。

3. 人元：地支中暗藏天干称为人元。

由以上分析，知道天干能量代表天，地支场能代表地，天地之场能合而后产生了自然界形形色色的生命，人是天地之主人，是万物之主宰，所以说天干与地支合而后的纳音之能量称之为命，称之为人元。也有很多人说，地支所藏的天干称之为人元，这种说法只能是在没有六十甲子形成以前，可以将地支所藏代表人元。

总之，天干代表天，天就如太空、宇宙空间所含的一切元素物质，都有着相互吸引，相互排斥的关系。而地支则代表我们生活的地球，地球内与地球表层所含的各种元素均属于这个宇宙空间的物质，因为地球是宇宙的一个分子，地球上的元素通过不同的相吸相斥的组合就形成了各种颜色，各种形状，各种性质，各种种类的生命体。至此我们说，天干与地支合而后的纳音能量，是人之命的能量，是万物之命的能量，地支所含的天干也同样是人之命的能量，是万物之命的能量。所以说古人的论断没有错，今人的说法更没有错。

二十二、十二地支从何而来?

这同样是个千古之谜，也是玄学之迷，揭开这个谜，就是揭开玄学之谜的开端，就可以探寻到古玄学的真谛，还古玄学——预测学本来的真面目，同时，还可以破除封建迷信。

十二地支决不是古人凭空创造的，传说有佛祖创造十二地支和十二属相，但这仅仅是传说，没有科学理论依据。

据师傅所传，十二属相和十二地支来源于古人对自然界的长期观察、积累的经验。有句俗语说："西南的猴子，西方的鸡；东北的老虎，西北的猪。"略有地支知识的人都知道在十二地支所代表的方位中，申为猴、位居西南；酉为鸡，位在西方；寅为虎，位在东北；亥为猪，居于西北。由此可知，地支的来历是有一定自然科学规律依据的。

远古时期的人类，在漫长的历史演化进程中观察发现：某一年的鼠特别多，繁殖力旺盛，生存力很强；第二年又发现牛生育力很强，易养易壮；第三年虎特别多，繁殖率很高；第四年兔特别活跃；第五年，天降飞龙；第六年，群蛇出现；第七年，马膘肥体壮；第八年，羊成群结队；第九年，猴子喧闹频繁；第十年，鸡的生长旺盛；第十一年，狗非常活跃；第十二年，猪长得快而肥壮。紧接着老鼠又多了起来……重复出现了以上的情况。古代人类中的有智慧之人，如伏羲、神农等三皇五帝，看到了这种现象，并发现了这种自然规律，因此，古人用象形文字记录下来。所以，古人就把鼠多的年份命名定位为鼠（子）年；牛多的年份命名定位为牛（丑）年；虎多的年份强命名定位为虎（寅）年；兔多的年份命名定位为兔（卯）年；龙多的年份命名定位为龙（辰）年；蛇多的年份命名定位为蛇（巳）年；马多的年份命名定位为马（午）年；羊多的年份命名定位为羊（未）年；猴多的年份命名定位为猴（申）年；鸡多的年份命名定位为鸡（酉）年；狗多的年份命名定位为狗（戌）年；猪多的年份命名定位为猪（亥）年。

年的代号命名关系是：子代表鼠，丑代表牛，寅代表虎，卯代表兔，辰代表龙，巳代表蛇，午代表马，未代表羊，申代表猴，酉代表鸡，戌代表狗，亥代表猪。同时古人发现十二属相的分布很有特点，比如，鼠年旺的年份，北方的鼠更多，因此子为北方；我国东北的虎很凶很大，因此寅居东北；东南为沿海地带，为龙之故乡，因此辰居东南方。古人根据这种规律，发现了十二属相与十二方位的关系，如下图表示：（十二属相图、十二方位空间图）

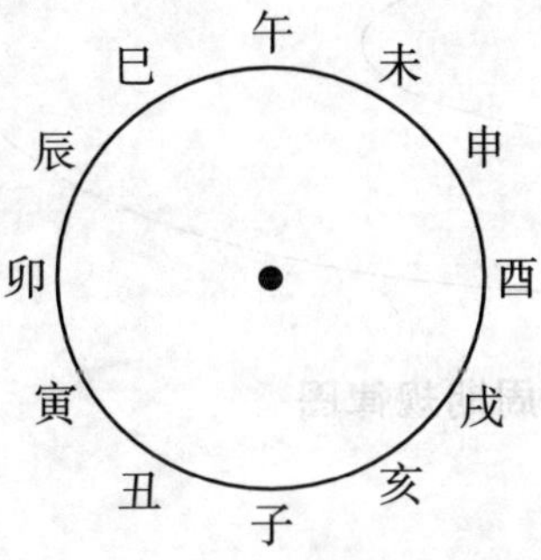

十二属相图

十二方位空间图

同时，古人又发现木星也是围绕着太阳旋转，其周期近十二年。十二属相显象活动周期恰与木星绕太阳运转周期相互对应。古人经过长期的观察发现定位为——地球上十二属相的显象活动交替轮回的变化是受到木星绕太阳运转规律的影响所产生，木星、太阳、地球三者在运行时构成了一定的角度关系，它们本身放射出来的能量场由于每年所处位置的不同，在地球上形成的能量场也不同，当形成的能量场适合于鼠的生长时，鼠就特别多、特别旺，就叫做子年。这一年出生的人总是或多或少的带有点鼠的性格特点。同样可以推知：当木星与地球、太阳之间构成的角度关系放射出来的能量场适合牛的生长时，牛就膘肥体壮，就叫丑年，这一年出生的人就多少带有点牛脾气……由此，可以说，木星的运转规律决定着地球上十二属相的变化，十二属相与十二空间方位代号就是古人命名的十二地支，由此可知十二属相、十二空间方位、十二地支，三者统一的命名代号为——十二地支。

因地支是地球围绕着太阳公转的一个椭圆轨迹，其度数为365又1/4度，其地磁的场能反映应定位为365又1/4度，365又1/4除以十二得出每一地支所占的方位空间度数为30.4375度；因其相对位置不同，而形成的不同的场能，相对而言对人类吉凶祸福的变化也不同。

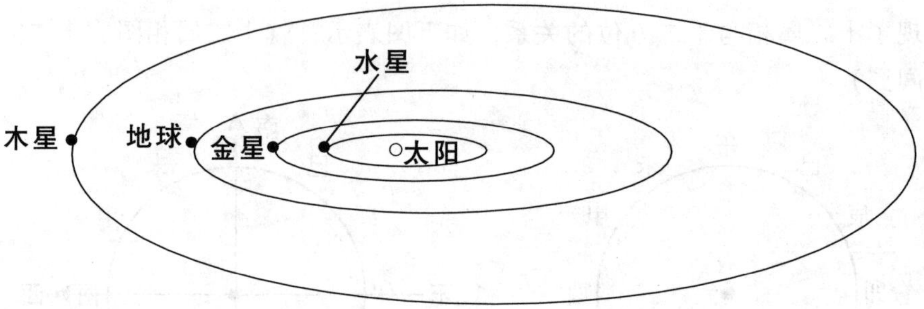

木星（岁星）绕太阳的运转周期规律图

第三章　天干与地支合用

一、六十甲子纳音

六十甲子纳音，是用十天干与十二地支配合而成的。特别在四柱学中，用途较大，还有专用六十甲子纳音测定人生的。

甲子乙丑海中金，丙寅丁卯炉中火，戊辰己巳大林木，庚午辛未路旁土，壬申癸酉剑锋金。

甲戌乙亥山头火，丙子丁丑涧下水，戊寅己卯城头土，庚辰辛巳白蜡金，壬午癸未杨柳木。

甲申乙酉泉中水，丙戌丁亥屋上土，戊子己丑霹雳火，庚寅辛卯松柏木，壬辰癸巳长流水。

甲午乙未沙中金，丙申丁酉山下火，戊戌己亥平地木，庚子辛丑壁上土，壬寅癸卯金箔金。

甲辰乙巳佛灯火，丙午丁未天河水，戊申己酉大驿土，庚戌辛亥钗钏金，壬子癸丑桑拓木。

甲寅乙卯大溪水，丙辰丁巳沙中土，戊午己未天上火，庚申辛酉石榴木，壬戌癸亥大海水。

二、干支配合历法

阴历是以月亮圆缺一次定为一个月，共二十九天。为了计算方便，大月定三十天，小月二十九天，一年取十二个月计算，大月与小月交替排列，这样阴历的一年只有三百五十四日。也无平年和闰年的差别。因阴历不考虑地球绕太阳的运行，故四季的变化没有固定的时间，不能准确地反映季节的更替。古人为了克服这个缺点，发明了阴阳合历，也就是现在的夏历，增加了闰月，五年两个闰月，照此计算，夏历每年的平均天数几乎是三百六十五天。

三、夏历节气与闰月

每年有十二节，十二气。十二气与十二月融为一体固定不变的节气格式。

1. 十二节：

正月立春节，二月惊蛰节，
三月清明节，四月立夏节，
五月芒种节，六月小暑节，
七月立秋节，八月白露节，
九月寒露节，十月立冬节，
十一月大雪节，十二月小寒节。

2. 十二中气：

正月雨水是中气，二月春分是中气。
三月谷雨是中气，四月小满是中气。
五月夏至是中气，六月大暑是中气。
七月处暑是中气，八月秋分是中气。
九月霜降是中气，十月小雪是中气。
十一月冬至是中气，十二月大寒是中气。

说明：如果本月无中气，那就是闰月，把本月称作上一个月的闰月，才能把时间的误差调整到最佳点上。

四、天干计年月日时

1. 古人依据天干与地支合起来用以计时。（计年、月、日、时）天干第一位是甲，地支第一位是子，所以从甲子开始计算。

2. 说明：由于十二地支的空间方位与月份时间不变。天干十数，地支十二数，所以每五旬为一周，共六十天或六十个时辰，六十个月，六十年等为一个甲子周期。

五、年干生月干口诀

1. 起月干口诀：

甲己之年丙做首，乙庚之岁戊为头。

丙辛之上庚寅起，丁壬壬寅顺行流。

更有戊癸何方见，甲寅之上好推求。

2. 说明：甲己年生成正月丙寅，二月丁卯，三月戊辰，四月己巳、五月庚午、六月辛未、七月壬申、八月癸酉、九月甲戌、十月乙亥、十一月丙子、十二月丁丑，余下的乙庚、丙辛、丁未、戊癸年干口诀依次类推。

六、日干生时干口诀

1. 起时干口诀：

甲己还生甲，乙庚丙作初。

丙辛生戊子，丁壬庚子居。

戊癸起壬子，时元从子推。

2. 说明：甲己日生成甲子时，乙丑时，丙寅时，丁卯时，戊辰时，己巳时、庚午时、辛未时、壬申时、癸酉时、甲戌时、乙亥时，余下的乙庚、丙辛、丁未、戊癸日干口诀依次类推。

七、解读地支所藏

子午卯酉地支中都含有各自的一个天干即一个天干之能量，之阴阳、之五行、之数字、之颜色、之形状、之声音、之性质等，即地支子阳水中藏有天干癸阴水；地支午阳火中藏有天干丁阴火；地支卯阴木中藏有大十乙阴木；地支酉阴金中藏有天干辛阴金。

地支丑阴土中藏有天干癸阴水、天干辛阴金、天干己阴土。

地支寅阳木中藏有天干甲阳木、天干丙阳火。

地支辰阳土中藏有天干乙阴木、天干癸阴水、天干戊阳土。

地支巳阴火中藏有天干庚阳金、天干丙阳火、天干戊阳土。

地支未阴土中藏有天干乙阴木、天干己阴土、天干丁阴火。

地支申阳金中藏有天干庚阳金、天干壬阳水。

地支戌阳土中藏有天干辛阴金、天干丁阴火、天干戊阳土。

地支亥阴水中藏有天干壬阳水、天干甲阳木。

通过以上可以看出，地支所藏的天干，都是天干的长生、建禄、帝旺、墓库、余气。

比如：地支寅木中所藏的甲木即是甲木的建禄，丙火与戊土都是长生之地。

比如：地支卯木所藏的乙木即是木局的帝旺。

比如：地支辰土中所藏的乙木即是乙木的余气，是癸水的墓库，戊土为本辰土之气。

其他地支所藏类推。

八、解读地支所藏含量

因为每个地支中都暗藏着一个天干能量或者三个天干能量，我们究竟应该以哪一个五行论事呢？古人对此做了定位如下：

地支寅木所藏天干主事，所代表的时间段为：戊土五日，丙火五日，甲木二十日。

地支卯木所藏天干主事，所代表的时间段为：甲木七日，乙木二十三日。

地支辰土所藏天干主事，所代表的时间段为：乙木七日，癸水五日，戊土十八日。

地支巳火所藏天干主事，所代表的时间段为：戊土七日，庚金五日，丙火十八日。

地支 午火所藏天干主事，所代表的时间段为：丙火七日，丁火二十三日。

地支未土所藏天干主事，所代表的时间段为：丁火七日，乙木五日，己土十八日。

地支申金所藏天干主事，所代表的时间段为：戊土五日，壬水五日，庚金二十日。

地支酉金所藏天干主事，所代表的时间段为：庚金七日，辛金二十三日。

地支戌土所藏天干主事，所代表的时间段为：辛金七日，丁火五日，戊土十八日。

地支亥水所藏天干主事，所代表的时间段为：戊土五日，甲木五日，壬水二十日。

地支子水所藏天干主事，所代表的时间段为：壬水七日，癸水二十三日。

地支丑土所藏天干主事，所代表的时间段为：癸水七日，辛金五日，己土十八日。

说明：在预测学的实际应用中，应以本气为主，地支中暗藏着天干，可根据该地支所藏天干的长生、建禄、帝旺、墓库、余气（也就是说该天干在地支中所藏对应的根气）随时而定。

方法如下：

1. 地支中所藏的天干在命局中没有，以本气为主；

2. 地支中透出一种天干，以该天干为主；

3. 地支中透出两种或三种天干，应以所藏天干的长生、建禄、帝旺、墓库或余气为主。

第四章　起课方法图解

一、课式论述

1. 金口诀课式：

人元

贵神

将神

地分

2. 大六壬金口诀立课取事，先观四位的阴阳所属定知用神。

3. 再取四位的五行生克，知其旺、相、休、囚、死。

4. 再定每人和每个事的吉凶、祸福、兴衰之成败。

5. 说明：取地分、月将、贵神、人元的所属知其万事万物的始终。

二、起课必先定地分

1. 凡立课必须先得出地分，以预测师为中心点即坐标，取来人的坐处和站处为定位点，然后取坐标点与定位点之间的距离为半径，划成一个圆。

2. 然后将一个圆的三百六十度分为十二份，每三十度为一个方位，每一个方位为一个地支。十二个方位即为十二个地支。

3. 说明：地支在课内称之为地分，配图如下：

（为使读者在日后应用时易于记忆，特将手掌上所对应地支位置一并配图，以后凡十二地支可联想此手掌图。）

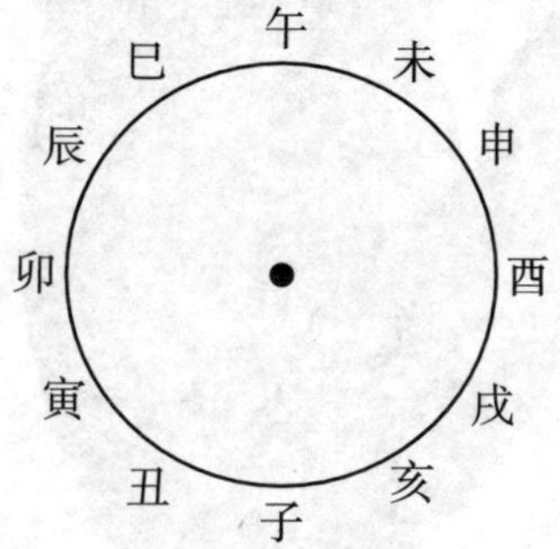

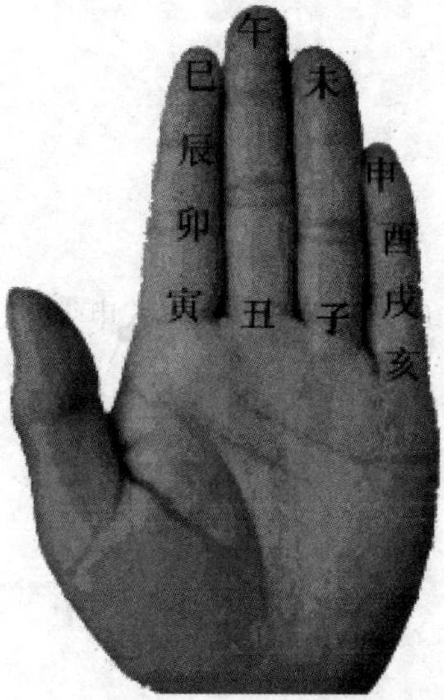

三、起课取地分法

1. 地分是指问事人与解课人的相对方位及角度而言的。

2. 也可以问事人自己随意指定方位，但是这个方向是以问事人的面对方向为准。

3. 还可以取来人的行年（属相）作为地分。

4. 写字法，以字的笔划数及名字的笔划数作为地分起课。无论怎样起课，地支最终要转化为地分。

5. 或以地支的五行生克来断事，并以地分为依据来断吉凶。

6. 说明一：如写字或名字的笔划超过了十二数，就被十二整除。取余数作为起课的依据来确定地分的地支，为起课的第一步。

7. 说明二：按十二地支定地分法，见地分图。是以图中两个虚线中间的地支代表该地分。如来人在 A 点，以未为地分，如来人在 B 点，以申为地分立课。地分图如下：

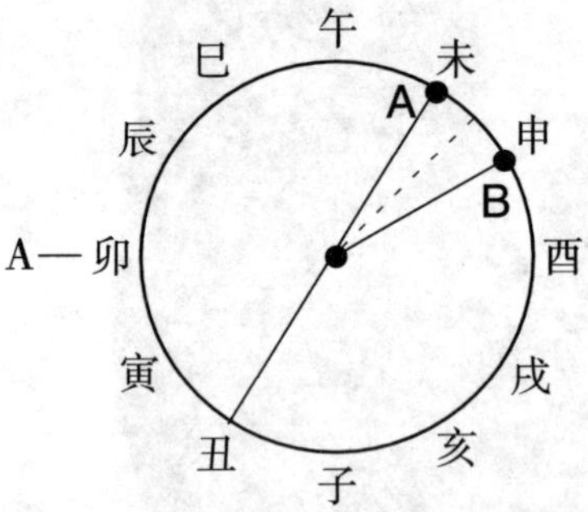

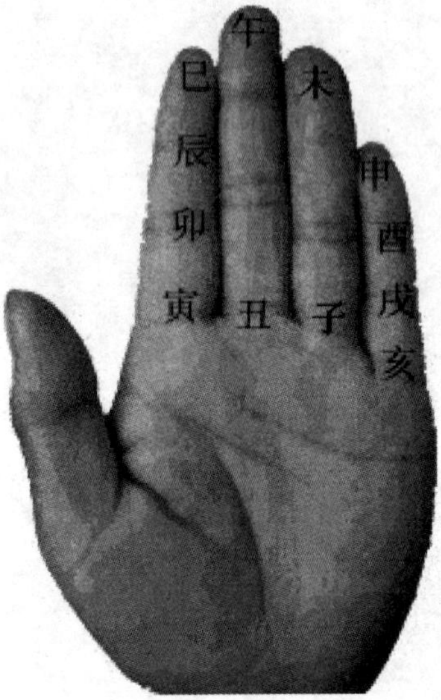

四、起课取月将法

1. 起月将口诀：

月将是月建的六合处，如正月寅合于亥即亥阴水为正月的月将。

亥为正月登明将阴水，
戌为二月河魁将阳土，
酉为三月从魁将阴金，
申为四月传送将阳金，
未为五月小吉将阴土，
午为六月胜光将阳火，
巳为七月太乙将阴火，
辰为八月天罡将阳土，
卯为九月太冲将阴木，
寅为十月功曹将阳木，
丑为十一月大吉将阴土，
子为十二月神后将阳水。

2. 月份、月建、月将综合列表如下：

月 份	月建阴阳五行	月将阴阳五行及名称
正 月	寅阳木	亥阴水登明
二 月	卯阴木	戌阳土河魁
三 月	辰阳土	酉阴金从魁
四 月	巳阴火	申阳金传送
五 月	午阳火	未阴土小吉
六 月	未阴土	午阳火胜光
七 月	申阳金	巳阴火太乙
八 月	酉阴金	辰阳土天罡
九 月	戌阳土	卯阴木太冲
十 月	亥阴水	寅阳木功曹
十一 月	子阳水	丑阴土大吉
十二 月	丑阴土	子阳水神后

五、月将纳入课内法

1. 取来人的时辰，来人的月份（月建），来人的地分。

2. 然后用“月将加时寻方位口诀”、落在地分上的月将即称为将神。

3. 举例说明：甲戌年、七月壬申月、二十二日丙戌、甲午时 12 点 10 分问事。站在申位，以申为地分。

4. 把七月将巳太乙阴火加在未时上，用“月将加时寻方位口诀”逆时针数至申地分上，申地分上得到酉从魁阴金月将，即酉从魁阴金为将神。

5. 说明：月将是指没入课的称呼，将神是月将入课后的称呼，这种称呼如人们在生活中根据不同需要所拟定的一种代号。如没有结婚的女孩称姑娘，结婚的女孩称媳妇，这种比喻虽不相同，但是其理如一是同一名称在不同场合，内容是各不相同的。课理和人理、事理是完全合一的，用课理解析事理是完全合理的。

六、贵神纳入课内法

1. 定义：凡是起贵神都必须用当日的日干作为依据，然后根据日干阴阳的属性、用起贵神的顺逆口诀即可找出当日的十二贵神。

2. 贵神阴阳五行与名称：

天乙贵神己丑阴土，螣蛇丁巳阴火，朱雀丙午阳火，六合乙卯阴木、勾陈戊辰阳土，青龙甲寅阳木，天空戊戌阳土，白虎庚申阳金，太常己未阴土，玄武壬子阴水，太阴辛酉阴金，天后癸亥阴水。

3. 说明：贵神顺序口诀：贵、螣、朱、六、勾、青、空、白、常、玄、阴、后。配贵神图起贵神如下：

甲、戊、庚三日干（例图 1–2）

甲戊庚三日干的贵神白天顺行图 1

甲戊庚三日干的贵神晚上逆行图 2

乙、己两日干（例图 3–4）

乙己两日干的贵神白天顺行图 3

乙己两日干的贵神晚上逆行图 4

丙、丁两日干（例图 5–6）

丙丁两日干的贵神白天顺行图 5

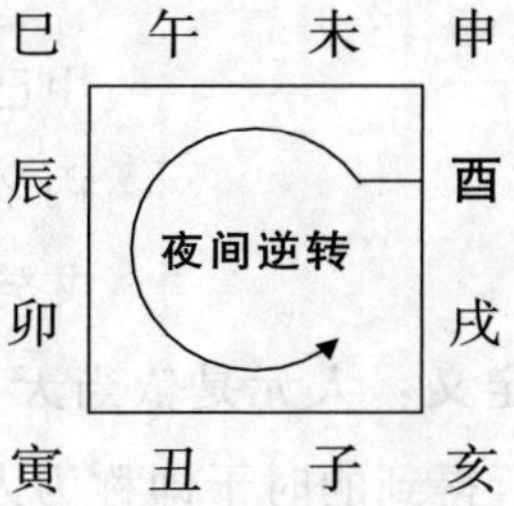

丙丁两日干的贵神晚上逆行图 6

壬、癸两日干（例图 7–8）

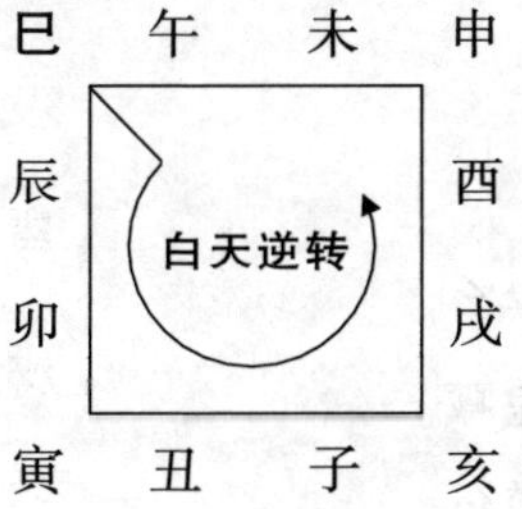

壬癸两日干的贵神白天逆行图 7

壬癸两日干的贵神晚上顺行图 8

辛日干（例图 9–10）

辛日干的贵神白天逆行图 9

辛日干的贵神晚上顺行图 10

七、起人元口诀

甲己还是甲，乙庚丙作初.

丙辛起戊子，丁壬庚子居.

戊癸起壬子，人元从子推。

1. 定义：人元是依当天日干为依据，然后用天干的五子元遁法，遁到地分上所得到的时干即称为人元。

2. 取今天丙戌日为例，五子元遁口诀是："丙辛从戊子起。"从戊子开始顺数戊子、己丑、庚寅、辛卯、壬辰、癸巳、甲午、乙未、丙申……即数到申地分为丙火，丙火入课即为人元。

3. 说明：甲己日干人元遁到申地分上得壬水，丙辛日干遁到地分申上、人元则是丙火。依此类推。

八、起贵神的口诀

甲戊庚牛羊，乙己鼠猴乡。

丙丁猪鸡位，壬癸蛇兔藏。

六辛逢马虎，阳顺阴逆行。

1. 定义：关于白天夜间的分界，应以星出为夜，星落为白天。关于贵神顺逆起例，根据当天的日干顺逆口诀来定贵神的顺逆起法。

2. 时间：日干甲戊庚白天从丑（牛）起顺转，夜间从未（羊）起逆行。

3. 时间：日干乙己白天从子（鼠）起顺转，夜间从申（猴）起逆行。

4. 时间：日干丙丁白天从亥（猪）起顺转，夜间从酉（鸡）起逆行。

5. 时间：日干六辛白天从午（马）起逆行，夜间从寅（虎）起顺转。

6. 时间：日干壬癸白天从巳（蛇）起逆行，夜间从卯（兔）起顺转。

7. 说明：特别注意，凡日干见壬、癸、辛起课，找贵神是白天逆转，夜间顺行，其他日干，都是白天顺行、夜间逆转。

关于贵神的顺逆，取当天的日干来定，取辰戌时为阴阳界线。如取戌到巳逆转，从辰至亥顺转，前边配有起例图。

九、起课步骤

第一步，确定起课时间：

A. 公历时间：1994 年 8 月 28 日，12 点 10 分。

B. 农历时间：一九九四年，七月二十二日，十二点十分。

C. 干支时间：甲戌年、壬申月、丙戌日、甲午时。

说明：将公历、农历的时间转化为带有能量的干支时间。

第二步，起地分：

A. 时间：甲戌年、壬申月、丙戌日、甲午时。

B. 方位：申地分坐，问事，先定来人的位置即地分在申，取申为地分。

第三步，起将神：

A. 壬申月建六合处，即申与巳合。

B. 取七月的太乙月将加在来人的时辰上，数至到申地分上，得五月未阴土小吉月将。

说明：起月将口诀，即月将加时寻地分，所得到的月将在课内叫将神。

取月将图（手掌图见本书第 83 页）

第四步，起贵神：

A. 取问事人当日时间的日干（丙）起贵神，用“丙丁猪鸡位”的贵神口诀。

B. 因为是午时，是白天，所以用白天的贵神口诀，即在亥（猪）位上起贵神，数至到申地分得子阳水玄武贵神。

第五步，起人元：

取问事人当日时间的日干（丙）起人元，用起人元“丙辛生戊子”的口诀，数至到申地分上，所得丙火人元。丙即为人元。

说明：通过以上地分、将神、贵神、人元的起课程序到此课式的四位配齐。课式如下：

人元：丙

贵神：子（玄武）

月将：未（小吉）

地分：申

十、问事起课举例

1. 公历时间：1994 年 5 月 28 日，19 点。

2. 农历时间：一九九四年，四月十八日，十九点。

3. 干支时间：甲戌年、己巳月、甲寅日、甲戌时

4. 起地分：求测人写了一个“都”字。“都”字为十划，从子数到酉为十数，取酉为地分。

5. 起将神：四月将为传送申，取申月将加戌上数到酉位得五月将小吉未。

6. 起贵神：18 日天干为甲，按甲戊庚日见牛（丑），羊（未），戌时为晚上问事，应从未上起贵神，逆数到酉得太阴酉。

7. 起人元：按五子元循，甲己还是甲，甲日时从甲子起。

8. 以甲子、乙丑、丙寅、丁卯、戊辰、己巳、庚午、辛未、壬申、癸酉位得人元癸水。

9. 起贵神、将神干：贵神干、将神干也是用问事当天日干，起五子元遁求得，贵神酉上得癸水干即癸水为贵神干，将神未阴土上得辛金即辛金为将神干。到此四位配齐。课式如下：

人元： 癸

贵神：癸酉（太阴）

月将：辛未（小吉）

地分： 酉

注：之后的章节里的课式略去“人元”、“贵神”、“月将”、“地分”字样。

第五章　课式举例分解

一、先取课内用爻

1. 定义：凡断事先定四位，再取阴阳、五行、用爻，知其旺、相、休、囚、死，如课内用爻见冲克，只取旺神为用爻，以旺相断事，万无一失，如亲眼所见，亲耳所听，真实不虚。

2. 取用爻口诀：

三阳一阴，以阴爻用之，三阴一阳，以阳爻用之，

二阴二阳，以月将为用爻，纯阴反阳，以月将为用爻，

纯阳反阴，以贵神为用爻。用爻者断事之开始，之钥匙。

3. 说明：课内用爻有克、冲、刑、破主事有变更，如无克、冲、刑、破等只取旺相为用爻。切不可粗心大意断事。

二、五行之内细推元

1. 凡起课问事，取四位内阴阳、五行、旺、相、休、囚、死、生、克来断事。

2. 凡受克者，为仇敌、凶灾、伤残、悲泣、败阵、阻隔不通及顺中有阻隔。

3. 凡有生有合，主亲恩、合好、抚爱、喜庆，欢乐、生官、发财，万事吉庆。

4. 人元与神将的生克关系：

(1) 人元克神，主伤家长、外人谋害，外来斗打及外来口舌。

(2) 人元生神，主外求内，主外财可得，外人可来。

(3) 神生人元，主名扬，威振四方。

(4) 神克人元，主犯上。父子不睦，不得祖业，祖父在外凶伤。

5. 贵神与神将的生克关系：

(1) 神克将，主损家内财产，求财不得反损财。

(2) 神生将，夫妻和睦，谋望有成，万事如意。

6. 将神生克关系：

(1) 将克方，主伤小口，斗打官司，家中伤六畜及田宅。

(2) 将克神，主损家长，欠孝顺，财迷心窍。

(3) 将生神，妻贤子孝，贤妻良母，家中妇女掌权，家财兴旺。

(4) 将生方，主家内和美，欢乐之美，子孙有名利并至高官。

7. 地分生克关系：

(1) 方生将，主子孝，孙贤，子孙在外成才。

(2) 方克将，出外损财，先失后得。

三、取神将辨吉凶

1. 定义：凡立课以贵神为主，月将为相，相者取事也。

2. 如课内有十分福祸，则七分由神、将二神来辨。三分由地分和人元来辨。

3. 说明：对某一件事的开始由人元与贵神决定。

(1) 开始：人元受克主开始不顺利，人头疼、物上有缺，有伤损、斗讼、口舌等。

(2) 中间：贵神与将神为中间，主万事万物中峰期。如相克成中有败，美中不足，或不成，分散事，相生主一切皆顺利，夫妻合好，万事如意，六亲和合。

(3) 结束：将神与地分为每一件事的结尾，相克主结尾不顺利，相生，求财可得，求望可成，万事喜美。

四、四位内各论内外定位

1. 定义：课中人元为宾，贵神为主，神克人元，主强宾弱，办事先动为胜。人元克贵，我宜静守，处理各种事都要小心，不宜接待客人，不与他人争高低，因宾旺我休无力不宜动，谨慎用事。

2. 人元克贵神，或贵神克人元主出外或在外发生斗打、官司、伤灾、病灾等事。相生主在外可得大财、喜庆、欢美聚合，外人邀请，酒宴会，交易成，合同定，遇贵人及亲朋之人。

3. 取将神与地分为内爻家事，如将克地分，地分克将主斗打在家内或本家族官司等。家内财产有损，家中多灾、多病，常有疮灾、伤灾、烫伤等。

4. 将神生地分如相生主家睦，六亲和合，财产丰富，六畜兴旺，家中万事皆美乐。

5. 外爻克内爻，外欺内，占事在家，如内爻克外爻，我欺他人，占事在外发生，并且凶灾在外。

6. 外生内，主喜庆在家内，外来送物。

7. 内生外，出外求人，喜庆在外，我将物送与他人，或家中有出外之人。

8. 内爻旺，家中财旺，人口兴旺。

9. 外爻旺，应在外求官，求财，家中人在外立足。

关于祸福要看旺相休囚死，论事情的成败经过。

五、取方位知来意

1. 公历时间：1994 年 8 月 28 日，8 点 30 分。

2. 农历时间：一九九四年七月，二十二日、八点半

3. 干支时间：甲戌年、壬申月、壬戌日、甲辰时。

庚	＋金
乙巳（螣蛇）	－火
辛丑（大吉）	－土
子	＋水

4. 起地分：取问事人来的方向为地分。

5. 起将神：以七月将加辰时上，数到子地分上，得十一月将大吉。

6. 起贵神：取今天的日干丁起贵神，丙丁猪鸡位，白天问事从（亥）上起贵神，数至（子）上得螣蛇。

7. 起人元：取今天日干（丁），用五子元遁寻人元，用丁壬庚子居，所以子地分上的人元是（庚）。

8. 说明：四位配齐后，取课内的用爻，及五行生克，旺相休囚死断吉凶祸福，然后看（子）的方位，是吉方、凶方，来定吉凶。

9. 说明：如从吉神上来，主财帛之喜，迁进之事，谋望有成，合则就，百事无凶，喜庆合矣。

10. 说明：如从凶神上来，主凶伤，灾祸，伤亡人口，走失盗贼。

六、什么是吉方？吉神？

1. 今天的贵神，青龙，六合，所临之位为吉神方位。

2. 今日的财神、喜神，天喜方位。时上的财神，喜神、天喜，最为吉祥。

3. 天喜是：春戌亥子，夏丑寅卯，秋辰巳午，冬未申酉，凡课中见者为天喜入课，作喜庆事，论断万无一失。

4. 财神是：甲乙东北是财神，丙丁宜上西南寻，戊己正北是财位、庚辛正东求财真，壬癸南方求财对，应以来者寻财神。

5. 喜神是：甲己在艮乙庚乾，丙辛坤位喜神安，丁壬原在离宫坐，戊癸原来在巽方。又甲己端坐乙庚睡，丙辛怒色发脾气，丁壬吃的醉熏熏，戊癸喜神有兴趣。

七、什么是凶神？凶位？

1. 今日时凶神：为朱雀、勾陈、白虎临的方位为凶神之方。

2. 凶神是：甲己凶在巳午方，乙庚寅卯守黄昏，丙辛之日子丑位。丁壬戌亥墓临门，戊癸忌占申酉位，专主行人道路凶。

3. 凶神是：甲在巳，乙在辰，丙在寅，丁在卯，戊在丑，己在午，庚在未，辛在申，壬在酉，癸在戌上，专主横祸有危险。在外遭谋害及盗贼之事。

4. 说明：凡问事来人从凶位或凶神将入课以凶论断。

八、取来人坐位知祸福

1. 方位是：取课时应以来人坐定以后的方位，如坐于吉方或喜神方财神方。

2. 吉神是：课中用爻或神将见吉喜财神，无冲、克、破、死、绝，可以吉论。如课中有克死绝害破，并应以吉神将应断吉中隐凶，顺中有阻隔。

3. 凶神是：坐处受克冲，破死，主凶中含吉，先凶后吉。关于灾福轻重，取用爻及将神的旺、相、休、囚、死而论。

4. 吉神吉将无助：旺相可断大吉大利。休囚死无助可断一般喜庆事。

5. 说明：如有助求望可达到目的。旺相有生有助可得大财加倍计算。但是先喜后忧，先得后失，先富后贫，开始发达而后衰败，物极必反。凶神有助更凶，但先凶后吉，凶中隐吉，或死而复生。凶神旺相凶伤极重，或死亡。凶神休囚死主凶力弱，可断一般凶事，有助、生、则更凶。受克、制、冲、破、主凶气消散，凶中含吉。

九、取来人命上知成败

1. 凡问事成败，取问事人的属相做为地分，立课，观四位内阴阳、五行、用神，及旺、相、休、囚、死，如冲、破、害、制、克、空亡，四大空亡主不成有败。

2. 如生、合、助救，能成。起课方法可取本人属相为地分，以问事时的年、月、日、时起课，逢生、合有助，逢冲、克不成，每一件事的成败，从课中一目了然可知。

3. 如本人属羊、乙未年生，沙中金命，流年取甲戌年，壬申月，丁亥日，丙午时，问印刷一事如何。立课如下：

丁

丁未（太常）

丙午（胜光）

未

4. 先取整个课的大意，火旺，以今年甲戌合丙午成火局，主文书信息和合之美。因火照耀万物之功，主今年名扬天下。取寅月开始，午月成稿，戌月印刷。凡取合局不克冲破者占事已定。但是受今日亥绝，主外人有害，顺中有阻，占事反复多次。

5. 用爻丙午火旺于午时，美中不足被日丁亥绝，主顺中有阻，事情反复数次。在课内贵神太常丁未与丙午合，应得到两个属羊的人相助，并且两个人都是乙未年生，与本人同年出生，最巧合的是都在于未地，并且我本人也是乙未，我又是在今年辛未月寻找的他们两个人，巧合的是丙午与辛未是天地合处，占事完成于今年辛未月。

6. 神将干与人元见丙丁无乙巧合于本人的年干乙，也可以取今年的月建乙亥，或明年乙亥大事可成，又见我寻找的两个人年干乙，成乙丙丁地三奇，今年自十月开始应完成三样大事。

7. 用爻丙午，恰好合贵神未与地分未，主内外一体，求谋可成。

8. 人元丁火生贵神太常未土，主外助我也，当中必借女人之力，或酒食之事。

9. 将生神，主妻贤子孝，求望可成，丙午将又主文字之事，主忧愁，虚惊，血光，伤残事应见于午时，因七月见午为天马，主午时见，论文书有信息事，今日丙午时说出版此书。

10. 取本人流年沙中金命，用爻丙午天河水，金能生水，金命生课内用爻，本人应全力以赴干此事业。

又说，取天河水把沙土洗去，金才露出本身，见甲戌年火，金被火炼成材，金借火发明亮之光，所以金只有见火才能成材，才能名扬天下。

十、解课总论

说明：凡课内以贵神为主，月将为相，人元、地分为扶持，再配合问事时的年、月、日、时生克，冲破，空刑，三合，六合，奇合、天马、驿马、劫煞、灾煞、凶神、吉神，财神，五鬼，天医，地医，天罗地网，飞符，飞廉，天德，月德，天赦，等各种神煞来论断、神验无比。

第六章 课内五行断事

一、二木为爻求难得

1. 见二木，主办事难成或求望不成。这只是普通的断法，占断的实际情况很复杂。

2. 如地分为寅，月将为太冲卯木，四位内见两木，因贵神是水，水下生二木，此二木得水化为生气，即有喜事两件。因卯为门户，地分寅为财帛，应财在门（以顺转，寅在卯后），寅在卯门之故。又以人元土克贵神天后水，主弱客旺。

3. 又将太冲卯木克人元戊土，主家内有喜事两重。求财可得，求名可成，办事遂意。

4. 如见天马，驿马则很快可得。因二木见水土生长旺盛大财可得也。是木离土不长，无水是枯木，所以此课财有得。以将神，地分为财爻，见水土主树木旺。寅见卯为门，主财在门外，有求立即可成。

5. 但得此财必须争执，因为二木同克一土，主两邻，或两个人争田宅及财产。

6. 取金日时，或本人年命是金克木，旺木有克能成大材，或国家栋梁之材。

7. 说明：一棵大树，无金克只是一棵大树，不能成有用之材，是一棵无用之树木，所以见金才能成材，才能得大材。

二、二土比和迟晚看

1. 因土有生万物之功，出现土为用爻主无力，内见二土比合，虽有成但成得迟晚。

2. 如地分、月将同是土，上克人元水，主有喜事，又以人元水生贵神木，主有外财可进。

3. 凡求索，主客和合，求有得，寻必见，四位内木旺，又被人元水生，主外财可得也。

4. 见青龙主官中财物可得。外生内，外财得之容易。神克将主损财，伤财产，外贼伤家内财物。

5. 虽有二土，主客相生，又取财爻克人元，求财可得，求官可望，求事可成，有升迁之喜。

6. 四位内有水土见青龙木为真旺。贵神青龙为官禄食旺，主一生荣华富贵，文官、文章，学业可成，衣食丰足，逢金克制才能升官，大事可成。

7. 说明：如九月丙午日，午时论课，地分辰土，月将大吉丑土，贵神青龙寅木，人元得壬水，照此课内虽有二土，求谋可得。

三、二金刑克主不顺

1. 见二金刑克主办事不顺利。人元贵神同是金克将神木，主二金刑杀木，占此课者为伤妻，伤财。外来斗打，外贼盗劫财物，损门户及外来欺侮，外来官司。

2. 取将神、贵神同是金克人元木，主官司起家内，或家内产生两次官司，斗打口舌，自己谋害他人。内克外，占事由家内引起。

3. 贵神、将神金，同克地分木，主外来伤家内人口及家内斗打伤小口，伤六畜，田宅事，腿脚受金属所伤或碰伤，见血脓疮灾，皮肉之苦，被车伤腿脚。

4. 地分、月将同是金克贵神木，主伤家长、尊长，无官禄，衣食不足。家人在外有伤灾，车灾伤胸膈头部。损官，疾病伤身。由于金克木主肝胆有病。

5. 说明：如金克木，见水有不克之理，因水泄金气，水又生木，为救援之神，主其人死而复生，能减轻灾祸的程度。

四、二火为灾百事残

1. 取地分、月将、贵神同时是火生人元土，主其家大富贵。因人元是我身，内有三火生我一位土，其财必然大旺，所以其家巨富，衣食丰足。其家内有火灾三次，并有火伤之人，因火旺土焦。

2. 如二火二水百无一好。人元，贵神是水克月将地分二火，主家内失物，损妻妾、子孙、小口、六畜、田宅，并有血光之灾临家。妇女流产之灾，必有心痛之病，腹痛之疾，妇科之病。

3. 地分、月将同是二水克贵神，人元二火，主夫妻分散，及伤家长，损官禄，官灾、官司，头痛、头晕，病在心胸，及直肠病，因火受克。

4. 水旺虽克火，见木有救援。因木盗水气，木又生火，为得援救，所以有死而复生之妙用。人元、地分同是水克月将、贵神火，主家内有水灾之人，烫伤之人。住处低洼，被外邻欺侮，斗打，家中无好女子，无官禄之人，家中贫穷，因水克火灭绝也。

5. 外克内主二人侵入家中盗物，又得气恼伤寒，心、胃病，因神将受克主此。

6. 说明：神将同是水克地分、人元火，主此人上吐下泻，血光，痢疾，便血，生暗疮，腿受伤，因水火不兼容，所以凶灾多病，百无一好。

五、二水皆顺为大吉

1. 四位内见两水，不以喜用，不取凶断，因水有形而无体，可随变而变，随长而长，随方而方，随圆而圆，所以吉凶不定。凶神，则凶，吉神，则吉，随神将吉凶断之。

2. 如四位内见二水有冲刑，间隔、被杀、生合，都不论吉凶，水无体不主事。

3. 见贵神、人元土克内二水，主伤两个人，损财产，田宅房屋，被外欺压，伤小口，家病，疮灾，肾病，尿道病死也。

4. 二土克二水，性如虎狼暴躁，必须见火方验。

5. 二水见二木，主外出求财大喜，求官有成，交易和合，六合主成合婚姻交往事，升高官得财等。如火在木上，主女嫁南方去。

6. 说明：二火在二水之上，主心脏病死，二火在二水之下，主产死胎伤及惊恐之事二三次。如水克火见木日时主无事，或减轻灾祸。

六、水来入火妇难安

1. 四位内水来入火，主妇女有妇科病，及心脏病而死亡。

2. 巳火受水克主心痛及胃痛，因巳火是螣蛇，火病在心胸。

3. 贵神是亥子水克将巳火，主损妻亡妾情人分散。主有精神病及疯魔病人。

4. 人元见木生将巳火，主死而不死。人元见土能克水，主巳火得救。

5. 人元见金生水有援神，火克金损力，水旺火死，主无救必死。

七、金入木乡忧口舌

1. 四位内取申酉金加在寅卯位主金克木，外来斗打官灾，口舌忧愁事，外欺侮门户及外人争我门户。家中大树有伐伤，家中有凶伤，损四肢及伤骨，家有肝胆病，及风瘫病，眼目之灾，大树损伐家长死。因金为斗讼之神，木为财神及门户、船车、桥、外人盗车、盗财产及树木。

2. 见火克金主盗贼、捕盗事，金又是道路之神，主出外路上见凶灾事。

3. 见朱雀、螣蛇或辰戌发用无不斗讼，因斗讼官灾之神入课，主来者必有此事。占事求人、谋望、忧愁不定。

八、火入金位有凶伤

1. 四位内以巳午火临申酉金位，主见血光凶伤，惨死，血脓不离身，呻吟之苦，连续皮肤病、恶疮。

2. 如贵神是玄武水主暗昧事。或因合同签定不明产生斗打官司。见土主田土有争必失理。见玄武者主家内必有名字画，有艺术爱好及艺术家，手艺人等技术人才。

3. 如见天乙贵神主许了口愿未还，家中怪异灾讼或六畜作怪。家中有官中之物，或有官禄之人。如见青龙木主官司缠身及争金银财宝官司缠绕。家有杀人的枪、刀剑。经商必被他人诈骗，求官必争斗和被人谋害。

4. 六合木主官司逼迫，或交易不公平产生斗讼，婚姻斗打及媒妇产生争执。

5. 说明：六合为门，有克主损门户，邻居斗打，争婚争官中财物，伤四肢。如课内见二水一金一木，主受金器所伤，火光烧身，伤残或天灾人祸，凡逢水土日、时方可逢凶化吉，死而复生。

九、木来入土为刑狱

1. 木来入土，必是辰戌二神为将，地分在巳亥上，贵神见青龙六合，为木来入土。主刑狱之灾，因巳亥是气索之物，辰戌为斗打之神。

2. 贵神木克将土，主外欺内，主斗打官司在外。木在土上为关，主百事不通顺。

3. 人元见土为徒刑，见金主斩杀罪。见火主血光及斗打事，见水主得外财，争而得之，或争田宅，树木，及争门户事。

十、土刑水主争田庄

1. 辰戌丑未土加亥子水，主争夺田宅事。如果内不见四季土，见贵神勾陈、天空、太常、及玄武、天后同一位，则土行水上，也主争斗田宅。其家必有凶死之人，主肾病、尿道病、伤骨、或骨病等死亡人口。

2. 如朱雀见未，螣蛇临亥子，主其家或其人有争斗事，见天罡、河魁、勾陈、天空，戊己发用及旺相者无不斗讼，斗打，官司牢狱之灾也。

3. 如人元见木，必有争张事，不宜会客，宜另作计划改日行事。

十一、四位生克断吉凶

1. 见上克下为外克内，占事发生在家，但由外方引起，外谋害家中人，外盗窃家中财产，由外引来的官司，外人来气索，凶在家内，家内贫穷、无官无贵，无文化，早伤妻、流产、伤子孙后代，不出人才。

2. 下克上为内克外，主家内人口在外升官，在外有官司，祖上贫穷及少靠，孤独，在外常动，主其人有远大志向却不能得志。本人清高不服人，善于犯上，与领导关系不协调，虽有向外之心，但出外不顺，办事宜内不宜外，和内不和外，内克外，在家荣华富贵，在外事不顺心，劳而无功。

十二、四位内五行生克

1. 论五行生克，如地分克月将，月将克贵神，贵神克人元，叫自下克上，主事从内起，官司起家内，或家人谋害他人，内强外弱，内胜外败，民告官及出外有伤灾，将来死于外地。

2. 人元克贵神，贵神克月将，月将克地分，叫自上克下，自外克内，主事从外来。或因外人，外因引起而损财产、家内伤灾，伤妻损财伤小口、亡六畜、毁田宅、被外人谋害家中财产。

十三、主克客求谋不得，客克主来索物

1. 凡求谋必须详主客，求事（求官）以贵神为主，人元是客；以求财占之，人元为主，贵神为客。主怒客，主空手还之，客伤主外来取索。

2. 凡有求索，观其主客，主客不和。求索难得及难成。争而可成，但先得后失。

3. 客生主，外寻内，外助内，外财可得，外人将物送我，外人求我。

4. 主生客，内求外，自己将财物送他人，我助于他，内财外出，在外寻人必见，求人办事可成，谋望有就。

十四、课内相生百事吉，内有刑克忧纠缠

1. 相生求谋吉顺，内虽有凶神，朱雀，白虎，勾陈，螣蛇，天空，虽凶有相生之处，应处于合气之中，逢凶恶而内有善良、虽有生死之危险，但无妨，先凶后吉。见相生、相合者为亲恩。

2. 相克主仇敌。破散分离，占者无吉。吉神有冲、克、休、囚、死、主不吉利，平常论之，或吉中隐凶，先喜庆而后忧愁。

3. 克人元主官司动及伤祖父、食禄之神。克将主伤妻损财帛及伤损家中财物。

4. 克地分而伤民众，饥饿不定，胎伤、小口死之事，田宅斗打事。见凶神有生，凶中隐吉；凶神有克，凶中不凶。吉神有生，吉中更吉；吉神有克，吉中隐凶，主喜而不喜，喜而转忧，逢冲即变。

第七章 课内五行取事

一、寅申为贵客，子午卯酉为酒食果物之类，巳亥为气索之物

1. 用爻旺相见寅为文官、文书、地省部级领导。

2. 见申金旺为武官、军人、军官、军区司令、军委领导。休囚死小官或无官、因官职伤身，最多是个副职。

3. 见三奇、三合、六合，年、月、日、时合主兼官职，身有多种职权。

4. 如冲克破，主杀禄之神，一生无官并有官司纠纷。

5. 以月将加时，寻课内子午卯酉主吃食果物及酒食之类，见巳亥为气索，爱生闷气，主妇女掌权，巳亥为小口旺相，家内有小口成才之人。

6. 见巳亥用爻休囚死，主人身体矮小，但比较精明能干、逆向思维。

二、水土火金为窑灶

1. 见水土火为窑灶及锅灶，或砖瓦器之类，是水土见火加工而成的斗形金属物品。

2. 如水泥、石灰，瓷器之物，及各种火土水构成的物品。

三、庚辛碓磨及门窗

1. 取人元论，四位内旺相休囚死，知其有无，损伤或完整。

2. 人元见庚为碓，为门，为斜路、石柱。见辛为窗，为磨，为小路、斜路、石柱。

3. 如见火克金，主无此物，或损伤；庚辛旺相有此物，是完整物品。

4. 如刑冲，主此物变动地方及形状，或伤破。

5. 课内见土：土多埋金，主家中人有病，有皮肤病、血肉之灾。

6. 课内见木：伤四肢肝胆有疾病及眼目之灾。

7. 课内见火：主家内有凶伤及车祸致命。血肉疮脓不离身。又主肺病及气管炎。

8. 课内见水：主家内有非常之喜，家有美妇人，及有阴私事在家。

四、庚午改门并接屋

1. 人元庚落于地分午上，主其家改门和接屋。庚午六月胜光将，贵神是庚午与朱雀同论事，必是正南开门，因子午为正门。

2. 有二金主重新修改房屋或接屋。见庚辛为万物皆新。

3. 下克上或克己，主家中石头有损，或石头立于门旁，主其家有凶伤，车祸伤人，被外殴打，左右邻居不和睦，被外欺侮而有官司缠身。

五、四孟相生有新房

1. 用爻旺相及见寅申巳亥为四孟。

2. 见壬寅、戊申、乙巳、辛亥可论相生，主其家有新盖房屋。

3. 见庚辛主万物皆新。

4. 见壬寅家有大树一棵。

5. 见乙巳主木家屋在高处，并有过火灾，家内还有精神病之人。

6. 见戊申其房盖在土坡附近或大路附近，十字路口附近，家有旧石头用于房屋上。

7. 如见辛亥主其家靠坑沟附近，或亥子位低陷，又主其家盖房万物皆新。

六、课内五行旺相各论

1. 课内土旺：主其人厚重，好行善事，热心肠，性格坚决，热心为别人，不服气别人。土旺，主其家在高岗上住，家中多出孤寡或家中出现凶伤，车祸之人。

2. 课内水旺：主沉溺，冤仇，暗昧不明淫私事，婚姻有暗隔，个人私情事，主其家出邪淫，奸私，家多迁居，飘流之客，工作多调动，无主见，善听好话，但很聪明，因水形无体，无缝不入，爱得小利益，变化无常。

3. 课内木旺：主家贫论，家内树木很多，有官司缠身，兄弟不睦，家内重婚姻绝后续。家中无名利，无荣誉，但木性之人很仁义，讲信义，爱交朋友，坚韧不拔，本人不存财，艰难贫困，缺乏资产四壁空空。逢水年、月、日、时发旺，逢土年、月、日时有斗打官司，逢金年、月、日、时成国家栋梁之才，逢火年、月、日、时干枯之树木。

4. 课内火旺：主盗贼谋害，或家中火光伤残，火灾伤绝人口。外爻旺相主血灾，火光发生在外地或家有文书，官禄、教育、文艺之人，家有名利在外之人。

火主高岗，主其家住在楼上，地基比其宅地要高。见木助火凶中更凶，火中见水凶中有吉，火能烧水用，就成了有用之火，所以先难后易，火见金血肉伤残事。

5. 课内金旺：主不顺利，因金是斗讼之神，又主军官，军人、剑、刀、枪，武术高功夫强，武官，有克则在外凶死，或边疆伤亡，火克金在十字路口附近住。

七、与姓相生子孙昌

1. 用爻旺相又与本人的姓相生，主子孙昌盛。

2. 火旺相，取五音相生（宫、商、角、徵、羽）。

3. 说明：如角宫生人是土为火相生，占宅有气，主家内富贵，子孙兴旺，买卖兴隆，家中万事如意，向外求望有救，办事能成。

八、四位杂断

1. 四位相刑有凶灾，上下相生福满堂。如两个公司合资，取各公司法人的名字笔划被 12 除，得的余数地分，分别立课。

2. 取问事时间的年、月、日、时起课，然后，取每个课中的用爻，看两课用爻相生，相克，相合，相冲可以知合资项目的成败，或当中发展的趋势，采取进退。知其是否有诚意，做到有备无患。

九、取宅命断吉凶

1. 取宅命课，以本人属相论，如本人属兔为卯，取前五辰是申，申为宅命，后三辰是子位是庄命。

2. 取命前五辰是申，申为地分立课，相生吉庆，相克凶灾，见冲破者百事不成。空亡事情必虚假。

3. 见三下克人元，为破了天窗，主在外伤财，或盗劫财物。下克上又主头目疾病，四位内上克下主房屋必塌，家内伤财，失盗。子孙孤，或无子孙，伤残小口，其家内主有后妇。如二下克上，主官司伤尊长，伤主人，及官司由家内引起而发生于外。

4. 二上克将神主损财，克地分小口不安，田宅有损，腿脚痛疼，下肢有伤残，此人走路八字形。下克上主高岗高宅，其房盖后伤家长及官司斗讼事，在外与邻居斗打及争执。

5. 上克下住宅处低下，其家搬进后损财，外贼所伤，家中多病灾。妇女有病，小口有伤，阴气太重，家人受外人欺压。

十、解宅命课例

1. 如十月将寅、甲子日，寅时，辰位，立成一课。

戊

丁卯（六合）

戊辰（天罡）

辰

2. 为一木克三土，木无力去克动三土，六合木为阴木，又是草木，无力克阳土，阴木自有损伤，取课内用爻是阴贵神，主阴人掌管家事，但阴人有灾病。

3. 土多反克六合卯木，主宅在高岗之上，辰为岗岭之神，内见二辰土在高岗上住。

4. 人元见戊土，主家住在土坡附近。取人元戊与将地分辰结为一家，木在中心克两头土，主家内有分张事，家有寡妇在堂，及孤儿或有出家之人，气功师、术数师、艺术师、僧道之人。

5. 贵神六合木克天干戊土主家无祖父及祖上贫寒，并有官司，家有在外经商之人，凶死在外，由于土加木主斗打牢狱之灾。又主兄弟分张事，家不团结，斗打官司因田土而产生。由于辰为斗讼之神，又为田宅之神。

6. 以六合取卯位，主家在村庄西侧戌地住，取卯与戌合。

7. 一阴木不能克三土，可取辰代用，辰与酉合，门向西开，并在村西头住，其家有小树一棵，取卯木为小树，辰土为水库，主树木旺盛，以六合为用，主家内有交易之人及经纪人，会计、教师、术数之人。

8. 说明：其家卑犯尊，以辰害于卯，但子日刑卯，主无礼之刑，主外人寻欢作乐，无礼欺压，又取子刑卯，终生必养他人子，有义子、义女在家内。

十一、课例

1. 时间：农历三月，甲子日，庚午时、巳位问家庭如何？课式如下：

己

戊辰（勾陈）

壬申（传送）

巳

2. 地分巳火克将申金，又取巳与申合，主其家在南山脚下住，因巳午未申主南方。神辰土，人元己土主土坡岗上住。

3. 家中出一军人，因申见巳火军人辈，并家内有凶死在外之人，传送申用爻主奔走之神，地分克将主外出有损伤之人，在外失败，先失后得。取课内申子辰水局主其家在河边、坑边，水边附近住，有寡妇孤儿之人。

十二、占宅五行各论

1 见火旺，其家住高处，如与姓相生，家中有喜庆、姓旺，人元是丙克将金，主内有分张事，旺相克下主家内凶死恶伤。

2. 见土旺，主家在高岗上住，其家必在坟地和近坟地而住。如土上见木，主家内疾病、痛疼、凶死残伤。

3. 见木旺主家内官司纠缠，新盖房屋，林木丛生，及兄弟不睦。木上见金主外来斗讼，木上见水主财帛之喜，木上见火家生女孩，木上见土主斗打官司，牢狱之灾。

4. 木上见火主家中阴人患病，伤残，火光伤人。

5. 见金旺主刑克，其家斗讼，兄弟不和，火主军人，在军从政，其家人凶伤。金上见土神，主多灾危。

6. 二土二金为比和，主先凶后吉。金见木，伤六畜。见火克金必要凶伤。又主官司，患病凶灾，伤残死之事。金上见水大吉，见玄武水主盗贼之人。

7. 说明：见水旺，出贼人，其家近河有水灾。家中出貌丑子孙。家内常为盗贼所侵。火在水下主妇女有产厄之灾，血光之惊恐。火在水上主夫妻不睦。水上见木主有财帛之大喜。必须课内见土，或土年、月、日、时克水可得，水上见金，大喜可成，水上见土不利产妇，或水灾伤人，服毒自杀，中毒，经常吃药之人。

第八章　课内五行主事

一、十天干主事

1. 甲乙同时见为林，单见为树，课中人元甲乙见寅卯木主其有大树及很多树木。落入水位，主其家有菜园，或家中有花草树木。水边附近有大树，主其家富贵，财旺，外财可进。

2. 见金主其家树木有伤伐，阳木克枝，阴木伤皮。见土上无水主树木枯死，求财不得，干枯无生机，财路断绝。甲乙见火主其家树干焦，见水有救援，见金死伤。又木生火，木休，金克木，木死，求财损财，求事不成。

3. 阴金克阳木损伤，阳金克阴木损伐，金克木，见木主虚空。

4. 说明：遁人元两遍，以人元上取之，如甲乙见辛，其树无枝无皮，见阳伤枝，见阴伤皮。

5. 举例：人元是甲木，地分是午火，取人元甲木再遁，午上的人元变成庚金，遇人元庚冲克另一个甲木，见阳伤枝，其家有树无枝。

二、丙丁旺处为高岭

1. 遁人元两遍，丙丁旺处有高岭、横岗之地，取十二支的地形，丙丁落亥子丑与巳午未其地东西长。关于岗岭的高低大小取丙丁的旺相休囚死论之。

2. 如丙相对冲庚辛，岗岭在路边附近，并是个交叉路口、十字路口，其路必斜。因庚辛为斜路。丙丁对冲见戊己土，主岗岭，在高岗之上住。丙丁对冲见甲乙，火旺相有气，主高山、岭岗之处。丙丁对壬癸、主此地无高岭，但其地必是丘岭地带，有河沟坑涧，神将见木主桥，有船。

三、地理分布高低弯环

1. 问人住处高低、弯环、曲直取生克定知。

2. 用爻水旺相主有河、沟、坑、涧，有克主水不多或河转弯处住。

3. 见申酉金主水与路交叉，见木必有桥或在桥附近住。

四、丙丁临寅卯木位

1. 丙丁主附近有山林，因火主高山，木主林野。

2. 丙丁临申酉金，主道路宽窄不一，弯曲不直。

3. 丙丁临辰戌丑未土或对冲戊己，主家近丘陵地、河堤、土坡上居住。

4. 丙丁临亥子水主不高，主水溺死人口，或有人投河死。

五、庚辛旺处道路详

1. 庚辛落亥子丑位与巳午未位，主道路东西长。

2. 庚辛落寅卯辰位与申酉戌位，主道路南北长。

3. 庚辛落申酉金为人路，其他方位为小路。

4. 庚辛落入巳申亥寅为叉路口，或丁字路口，十字路口。

5. 庚辛被巳午火与丙丁火克为应。

六、戊己为坟看旺处

1. 人元戊己旺主坟墓及山墓。

2. 若问因何而死？土主肠胃病，食道，癌症恶疮，并死于辰戌丑未年。金主肺病，气管炎，及车伤致命，大肠病，呼吸道之病，烧伤，烫伤。

七、若水旺、死主事

1. 水死主患肾病，膀胱、骨髓、骨折、生殖器官、妇科病、腰痛病而亡身。

2. 问死者穿何色衣服，取人元遁两遍，取纳音观其颜色，土黄、牙黄、素黄、土色、木青、兰灰、深灰、深蓝、金白色、奶白、浮白、葱白、大白、铝白、火红色、大红、血红、墨红、红、浅红、水黑色、黑灰色、紫黑色、青黑色。

3. 问人穿戴颜色取人元旺相论之，如人元被冲克空，休囚死为变色。

八、土为坟墓痛苦殃

1. 凡人元戊己落入寅卯木位，为木克土，主家中主人或祖父有痛苦死亡之人，还主家内有官司，牢狱之事。

2. 论坟墓主倒塌，坟内埋有凶伤残死，暴死临门之人。

3. 如贵神见青龙，六合木，将神见水主墓上有花草，树木，取相生则有此树花草，相克无此物。

九、壬癸长河及沟涧

1. 取人元遁两遍，见壬癸旺相主长河，内有大水，如壬癸水被戊己土与辰戌未来冲克，不是河而是坑，沟涧或无水及少水，有路与河交叉。

2. 见大吉为小桥，河内有船及小船，申酉庚辛在路与河交叉，并有水泥大桥或铁路过河。

3. 壬癸落巳午丙丁主河水伤人，投河死之人或投井死亡。

4. 壬癸水落寅卯木主河边沟边有丛树及花草丛生。

5. 壬癸落亥子壬癸水主河内有大水及井内水特旺，有物无物取生克来定知。

十、河水的走向曲直

1. 有土克制，问水的流向，看课内有无克制，空亡，四大空亡即变。曲直宽窄可知。

2. 举例：丁亥日得壬寅癸卯，其水向南流，前一位见甲辰、土克水、主河水转弯丙午丁未方向流去，又取戊申己酉在前，河水向西转去，水往北流去。

3. 说明：取癸卯遁后，得壬戌癸亥主河水向北入戌亥地。又取庚申辛酉主水的援兵，所以说，水自南入本位，即壬戌癸亥位，如问道路方向同论。

十一、大树死时家长（长辈）死

1. 见木死，主家内家长死绝，其家财帛已破，受年、月、日、时克其家大树死，家长老翁死也。

2. 举例：孙膑在大树上写，“庞涓死此树下”。诱庞涓点火观看，使其自我暴露，并以此作信号，一声令下将庞涓乱箭射死树下。

3. 说明：此课取四位内用火、金、木，以火盗木气，木休。金克木，木死，金被火克而炼成锋利刀剑。此时又是秋天金旺，有克成器具，秋天木死，地分土生天干庚金，金又克冲青龙木，主大将必死无疑。庞涓动于未时死在戌时，戌为火库，木入火库自焚烧。从几个方面来看，庞涓必死此树下。所以孙膑写“庞涓死此树下”。这一绝技，只有“金口诀”才能完成。

十二、预知出生地的环境

1. 取命前五辰，水旺主其家或人在水边，河沟坑边出生、井边及下水道边出生。

2. 其人一生飘流客，淫欲过重又主三个妻。

3. 课内天乙贵神：主祠堂、庙，或家宅中有塑像。取每个贵神的支干合处为门户的道路，如勾陈贵神，辰与酉合为六合，酉即是宅主门户，冲破克不用，月将与地分的旺相合处。

4. 课内螣蛇火神：为窑灶，或家中有窑灶，破物，出怪异之事，家中惊恐不断，常生口舌。官司、火光、残害、烫伤、血光、妇女轻薄、阴人淫乱。旺相主此，休、囚、死，冲、克、刑即变。火见水主洗衣机、空调、电冰箱、火见金电烤箱、电炉。

5. 课内朱雀火神：为文书信息、书法、文凭、车马、忧惊，受克死于水中、烫伤，水火主冰箱、洗衣机、电水壶之类，金火为电焊、电工、电烤炉，巢穴，树下亡，马咬死。庚落于午火内主车伤致命。

旺火主家内火光，伤残，家中火灾，血光。有横财可得。因文字发生官司，签合同发生斗打。因朱雀是凶神，入课必有官司来。

6. 课内六合木：有克主交易不成，婚姻散失，暴死临门，车翻伤人，被盗车船，门户、财产、及外来斗打门户，旺相交易和合，婚姻喜美，求谋可成。

7. 课内勾陈土神：主丘陵，高低不平，沟渠土堆，身有疮灾，胃病，旺主艺术，医药之人，有克冲，牢狱斗打之灾。

8. 课内青龙木神：旺主枪刀，艺术，武艺美术之人。刑克主刀枪之伤，金属之伤，无官贵文学，旺主官禄为地、省、部级干部、大专，博士研究生、硕士生，高官爵禄。

9. 课内天空土神：主庙宇，僧道，家中有心善之人，气功大师，术数师，拜佛之人，皈依之人，性格孤独及出家之人，如旺先贫而后富，遇斗打凶祸，安然无事，一生口舌多端，从事武术是一个武术大师。

10. 课内白虎金神：主道路及刀剑，受刑克主凶死残伤。落辰戌丑未主孝服、丧孝之事。入火主家中有名人的刀剑，又主伤亡，外伤及家人边关之死，夭亡，道路车伤，损车，车翻伤人。

11. 课内太常土神：主酒食，五谷，面食，糕点，吃食，物品，家有饮酒人或酒醉之人，又主妇女饮酒，刑克主有服毒人，常年吃药人，有生主外来赏赐。逢合主遇情人或外有私约，歌舞厅，送花及花布。

12. 课内玄武水神：主家中有鬼图像，或爱艺术之人，家内有名人字画，本人热爱书法，或是艺术家，军人，及得过眼病，后天有眼疾，眼斜，其家近河住，其家多次被外贼伤财物，家有丑貌人以及本人作贼多次。

13. 课内太阴金神：主洁静，阴私，暗隔，暗疾，高雅，音乐艺术，办事干脆，如冲克主有石磨、烂石及有眼疾之人，见火为伤灾，血光；见木有肝胆病，临本位无事，见寅卯主伤妻，临四季土主身灾危，生疮，皮肤病、胃病。

14. 课内天后水神：主池塘涧水泉，其家近河，家有奸盗邪淫之事及外贼伤财数次。腰痛，伤骨又出凶死亡人，寡妇孤儿，夫妇不能白头到老，一生有两三次婚姻。

第九章　课内五动取事

一、课内四位所属

断课时必须分清四位分别属性，才能具体分析，判断某一件事的发生、经过及祸福。

人元	祖	君	天	上级	客	外	头
贵神	父母	臣	人	官禄	主	内	胸
将神	己身	妻 亲戚		财			腹
地分	子孙	奴仆	地	田宅 六畜 车辆			腿足

二、课内取用爻法

1. 凡取课必先观用爻，再观课内的旺相取事，知其来人的吉凶祸福，办事的成败。

2. 不论用爻为阴为阳，如受冲、刑、克、破、空亡为用不益，主事情虚假，吉凶变动不定，寻人望事有变。

3. 课内见三阴一阳：以阳为用爻，占事以阳定，宜速不宜迟，问事主男子。

4. 课内见三阳一阴：以阴为用爻，占事以阴定，宜迟不宜速，宜静不宜动，多灾，疾病连绵不断，问事主妇女。

5. 课内二阴二阳：以将为用爻，随将阴阳变动，将阴为妇女，阳为男子，取事以月将为主，关于成败吉凶取用爻旺、相、休、囚、死来论。

6. 课内纯阴反阳：取将神为用爻，有物极必反之理，可取阳论。求事望人先凶后吉，先妇后男论之，宜静不宜动，宜在家不宜远行，合内不合外，宜主不宜客，内明，外暗，远行不利。

7. 课内纯阳反阴：取神为用爻，有物极必反之理，有外强内弱之势，宜客不宜主，合外不合内，凡求人，求官，求事，在外顺利，在家不顺利。

三、课内用爻落空

1. 用爻及各位落空主空想，空动、妄想，事情虚假，求谋不成，吉凶不定，旺相落空求望一半成，休囚死落空，求望进取无功，求谋不就，望而不成。有职无权，身兼多职，空有职权。求财劳而无功，内设骗局无任何收获，鬼贼落空虽凶不凶，发生失盗无损失，虽有大的惊恐，但无伤灾事。

2. 如测婚姻男方空，男无力，女方空，女无力。

四、课内用爻旺相

1. 用爻旺相主求谋可成，吉凶力强。数少而变多，财少而多得，逢吉更吉，逢凶更凶，旺极必制，如不制吉中隐凶，凶中更凶，绝处逢生。

2. 凡休囚主吉凶无力，求望不成，大而变小，多而变少，强变弱，求谋宜速，借其人、方位、天气各种外应可有助取得。

五、课内用爻受制

1. 用爻受冲、克、破、刑、害、死，求望、办事、求财、升官、官司、出行、远行、婚姻、交易等，主望成有变，成变败，败变成，吉冲克则凶，吉中隐凶；凶冲刑必吉，或凶中隐吉。

2. 见四库需冲，不冲不动库不开。办事难成，谋望无力。行人不冲不动，近病受冲必愈，久病冲必死。

六、课内五动爻

1. 五动为发用之门户，问事必须先取五动，如神克干官动，一般人问主家有官司及官事缠身，有官职之人问主有升官、迁职之变动，内见天马、驿马必有迁官升职。

2. 一般工作人员主想调动工作或想要出外办事，但虽有职权，求财不可得。如得财可伤官，妻动主夫妻斗打事、分离、有外情。

3. 问人的方向以地分旺相取六合定之。

4. 贼动防盗贼事。

5. 财动求财得利，必须自己努力求之。

6. 鬼动求谋有牵连，宜速不宜迟。

七、五动落空亡

1. 课内五动落空求望一半成，或难成，旺相落空一半成，休囚死落空求谋不成，四大空亡吉凶不成。

2. 妻动落空，夫妻不成，婚姻不顺心。

3. 官动落空，升迁无功，有职无权，外出不成，劳而无功，调动不成，只主妄想。

4. 贼动落空，盗贼无凶，虽失可得，先失而后得，或追回来，物归原主。

5. 财动落空，求取无功，经营无功，白费心血，求索难成。

6. 鬼动落空，凶事消，惊恐不凶，凡空吉凶不定，神将落空谋求一半成及不成，努力可成。

八、干克方妻动

1. 干克方主婚姻不成，男方有意见，婚后有外遇，又主先伤妇女。

2. 干克方求财不成，因地分为财爻，并有失田宅，伤六畜，伤小口之说。

3. 因上隔位克下，寻人在家主不悦或不愿见外人，外克内，外干预内，外来口舌，外来骗财，外来争物。

4. 外克内，上隔位克下，行必有阻，主不顺，在家不悦。内受克主有口舌由外引起。下受克物体下边无足，或者缺陷，底部有伤，如问一个瓶子，底部有伤或无底部。

九、神克干官动

1. 以神克干，为主旺客死，官旺而动，求官顺利，见天马、驿马主升迁事，不见天马、驿马主就地升迁，或只升不动，求官不吉不利。

2. 贵神旺相，主高官厚禄及升高官，休囚死，虽有官动不能升高或就地升职不加权。

3. 如受年、月、日、时冲克破等主损官职，伤官、官司、伤身、车祸、伤残、忧愁、外人谋害，暗设障碍。

4. 凡官动逢太岁，月建、日建、青龙、朱雀、白虎或贵神，火为官禄，取卯为权柄，鬼动主宜速。

5. 如官动逢冲，帮助别人打官司，或虚假官职。

6. 一般人问事见官动，主本家人有在官府上班或有官司纠缠，官动求财不利，财动损官。得官中物，神克干事在自己不宜外求，神克干求财，求谋不成，空手还之，所以不必外求。

7. 得财防暗损，我克外财必防密失，求财损力，主克客主有走失之理。

8. 问病在喉咽，因天干是头部、主头痛、头晕、头部有伤灾及伤疤。

十、神克将贼动

1. 贼动内贼生，财爻是将，主家内财物及妻子、财产被盗贼所伤，又主家内搬运财物，里勾外连，将财盗去，或家中有后妇人，妇人有伤，有疾病，伤灾之事。此物被盗为亲人和朋友做内线。

2. 勾连诈不明，外克内主外勾内连，空诈不明，亲人作手脚盗去妇人财物及家内财物，将受克主肚腹有病灾、妇科病、腿痛、肾病。

3. 谋望必无成，冲克刑破主六亲不和，斗打官司，官司临门，外欺自己，左右邻居不和及斗讼事。又如神将相合者求谋有成。相生万事如意。

4. 嫁媾奸私意，因将是妻妾，受克主在外有奸私，外人勾引及暗昧不明事。

5. 偷抢转移，将受克主财产有损失及抢砸，妻妾生淫欲之心。家有不明之财及家中有暗昧不明事，主妇女不能持家。

6. 问病病非轻，将是妻妾主有久病不轻，问病由轻转重。

十一、将克神财动

1. 财动利求财，内克外，出外努力求财可得，又主想求财必自己动手，并有出外求财之念。

2. 占官定不谐，神受克求官不利，反因财损失职权，其本人一生财旺，因财爻将是妻妾主妻美丽及娶妻后发家。又主外情有动有外心及女子持家。

3. 家中人出外，内爻克外，主家中有出外之人。在家内发大财，出行顺中有阻。

4. 妻妾有病灾，将克神，神为家长、主人，家长或已身有大病，伤灾，天灾人祸。

5. 疾病忧难愈，神受克病在心胸无药可治，主忧愁在身，神属火主心脏病，木主肝胆病，土主脾胃病，水主肾病，金主肺病，取五行论之。

6. 营求喜自来，内克外求财必有喜事，或路途见喜，出外之方有吉神、财神、庆会、结婚等喜庆事。

7. 财物终有损，以贵神为物体形态，受将克主物体损伤，及无此物或变更了地方。

8. 职位恐多乖，官爻受克，主官职不利及情妇纠缠损失官职。官职变动，有职无权。

十二、方克干为鬼动

1. 鬼动忧灾怪，主在外有灾怪，凶伤，见怪事，天灾人祸。

2. 官亨人出外，主本人志高在外求谋、求官、求财、求事，在外亨通，在家不顺。

3. 争讼牵连他人，因隔位克外，主官司牵连他人、朋友、亲人。

4. 内谋害外，下隔位克外，主民告官及常人骗官，内骗外。

5. 口舌争执，人元受克应口舌发生于外，由家内引起，暗昧不明引起争斗后又牵连他人，方克干因小口斗打起官司在外。

6. 冤仇皆损害，内克外主暗隔、暗斗、又主自身有损官职，职权在外，谋害他人。

7. 疾病物仰合，人元有克主头部，天干为病人，地分为医人，地分克人元主病能愈。如问物主上头和口处有伤，下克上主其物离地往上仰合。此物过去在地下由于受克主变动，现在仰合朝上。

8. 家宅未安泰，方克干是以田宅克主人，家中人有天灾人祸，外有凶伤残死之人。

第十章　干神将方取事

一、课内干类

1. 干克神：外克内，客克主，外来谋害自己，常人损财、仕人失位、不宜求官，官职被人谋害，问官司他胜我败，主无力战胜于外。

2 干克将：求财不得，常人损财忧病，阳主男子，阴主妇女，又主外人入家中盗物，伤财损妻。

3. 干生神：外生内助我物帛，亲友相访，家富贵有生意，并有官府中人。

4. 干生将：内外和顺，人将物送我，及有人干预我，外人求我相助，外来亲戚相求我，外人将物送给我。

二、课内神类

1. 神生方：内外和合，贵人有怜小人之意，更得贵人之力，办事有官职之人相助。

2. 神克方：隔手求财虽得，事主晚成，办事有阻隔，谋望不顺。

3. 神生将：所谋顺遂，内外和合，人将财物助我，外人将至，主夫妻和合，其妻结发，门户亲属和睦。

4. 神生干：仕人论官职有相托之人，有人在官府中干事，别人将物给我，自己将财求助于他人，求必得，寻必见，内生外我求于外，或出外寻人可得。

三、课内将类

1. 将生干：自己将财给贵人，内外和合，祖孙亲，家富贵，人财兴旺之兆，百事有成，内生外求事求财皆顺利。

2. 将克干，喜事重重，在外求财必得，求事必遂，科举上榜，宜出外远行，家中人财两旺。

3. 将生方：家内和合，我助他人，及亲人远行，求财有大喜，田宅丰厚，子孙兴隆，后代有荣华富贵，并有官禄之人。

4. 将克方：斗讼官司，伤小口损六畜，损失田宅，家产破散，或因小口伤残破灾，伤腿脚折伤四肢。

四、课内方类

1. 方克神：损外财，下克上，民告官，卑尊不和睦，小孩不听尊长指挥。

2. 方克将：家中钱财散失，伤妻，出外损财先失后得，先忧后喜。

3. 方生神：内外和合，人庆财丰，求财隔手，家中子孙得到老者提拔及帮助。

4. 方生将：幼尊长，家内和合，婚姻喜美，谋望有成，其对象方向以十二支的六合方位为准，如地分子与丑合，为东西方位。

五、课内三动 (不受克故不入五动之数)

1. 方生干：为父母动，为印绶，问官有升迁，主父母有官禄之位，民尊官、卑尊长、小尊大，主吉庆喜美之合。

2. 干生方：子孙动，主有添子孙之喜，增加房屋及田宅吉庆。

3. 干方比：为兄弟动，主兄弟及朋友斗讼口舌及发生斗打官司事。

六、课内十天干五合

1. 干支相合，乃天地德合，天地阴阳相配，生成吉凶全备，如甲己之日，五子元遁起时，丙寅与辛未合，丁卯与壬申合，戊辰与癸酉合，己巳与甲戌合，庚午与乙亥合，辛未与丙子合，干支在一旬之内相合者为君臣庆会。在异旬干支相合者为天地德合。

2. 五合之用、事体共为，谋望有成，干支有合，其物圆类，合中落空，其物圆而中空，谋望难成。合而不合，郁而不发，合而反分、亲人反疏，亲而不亲，义而不义，课中冲、破、空皆以此论。

七、课内五合

1. 神与干合为官合，如天干庚与贵神螣蛇合（巳与申），因庚是申之本身，神与干合，仕人得此为荣禄。求官顺利，常人有求官府办事及官司和合事。

2. 将与干合为隔合，天干为己土，将为胜光午火（午与未合），主内外相宜有人接引，因阻隔事体延迟。

3. 将与方合为进合，如将为勾陈辰土，神为太阴酉金，辰与酉合，主暧昧不明的争执事。

4. 神与将正合主婚姻美满，会见亲友，求事有成，家事兴隆。占病不宜。

5. 方与干合为鬼合，如天干是甲，地分为寅木（甲与寅为天地会合），求官得禄，仕人升迁，又主亲属不合，忧愁患病，不利求财，有争斗口舌。

八、课内三合全身

1. 寅午戌合火局，名炎上课，主文书财帛喜美之合，忌亥子水为坏局，凡事望而不成，有变动。如遇年、月、日、时是土克水为救援，求望顺中有阻，努力可成。宜速不宜迟，宜动不宜静。如人元见丙，为火局全。见庚金为鬼动克身，见甲木为相生，因甲木只助阳火，纯阴不长，纯阳不生。

2. 亥卯未为曲直课，主交易，婚姻和合，忌申酉金为坏局，求财望事顺中有阻隔，办事难成。如见水火日时努力可成，因火克金救于全局，所以求一半成及成也。如人元见乙为木局全，乙见土作鬼动论之，见癸水为相助，相生，求望加倍成功。

3. 申子辰合水局，为润下课，主行移，争战之合，因水有形而无体，可随变而变，随动而动，求望宜速成。如人元是壬为水局全，见丙火为鬼动论之，见庚金为相助，相生，求望有成。

4. 巳酉丑合金局，为从革课，主隐私淫滥轻薄之合，忌巳午火为坏局，凡事望而间隔，见水土求望有成，人元见辛金为金局全，见乙木为鬼克身，见己土为相助、相生、办事能成。

以上三合坏局，凡坏局下克上为迅速，如天干受克主宜速成。上克下，干克方阻隔不成。天干克地分，办事不通。克中间，求事难成或一半成，如有救援能成。如神将有克，求事一半成。

课中三合须待体势全备吉凶祸福方言之。凡生合，克合以此类推。如寅午戌火局神将干见壬癸水妒合，凡有求望顺中有阻，合而不合，易而不易，其他三课以官动，鬼动论之。或取四大空亡，旺相，休囚死，旬空、生克断之。三合因变化而全体。查日冲、月破、空亡，克合见此者不可一概照合局全身论之。

九、课内虚一待用

1. 如三合在课中都出现，为三合全，若课中两字，少一字为破体课。

2. 有午戌无寅，取行人望事，可取寅年、月、日、时为应期。有申子无辰，有卯未而无亥，有酉丑而无巳，都以例断之。

3. 凡占人看事须看远近，如远测年、月，近可测日、时，必须待此虚一字透出，共成三合，则行人至，谋望成，此为虚一待用。如有日冲、月破、空亡，受制等又当详论。

十、课内三奇德秀

1. 天上三奇，甲戊庚为德全课，值此者万事吉庆，利见大人，升官、得财、顺利。

2. 地上三奇，乙丙丁奇全课，求官得禄，富贵荣华。

3. 人三奇，壬癸辛为秀全课，万事吉庆，利见大人，人际关系和合。

4. 说明：凡课中见三奇全，求望成功，万事吉昌，支辰和谐，上下有辅，三奇德秀凡事吉庆，孕生贵子，求官得禄，人财两旺。

十一、课内一类朝元

1. 一类朝元的一干见本属三支也，如甲见三寅，乙见三卯，丙见三午，丁见三巳，戊见三辰三戌，己见三未三丑，庚见三申，辛见三酉，壬见三子，癸见三亥，都为一类朝元。

2. 如天乙贵神占得此课主朝见诏封，常人不宜。天生克合，占事主重叠，囚伏不动，无荣无誉，阻隔淹滞，因为有同类比肩而不动，无父母、官鬼、妻财、子孙动，如纯金、纯火，不可以此而论。

十二、课内四位俱比

1. 庚辛申酉金比，西方白虎太阴之象，主兵丧讼事，邪淫奸私，人口死亡，六亲刑克，家宅不宁，万事不吉利。

2. 丙丁巳午火比，南方朱雀，螣蛇之象，主是非官司，灾祸，伤残，釜鸣，火光，六亲刑克，居处不详。

3. 甲乙寅卯木比，东方青龙，六合之象，主虽吉而无生，仁而无恩，有兄弟，而无父母，重婚姻而绝嗣续，谋望无成，无誉无荣，艰难之用，百事蹇滞也。

4. 戊己辰戌丑未土比，中央勾陈，天空，大吉（月将名）之象，主事体重叠延滞，望用难成，牵连不一。

5. 壬癸亥子水比，北方玄武、天后水，主偷盗、暧昧、隐私、谋害、军人、公检法司、侦破。

十三、课内五比同类

1. 干方比为正比，事在朋友，比肩多有不成，六亲朋友斗讼小凶。

2. 干神比为近比，占求事在外，关系到自己，或外来谋害自己，及外来骗取钱财。

3. 方将比为远比，主事在朋友同类，或出外受排挤。

4. 神将比为次比，事在门户，亲属朋友斗讼，亲属不和，四位比为合比，事在门户重叠，牵连闭伏不动。

十四、神干、将干、人元类

1. 神干生将干，喜从外来，或夫妻和谐，门户合睦及婚姻喜美。

2. 将干生神干，喜从内生，求望可得，望事能成。

3. 神将二干分局，相克主不成。

4. 将神二干合局，相合喜气重重（如神干甲与将干己是合局）。相生(神六合与将干水是相生）办事有喜，万事可成。

5. 神干克将干，祸从外来与贼动同断。

6. 将干克神干，祸从内出与财动同断。

7. 四位内神将二干，随支辰相互生克，主事体往来。

8. 神将二干见庚辛克身，主家宅怪异凶丧灾讼，因金有白虎气能克神将木。

9. 凡神将上所带干，如六乙日见卯将，贵神是朱雀，取日干乙，起五子遁而得，丙子，丁丑，戊寅，己卯将，到朱雀是壬午，遇此有生有克也，取卯将生神午火，又以神干壬被将干己土克之，有生有克主事体往来难成，支生而干克，主事体往来反复。

第二篇

《大六壬金口诀》——实战预测学系统信息

第一章　五行四位断事

一、课内五行气化

甲己化土，乙庚化金，丙辛化水，丁壬化木，戊癸化火。

二、课内五行在四位中的用法

1. 虽不见土，神将上遁得甲与己合之气运化为土，当作土用，占事则以土为有气，主土旺日时为应期。

2. 假令丁壬课，得天干甲，贵神螣蛇、月将戌，地分辰土，以日干起五子元遁，丁壬庚子居，数到辰地分上，人元是甲木，人元甲木生贵神巳火，巳火生将戌土、地分辰土，见土初旺也，又取神干乙木，将干庚金，合气化成金。

3. 生于辰戌土中，且以人元甲木被金所伤，又当详论，应以官动或鬼动论之，如占仕则吉、官司则凶，余依次推之，但需配合年、月、日、时断之。

4. 甲己见乙庚，乙庚见丙辛，丙辛见丁壬，丁壬见戊癸，戊癸见甲己，此主泄气不化，凡课内见甲己化土，见乙庚年、月、日、时主金盗土气，所以不化。

5. 说明：见妒合不化，过其时不化，逢空不化，此系五行奥旨不可不察，凡见此主求望难成，或不成。比如：在课内人元见甲木合神干己土又合将干己土称为妒合不化。

三、课内阴阳相生

1. 甲木、乙草、丙火、丁烟，甲阳木故生丁阴火，

2. 乙阴为草故能生丙阳火，阳生阴，阳为父；阴生阳，阴为母。

3. 阳见阳，阴见阴，阴阳偏枯造化不生，木盛而无花，密云而不雨，阳强必阴弱，阴胜必阳衰。四季之辰戌丑未，四孟之寅申巳亥，四仲之子午卯酉，五行相冲阴阳而不育，占此者顺中有阻，吉中有危，求事难成，望用不就。

四、课内五行生克

1. 天地姻蕴，万物化醇，男女媾精，万物化生，如寅午戌，巳酉丑，申子辰，亥卯未之类为阴阳合而后化生，求望可成。

2. 取五行论生我者为父母，阴生阳，阳生阴，或三位生一位，一位生三位，往来相合，相生者，发用之美端，谋为之吉兆，求官成，望事就，喜庆合会，万事如意。

3. 相生万事吉昌，虽有白虎，朱雀、魁罡之类，外虽有暴恶之形皆入相生和气之中，则阴隔顺从，遇恶而逢善，相生为亲恩，克则为仇敌，如逢相生、相合、遇日时助，其富越厚，荣华富贵，万事亨通，见克冲刑万事不顺，阻隔不通。

五、课内四位相生

1. 四位内以人元生贵神，地分生月将，名合局，主家内富贵，也主内外合顺，求谋可得，将生地分亲戚远行，自身外出，财帛称道，子孙兴旺。

2. 贵神生人元主自已寻他人，访之必见，求之必得。

3. 地分生月将，主婚姻可成，谋望有就，合欢喜庆。

4. 人元生贵神，主妻贤子孝，富贵荣华，求事合顺。

5. 说明：自上次第生于下，主有外进纳财物，添人进口，六亲俱来相访，有非常之喜。课内自下重重生于上，出外商途有喜。求财出行顺遂，万

事吉利之象。

六、课内四位相克

1. 人元克贵神，主外人谋害自己及官司外来，外人斗打门户。

2. 贵神克人元，主自己谋害他人，或自己出外斗讼事，又主有官司及官灾疾病，在外有伤灾。

3. 将与地分同克贵神，主卑犯尊，事从内出，损身，因财旺伤身，损官职。

4. 人元与贵神同克将神，主外事入内，损财产，伤子孙小口及妻财妇女，损家财，分散家庭，将阳伤男子，将阴伤女子，地分阳伤男儿，地分阴伤女孩，随阴阳变化。

5. 如人元是客，客为姓，主为家长。

6. 取阴贵神为用，是阴人主持家事及阴人长寿，先伤男人。

7. 取阳贵神为用，是阳人主持家事，及阳人长寿，先伤妇女。

8. 说明：凡取人吉凶祸福，应取课内五行旺、相、休、囚、死断之，及每件事的发展经过，每一人兴衰、死亡等。

9. 说明：凡问胜败，取贵神克人元，主他败我胜，我强他弱；人元克贵神，他胜我负，他强我弱，客胜而主败。

七、课内四爻生克论

1. 上克下，官司起家内。

2. 下克上，主出外破财，志高远大向外行走，损财在外。

3. 上生下，他用自己，外求内办事。

4. 下生上，自己用他人，内求外办事。

5. 如课内阳将阴位，转度原来是阳人。求问是男人勾起。

6. 课内三上克下，主家事之课，外欺内，外贼所盗家中财物。

7. 三下克上，出行之象，主出外求谋不成。求财在外有伤。

8. 说明：凡求财问事，取课中用爻旺相，吉凶力强；用爻休囚死，吉凶力弱。吉能克凶，事将空，虽凶不凶。凶能克吉，事难成，虽吉不吉。

9. 方来生将，钱财聚，因将财爻有生有助，主家内财旺。

10. 将来伤方，斗讼生，将与方是内爻，家内不和斗打口舌，家中打架。

11. 主生客，己寻人，方生干寻人阻隔，因隔位相生。

12. 干生方，人寻己，天干隔位生，来访者不通顺。

13. 二下生上，财满库，地分与将是财爻，主家内财库已满，财生于外。

14. 二上生下，子孙兴，外生内添人口，生子孙小口，进外财。

15. 课内凶神有克，忧患皆除，吉神无伤，福庆繁昌。

16. 人元受克，争讼理长，外弱内强。

17. 人元不伤，争讼无理，外强内弱，主休客旺，他长我短，主为我，客为外。

18. 方强将弱，我忧他乐，课内以将用爻，以将为我，地分为他，将克地分，我胜他败，我乐他忧。

19. 地分克将，他胜我败，他乐我忧，地分为外爻，将为内爻。凡课克凶，生吉，阴多阳少男为事，阳多阴少女子真。

八、凡求索主客合，终无阻

1. 客克主，是干克神，求事难成。争而得之或损自己财物，虽得，最后财产失掉。

2. 神克干，主克客，主空手还之，虽努力求取，不能满意，难成或不成，并且有斗讼事。

3. 凡人元与贵神相克谓之外战，应损失在外，因外事引起斗打事。

4. 凡将神地分相克谓之内战，因家内事主斗打，口舌是非，灾患伤残，及家内损耗大批钱财和物资。

九、课内上下相克

1. 课内自下克上，内克于外，主其家搬运财物，里勾外连。也主家中有官司，刑狱伤财，或出外有伤残，自己欺骗他人事。

2. 课中自上克下，外克于内，主其家不久有官司，多疾病，官司外来谋害家中人，或家宅不安，人口不宁，斗讼伤财，田宅有损失，见子午卯酉有克冲，主其家门户更变及伤门户事。

十、课内应期合德

问事，应期最难测，惟有合处为妙，其合有五种方法。

1. 天地合德：

如甲己日起五子元遁，得戊辰将，顺取癸酉为天地合处，求事、望人必须到癸酉年、月、日、时为应，凡见天地合者，求事、求财、寻人成功，逢冲破空亡，只见此事，不能成功。

2. 取将干合为应期：

如六乙日起五子元遁得戊寅将，取癸年、月、日、时为应期。不必待天地、支干全合也。又取甲子日得丙寅将近，取辛未年、月、日、时为应期，何为干合，甲己、乙庚、丙辛、丁壬、戊癸盖取用爻干或旺相干合处。

3. 取三奇合为应期：

天三奇甲戊庚，地三奇乙丙丁、人三奇壬癸辛，课内神干甲，将干戊取庚年、月、日、时为应期，如命家虚拱，取暗藏之位，最后得结果相同。

十一、如何用合期

1. 三合、三奇合、天地合、干合、六合，凡取事以神将论。神将占年、月、日、时不出年、月、日、时，即为应期。

2. 如甲子日问求事，或寻人望事，课内贵神是玄武，(甲子) 今日大事可成。叫做贵神与将神占日不出日可得，只取近合不必待干支合用，三奇不受空、冲等限制。

3. 四位内前一辰见丁甲者，三旬以内逢本日将为应期。

4. 后一辰见丁甲者，取甲子周数以外，逢本日将为应期。

5. 说明：

①凡课内神将干见丁甲者取近日干，与本位将合为应期。

②假令十一月下旬，丑将，乙卯日，巳时未位，立课以贵神是白虎，(甲申) 是地分未的前一位，辰见丁甲者应三旬以内为应，取六乙日五子元遁到卯得己，（甲）与（己）合，此课只取近合。

③本日支与将支同，叫做将占日不出日可得，办事可成，取课用爻甲申合己卯将，将支是今日支，主今日可成，不必待三旬以内取合处。

十二、课内贵神休旺死

1. 贵神休旺死口诀：

六合青龙木为主，绝在申酉并子午。
螣蛇朱雀火之精，卯酉亥上无气处。
太阴白虎是金神，祸败必防子午寅。
玄武天后藏于水，卯酉巳上不堪论。
更有天空反勾陈，太常论贵相为邻。
四神是土同所断，天官休旺得其真。

2. 说明：凡课内以贵神为主，取五行生克和其贵神的休囚旺相死论事。然后再以年、月、日、时的五行与课内贵神的五行配合，知其贵神在休旺死地，取其吉凶，祸福，灾害，伤残，吉庆喜美、欢乐。如六合青龙木，临申酉死绝，临子旺，到午休无力，以此吉凶可知。

十三、课内五行例断

1. 水类：

①水加木，买卖交关婚事足。②水加金，文书远信酒食饮。
③水加火，惊恐官灾心痛祸。④水加土，防妻损财害田土。

2. 土类：

①土加水，见官不喜失田土。②土加木，卖却田园分产屋。
③土加金，邻界争田坟墓侵。④土加火，信息田园和会我。

3. 金类：

①金加火，丧亡妻儿家痛苦。②金加木，分散家财伤六畜。

③金加土，土中金宝难藏聚。④金加水，益进资产事事喜。

4. 木类：

①木加火，多为子孙失小口。②木加土，牢狱争财竞田土。

③木加金，自己家财被人侵。④木加水，益进资产事事喜。

5. 火类：

①火加土，争斗钱财因妇女。②火加木，朋友酒食远相逐。

③火加金，病死伤亡官司侵。④火加水，伤妻损财官司起。

十四、课内见五行

1. 木：课内见二木，诸事难成，见水、火、求财、求名利大吉，喜庆、和美之事。见三木与四木同断，主家有官司纠纷缠身之事。如旺相主家中新盖房舍，家中缺钱惟有四壁，其家贫乏艰难也。

2. 土：课内见二土比和迟晚看，求望虽有成而迟也，不受克，有比和、有滞，受刑克滞留。阻隔不通，求谋不成，见三土，主家内有妇凶恶，事不成，其家姐妹三人，又云生我者为父母，我生者为子孙，克我者为官鬼，我克者为妻财，将克神为财动，课内无生克主闭伏不动，四土与三土同断。

3. 金：课内见二金刑克都不顺，金有白虎之气，主凶在道路，凶灾，伤残，斗讼，兄弟不义，左右邻居不和。如金上见火主家内伤亡人口，伤残，血光，血肉之灾，课内见三金即可与二金同论。四位是纯金，父母与子女皆主不合，大凶，又主君臣、父子不睦。

4. 火：课内二水二火为灾百事残，主其家有残伤，阴人残死，家中火光焚烧，心痛病死之人。二火在二水之下主妇女产灾，大凶。如二火在二水之上主妻分离之状。见三火主阴人官司起及残害，此家阴盛阳衰。主阴人持家，及家内多生女子，家釜鸣数次，见火光残害之人。见四火与三火同断。

5. 水：课内见二水为大吉，大喜不为喜，因水无体当别论之。外二土克内二水，主伤家内人口两次及损伤财物两次。上见二火主官司伤人或家有死于水中之人。上见二木主出外求财大吉庆，有求必得，问婚姻寻水木，相生可成。求事往来或争官职之事，又主祖宗有争官禄之事。青龙见水求谋大吉大利。如课内见三水主家内被盗贼伤财数次，寡妇孤儿，童年有水灾，见四水主大凶，与三水同断，可随神将的五行及生克断吉凶祸福。

第二章　课内四位临神煞

一、课内十二贵神临神煞

1. 贵神见灾煞、劫煞，主凶灾，又主有厄难事，诸事不和及家长凶灾。

2. 干克神，父子不和，外来官司，见魁罡者不能会客，又主相斗打，争执事，人元见甲乙来克魁罡同此。

3. 神土克地分水，主阴人及小口有伤。

神土见巳午火主有大喜，及得外财，有生主喜庆、欢乐、升官职。

4. 神有克，大凶，伤灾，官司，斗打伤人。

5. 神入火，主有官司消散。如见驿马，天马，升官、进禄，得外人珍宝，贵重物品。

6. 神有两凶：上克下伤妻子，小口伤灾；下克上子孙逆上大凶。

7. 说明：神受太岁、月建、日建、时建克主大凶。

神受太岁、月建、日建、时建相生则大吉，升高官职。

二、课内魁罡所临

1. 见天罡、河魁，主斗讼事，官司牢狱。

2. 见驿马、天马，斗打在倾刻间。

3. 见外来克内，主在家内斗打官灾事。

4. 内克外，主出外斗打官灾事。

三、课内传送所临

1. 传送见辰，丧事多及斗打，辰为坟墓，申为丧孝，白虎为骸骨之神，所以丧事多。

2. 传送见戌，主斗争，官司惊恐事，或家中有疯魔之人。申入戌，主鬼神作怪，及翻移坟墓，家内官司纠缠事。见水土，问病虽大凶，可逢凶化吉。

3. 传送奔腾入火中、官灾口舌有重重，并有车伤、损车、修车人，家内有疮脓之苦，呻吟床枕之上。又主军人在边关有伤，或家中有凶死在外之人，战场伤死、路途伤死。

4. 传送金入寅卯木，主官灾、口舌、斗打，伤人、伤翁姑，车翻伤人，又主逃亡在外，被外人斗打门户。外贼盗车辆，损车，不宜开车。

5. 传送见金，变化多，求问者无凶无吉，事多反复，见课内土多埋金，家人多病灾并有血肉之灾，金多主斗讼、是非、排挤，求望顺中有阻，望成有变。

四、课内飞符加年、月、日、时

1. 四位内见飞符，主大凶，有不测之天灾人祸，以年月日时的干论飞符。

2. 如甲申日可取甲在巳，课中见螣蛇、太乙、地分巳、人元丁，神将干见都是为飞符入课，主大凶及灾祸，伤残事，经商主损大财，连本带利一齐损。

3. 飞符口诀：甲巳、乙辰、丙卯、丁寅、戊丑、己午、庚未、辛申、壬酉、癸戌位，如年、月、日、时见主大祸临头。

五、课内丧门加年、月、日、时

1. 正五九当未，应以寅午戌月份课中见未为丧门，寅午戌年、月、日、时见未，主其家内有凶丧事及有服毒及外有孝服丧事。

2. 二六十辰推，如亥卯未年、月、日、时及课内见辰入课，为丧门入家内。

3. 三七十一丑，如申子辰年、月、日、时及课内见丑为丧门入课。

4. 四八腊戌知，如巳酉丑年、月、日、时及课内见戌为丧门入课。

5. 主家有丧事，无相生相合主外亲有丧来，内爻在家内，外爻在外。

六、课内天鬼加年、月、日、时

1. 天鬼口诀：春天酉上起，三夏子方期，卯上逢秋位，立冬午位推。

2. 春天课内见酉，在年、月、日、时为天鬼。主凶灾、鬼变，有不测之灾祸。

3. 夏天子入课，在年、月、日、时为天鬼。

4. 秋天卯入课，在年、月、日、时为天鬼。

5. 冬天见午入课，在年、月、日、时为天鬼。

酉	春	主凶灾、鬼变，有不测之灾祸
子	夏	主凶灾、鬼变，有不测之灾祸
卯	秋	主凶灾、鬼变，有不测之灾祸
午	冬	主凶灾、鬼变，有不测之灾祸

七、课内天罗地网加年、月、日、时

1. 见日前一辰（顺后一位）入课在年月日时上为天罗地网入课。

2. 如今日为壬辰，前一辰巳为天罗，对冲为地网，课中见巳或往巳方去，年月日时都为天罗，对冲亥为地网。年、月、日、时及方位为亥，或本人属亥为地网。

3. 占此有斗讼事、官司牢狱、灾祸、问走失则大吉，寻物可见，逃亡走不远。捉贼可获，行人阻隔不通。有冲克刑破为破天罗地网，则走失、寻物不吉，出行关节开通，先阻后顺。

八、课内关隔锁

1. 酉金上见寅木，主关节不通。如课中见酉金，年月日时是寅木为关，问事则顺中有阻，望用不成，出行不通。

2. 卯木上见戌辰土为隔，出行不通行人有阻，求谋不成，失物不远可寻见。

3. 卯上见申金为锁，失物不远，远人不归，囚禁难脱，病孕阻隔，访人不见，逃亡不还，求事有阻，办事迟留，万事不能如意。

九、课内斩关、毁隔、破锁

1. 斩关：酉寅申，因申冲于寅，关节开通，万事吉昌。

2. 毁隔：卯辰寅，因寅木克辰为毁隔，隔节开通，求谋吉庆，顺利通行。

3. 破锁：卯申午，因火克申金，主破锁。

4. 说明：凡见斩关、毁隔、破锁、关节开通、囚禁得脱、孕病得安、逃亡，避罪，求事，求财，出行，皆顺。否则不吉，走失远，失物难寻，贼上加贼，兵上加兵，何伤之甚，凶中更凶，吉中更吉。如求财，求官，求事，求名利，测囚禁灾厄，病孕，忧变喜。

5. 说明：关隔锁与五行生克得来的旺、相、休、囚、死同说，可知其某一件事的发展经过、胜负、开始，中间至结尾。

十、课内旬中空亡

1. 旬中空亡口诀：

甲子旬中：戌空、亥亡。甲戌旬中：申空、酉亡。

甲申旬中：午空、未亡。甲午旬中：辰空、巳亡。

甲辰旬中：寅空、卯亡。甲寅旬中：子空、丑亡。

2. 空亡及用爻空亡或方位的空亡皆主无力可动，求谋不顺，办事难成。

3. 凡空亡，主事情虚假，求望不尽成，闻忧不忧，闻喜不喜。求谋不就，百事难成，行人虚信，病讼无厄，逃亡未获，失物难寻，只见电话联系，来信联系，乘飞机而来，都为空想，空行。

4. 说明：凶神落空，逢凶不凶，吉神落空，喜信难逢，诸合落空，只见不成，旺相落空，过旬才通，财官落空，进取无功，鬼贼落空，逢凶不凶，妻财落空，求婚不成。

十一、课内四大空亡

1. 甲子、甲午旬见水，为四大空亡，因在六十甲子纳音中，甲子、甲午旬中无水，所以见水为四大空亡。

2. 甲寅、甲申旬中见金，为四大空亡，因在六十甲子纳音中，甲寅、甲申旬中无金，所以见金为四大空亡入课。

甲子旬	见水	主求谋不就，望事吉凶不成，一切皆主不通
甲午旬	见水	主求谋不就，望事吉凶不成，一切皆主不通
甲寅旬	见金	主求谋不就，望事吉凶不成，一切皆主不通
甲申旬	见金	主求谋不就，望事吉凶不成，一切皆主不通

3. 四大空亡入课在年、月、日、时及方位上，主求谋不就，望事吉凶不成，一切皆主不通。

4. 用爻见冲、破、空亡、克刑者应寻三奇，即甲戊庚、乙丙丁、壬癸辛，因三奇不受条件限制、不受不良条件的限制。

十二、课内四绝

课中及年、月、日、时见为绝论。

1. 寅酉为金绝，主文书道路有伤灾，因小金不能克大木，阴金难胜阳木，金木各有其伤损，主办事难成，劳而无功。

2. 卯申为木绝，主道路财帛，车伤、外贼盗去车辆及伤损车辆于途中，因卯为车被阳金克阴木。

3. 午亥为水绝，主口舌取索事，文字斗讼事，因亥阴水为小水，午火为阳火，反其道而行之，火把水绝掉。

4. 巳子为火绝，主妇女、男子道路及有水灾、烫伤，因阳水克阴火，主火绝。

十三、课内如何使用绝？

1. 将与神相遇正绝，主事已尽毕，人聚而散，夫妻离别，求事不成，亲属不合，门户斗讼事，问病必死，大凶。

2. 将与日支卯绝，主贵人不喜，官职退散，无有相助，办事艰难，顺中有阻隔。

3. 将与时相遇卯绝，将是寅木与酉时绝，主官人说分散之事，器物损坏，占事难成。

4. 将与命相遇大绝，月将是太乙巳火，见来问事人是属子鼠的为绝用。主有非常惊恐、灾祸、破散财帛，旧事占动，进退不宁，占病必死。

5. 将与位绝正绝，与次绝同断。

6. 位与神绝正绝，与次绝同断。

7. 课中见绝，主夫妻分散，斗打官火，万事成中有败。

8. 课中五绝，成中有败，事体断绝，人情离散，器物损坏，占病大凶，万事不顺，出行分别。

9. 申卯午亥，合中有绝，庚申与乙卯合中有绝，顺中有阻，成中有败，绝死逢生。取乙庚合为明合暗绝。又取戊午与癸亥合，取癸合中有克绝。

10. 卯申木绝，见水不绝，因水生木为救援，水又盗金气，金休无力克卯木，所以不当绝论。

11. 午与亥绝，见土不绝，因土能盗火气，火休无力，亥阴水为雨露之水，见土有藏身之处，所以火不能绝水也。

12. 午卯主聚而必散，午火有形无体，随风动荡，一时自灭，卯为花草木可随季节生死存亡，所以聚而必散，随风飘动。

13. 课见申亥为用，主散而必聚，因申阳金为有形物，亥为阴水有形无体，随变而变，如随河入海、越聚越多，所以散而必聚。

十四、课内见四败

1. 四败口诀：

水遇酉，水盗金气，金败于水中。
火遇卯，火盗木气，木败于火中。
木遇子，木盗水气，水败于木中。
土遇午，土盗火气，火败于土中。

2. 见四败，如乘车则似囚禁拘缚，口舌忧厄，斗讼官事，刑狱之灾，宜捕捉凶手用之，不宜问病，有吊丧临门大凶。

十五、课内月建旺相

1. 课见旺相，主吉凶久远力强，或月内出新事。

2. 月建出现谓月建降德为解神，凡谋望动用凶吉立应，吉神旺相主吉庆，凶神旺相主凶灾，休囚死，吉凶无力，求谋难成或无力进取。

3. 课神将见旺相，物则盛大，而多类，人少健壮而少貌，吉神为福愈厚，凶神将为祸亦转深。

4. 课月建有生合，主吉庆和合或取大喜在一月内必须应验，或本月内发现初进财禄之美，祥瑞吉兆之事。

5. 课内月建冲刑克伤破死，主有斗打伤灾病死丧亡事，求取主不顺，在本月内有天灾人祸，或被他人谋害。吉神有助转吉，凶神将有助转为灾凶。

十六、课内其旺有三

1. 四季旺：春木旺、夏火旺、秋金旺、冬水旺、四季土旺在每季最后十八天。

2. 相生旺：如四位内见寅卯木神将，得亥、子年月日时生，主求事有助，办事有力。外有相助，宜速不宜迟，速求有大喜。

3. 课内相生旺，如将是申金，有地分辰土生，主求谋有助，办事有助。

十七、课内随月相者

1. 如寅月得卯辰将神，是未来有气，主事情开始于萌芽之中，又主未来之事已动，望成未就，有初新之事，吉随于将来，凶祸随于季节变化，应细详。

2. 辰月取卯寅将神，原盛大而渐衰，旺则渐休废，占病危厄而转安、事凶而渐退，或因病而重发，或以残事而再来，占求财吉庆而渐凶，占事已过而复起。

十八、课内月破、休、囚、死

1. 凡月破者，月建冲破，如寅冲申，卯冲酉，辰冲戌，巳冲亥，子冲午，丑冲未，课中相冲即变，有凶灾及伤残，车伤，斗打。

2. 申破巳：因申阳金，被阴火炼成。损巳火之力。

3. 戌破未：因未木库，生戌火库，木生火自焚烧，火无柴不燃，所以火破木库。

4. 亥破寅：因戌亥为乾金，丑寅为艮土，而金盗土气，破休无力。

5. 寅破巳：因丑寅为艮土，辰巳为巽木，木克土，损其木力，主破也，办事损力。

6. 丑破辰：因丑金库，辰土水库，辰土库生金，泄辰土库之气休也。

7. 午破卯：因卯木生阳火，火泄木气休也，求望不顺。

8. 子破酉：以子水盗酉金气，故酉金休破无力，劳而无功，多学少成。

9. 说明：凡破入课，主器物破坏，聚者散，成中有败，病者有死，求财谋事不成，孕育安顺，关节开通，囚禁脱离，又说凶神、将受冲破谓之解神，吉神、将，逢冲破，即变成不吉利之事。

十九、课内四季休囚死(被克者死)

1. 四季休囚死口诀：

春天：水休　金囚　土死。夏天：木休　水囚　金死。

秋天：土休　火囚　木死。冬天：金休　土囚　火死。

2. 说明：凡课内神将休囚死，吉神值事不吉，凶神值事无凶，病讼忧厄转安，谋望无成。财钱少而无，物多而数少，粗壮或细微，心有余而力不足，办事宜速不宜迟。

二十、课内月厌者

1. 正戌二酉三申四未是也。以此类推。

2. 说明：凡此入课，主咒诅冤仇，暗昧不明之事，占病则连绵不康，占官司重起。

二十一、课内岁君建破

1. 岁君即年中真干支也，如甲子年，课内见甲子神将，是岁君入课。

2. 岁君入课，问事有面君之喜，见尊长，主席，省长，专员，县长，厂长，老总，经理，老板，大款，头领，升官职。

3. 受克，主伤家长，损官职，有疾病灾厄。

4. 太岁与神将同，主一年之内，生吉庆，克灾病，伤灾。

5. 神将与月建同，主一月之内，生合，则吉，冲克破即凶。

6. 凡日辰为神将，同主一日之事，受克凶灾，受生合，喜庆。

7. 如遇休囚死，吉神无助无吉，凶神无助不凶，吉凶一日内可见。

8. 说明：如甲子日，课内见 (甲子) 玄武神或见将神后，主神将支干与今日支干同，吉凶今日可见。

二十二、课内见日冲

1. 神将是辰，见丙戌为日冲入课，主器物破坏，望事难成，人情不和，动摇出入，闻忧不忧，闻喜不喜，官事不决，求谋不就。

2. 格局冲而不用，破而难成，见生合旺相冲破，难成或不成，凶则无厄，吉则不吉。

3. 休囚死逢冲破，吉凶无力，求谋不成，子午卯酉为门户，凡相冲受克者，主家宅更变宅舍不宁及修造改换门庭，家内有凶伤、残伤、斗打门户。

4. 说明：凡课内鬼贼发动、家宅不宁、家内不和。无冲破，有生合主吉庆，吉利，美满之事。

格局冲而不成、旺相冲而不成、生合冲而不成、吉而不吉，吉凶掺半。

第三章　课内年月日时神煞

一、课内论岁神

1. 岁神就是太岁，甲子年见甲子入课或课内神将支干与年的支干同为太岁。主有书记、部级、省级、地县级领导提拔，重用，常人遇有官府中上班或有官之人。

2. 如遇门户上、日辰、本命上受刑冲克，主损官职，伤家长，天灾，凶祸，被外谋害，车祸，车伤，斗打官司。

3. 有生合及见天德，月德，喜神，吉神相助、相合、相生主升官禄、进财产、喜庆之事、食禄可得，官为正职，为人刚暴，坚韧不拔，但心地善良。

4. 说明：凡问事太岁在六月以前入课，或见去年太岁主事已过，又主去年事。七月以后见来年太岁，或见当年太岁，主来年事或事没过而刚刚开始，吉凶祸福应在一年内可成。

二、课内论岁破 (又名岁冲、又名岁耗)

1. 如甲子年，四位内见庚午主天地相冲，叫做岁破，主出行道路有暗伤，车祸，车伤，因车而虚惊。

2. 有吉神相助主死而复生之喜，无吉神相助家宅损失财帛耗散，上半年不喜，求望难成，主有凶丧及丧孝事在家或外亲。

三、课内宅命论吉凶

1. 取人属相为命，命前五辰为宅命。

2. 立成课体受刑克冲破，主家宅有损失，斗打争田宅，其家被外欺，侵占田宅，家中有残伤，疾病之人。

3. 伤地分，损小口，田宅、六畜、车马、奴仆。

4. 伤月将，损妻妾、亲属，家内财产。

5. 伤贵神，损家长及尊长，家无父母。

6. 伤人元，家无祖上，又主祖上贫穷及有官灾，又主家中百事残，内外不能安宁。

7. 说明：宅神有生有合，见天喜、天德、月德、吉神相助，家中有喜庆，田宅六畜兴旺，人口兴盛、福禄、富贵、家道荣昌，喜美和合及五好家庭。

四、课内神煞天德

1. 正月丁，二月申，三月壬，四月辛，五月亥，六月甲，七月癸，八月寅，九月丙，十月乙，十一月巳，十二月庚。

2. 见此入课能解百祸之忧愁，逢凶化吉，转厄为安，解一切凶变。

五、课内神煞月德

1. 正月丙，二月甲，三月壬，四月庚，五月丙，六月甲，七月壬，八月庚，九月丙，十月甲，十一月壬，十二月庚。

2. 入课主家内和睦、吉庆，能逢凶化吉，遇厄得安，忧变喜庆，万事通达。

六、课内天德合处

正月壬、二月巳、三月丁、四月丙、五月寅、六月己、七月戊、八月亥、九月辛，十月庚、十一月申、十二月乙入课与天德同论述。

七、课内月德合处

正月辛、二月己、三月丁、四月乙、五月辛、六月己、七月丁、八月乙、九月辛，十月己、十一月丁、十二月乙，入课同月德同论述。

八、课内神煞天赦

1. 天赦口诀：春季见戊寅，夏季见甲午，秋季见戊申，冬季见甲子。

2. 冬季见甲子入课，课中或年、月、日、时上见到，能化解一切祸灾，忧愁、病灾，危险中而逢欢乐，官司转忧为喜，逢吉庆而得大喜，见官职人有恩赦，赏赐，得领导人提拔，逢此时天气晴朗及多云转晴天，万里无云。

九、课内神煞天喜

1. 天喜口诀：春季戌亥子，夏季丑寅卯，秋季辰巳午，冬季未申酉。

2. 凡此入课，主家内有大喜，婚姻事，添人口，进财产，得钱财外财，酒食宴会之喜事，家有升官、参军、交朋友、为别人介绍对象，或别人有喜事在家内。

十、课内神煞天马

1. 天马口诀：正月在午，顺行六阳神。正七午，二八申，三九戌，四十子，五十一寅，六十二辰。

2. 见天马，主求事快，办事宜速，不宜迟。望行人，求事可速成，如失物去远难寻，丢失急速，他人吉利，逃亡远去不可追回，因天马是奔走迅速之神。

十一、课内神煞驿马

1. 驿马口诀：申子辰年月日驿马在寅，亥卯未年月日驿马在巳，巳酉丑年月日驿马在亥，寅午戌年月日驿马在申。

2. 凡驿马入课，应以当天日支论。如申日或辰日可用申子辰驿马在寅，凡驿马入课，求官、望事、出入、迁移、行人，书信迅速可得。但逃亡、走失难获，因是移动之神，求官升职远去，得官有喜庆，欢乐，升级，万事急速可成。

十二、课内神煞丧门

1. 丧门是以每年的太岁支论，如甲戌年太岁是戌，那么岁前两辰是丧门，子位是丧门，子入课就是丧门入课。

2. 如上下见丧门主有丧孝事，忧愁，病大凶或死，或有外丧事。如将神与贵神或者地分与将神家内事。

十三、课内神煞吊客，岁后二辰

甲戌年以戌为太岁，岁后二辰数到申为吊客，入课主惊恐，灾患，问病大凶或死亡事。

十四、课内神煞丧车

1. 丧车口诀：春天酉，夏天子，秋天卯，冬天午。

2. 说明：入课主病灾，凶伤，若四位内丧车克人元，必有死之事，及外伤丧亡，死丧事。

十五、课内截命灾煞

1. 灾煞口诀：甲己申酉最为愁，乙庚午未不宜求，丙辛辰巳何劳问，丁壬寅卯一场忧，戊癸子丑莫追求。

2. 说明：日干是甲己者，课内年月日时及方位上见申酉为截命灾煞，出行阻隔，求谋不成，寻人办事不成，妇女生产阻挠不畅，迟延困难，灾病大凶，九死一生，反复不定。

十六、课内神煞四丘

四丘口诀：春天见丑，夏天见辰，秋天见未，冬天见戌。入课，主斗讼、争田宅、争坟墓、争坟地。

十七、课内神煞病符

太岁后一辰是病符，如甲辰年，辰为太岁，后一辰卯入课为病符，主有大病，灾病，灾祸，凶灾。

十八、课内神煞官符

1. 天乙贵神临处的地支，甲戊庚日白天落于丑，未是官符，晚间贵神落于未冲于丑，那么丑是官符。

2. 神将见之为官符，是无私之人，为官清正，爱打抱不平，见义勇为，敢与恶人打，问病大凶并损官职，失名利。

十九、课内神煞见六丁

1. 人元与神将干见丁是也。

2. 主其家不得安宁，惊恐，虚惊，火光，伤残，灾病，忧愁，伤六畜，外人欺压家中人，家中有人多梦，神经病，疯魔人在家内。

二十、课内神煞见六甲

人元与神将干见甲者主家内有喜庆和合事，婚姻，财帛，官职，文书，文字，六亲来相访，有不测之大喜也。

二十一、课内神煞飞廉

1. 飞廉口诀：正戌、二巳、三午、四未、五申、六酉、七辰、八亥、九子、十丑、十一寅、十二卯。

2. 说明：凡课中见者，主求事迅速，占行人望事立至，有惊恐之事，或虚惊斗讼之灾。

二十二、课内劫煞

1. 劫煞口诀：

申子辰年月日在巳，巳酉丑年月日在寅，

寅午戌年月日在亥，亥卯未年月日在申。

2. 说明：课中见，有大权、官禄法令、政法军权头领、领导权和指挥才能，狠毒服众。常人主伤灾，凶灾，斗打凶伤，他人谋害，产生官司。

二十三、课内地煞

1. 地煞口诀：申子辰年月日在戌，巳酉丑年月日在未，

寅午戌年月日在辰，亥卯未年月日在丑。

2. 说明：劫煞前五辰为地煞，如申子辰日月劫煞在巳，巳的前五辰数到戌为地煞。凡事阻隔不通，行人不至，失物可寻，走失可见。

二十四、课内灭门

1. 阴月前三位，阳月后三位是灭门。如二月卯，前三位是午。

2. 入课主迁移不利，嫁娶多灾病，妊孕主发育不好或先天不足，求官上任凶灾，官司伤财，家内损失不利。

二十五、课内天盗

1. 贵神克将为天盗，又以子将为天盗，贵神玄武为天盗。

2. 入课，主家内或本人、本日、月有丢失，被贼所盗，失财及家产，六畜，钱财，物品，又主出外阻隔遭盗贼，失物难寻或寻不见。

二十六、课内往亡

1. 往亡口诀：

立春后七日，惊蛰后十四日，清明后二十一日，

立夏后八天，芒种后十六日，小暑后二十四日，

立秋后九日，白露后十八日，寒露后二十七日，

立冬后十日，大雪后二十日，小寒后三十日。

2. 说明：凡往亡入课出行亡也，伤灾，拜官上任不利，路途阻隔不通，

远出不归，出军打仗全军覆灭，嫁娶有灾病或见凶灾。

二十七、课内三刑

1. 寅刑巳，巳刑申，申刑寅为：无恩之刑，就是说得恩不报，反为仇，忘恩负义，内有毒蛇之心不可交也。

2. 丑刑戌，戌刑未，未刑丑为：特势之刑，求谋，望事主互相坚持主观性，各不相让，互相敌对，暗设阻隔，故意出难题等。

3. 子刑卯，卯刑子为：无礼之刑，君不君，臣不臣，父子间无礼，别人对自己无礼取闹，无礼要求，不尊重他人的意见，不分黑白，无理斗打，产生各种无理事情。

二十八、课内六害

1. 六害口诀：子害未，丑害午，寅害巳，卯害辰，亥害申，戌害酉。

2. 课中见，主有他人谋害之事及官司陷害事，在工作中劳而无功，被别人领导，压制，排挤，家中思想不统一，及夫妻有分离。

二十九、课内每月生气、死气

1. 每月的开日是生气，冲为死气，如正月寅支的后两位子为生气，即正七子午，二八丑未，三九寅申，四十卯酉，五十一辰戌，六十二巳亥。

2. 见生气难中有顺，绝处逢生，九死一生，先难后易，失凶后吉，万事皆美，喜乐吉庆，婚姻欢乐，见死气主吉中有厄，乐中有忧，顺中有阻、九生一死，万事不美。

三十、课内马倒

1. 马倒口诀：寅午戌酉限，申子辰卯限，巳酉丑子限，亥卯未午限。

2. 子年生到卯宫为马倒，主百事不利，多灾多病，大凶，主伤灾死之事，求谋不顺利。

三十一、课内禄倒

1. 甲年卯限，乙年辰限，丙年午限，丁年未限，戊年午限，己年未限，庚年酉限，辛年戌限，壬年子限，癸年丑限。

2. 如庚年生人到酉年月日时为禄倒，主官职大损，失名利，疾病大凶，逢此年内办事难成，百事迟滞，无功，无誉无荣。

三十二、天医

1. 正戌，二亥，三子，四丑，五寅，六卯，七辰，八巳，九午，十未，十一申，十二酉。

2. 课内见之或年月日时见之问病忧中有乐，厄中有安。

三十三、地医

1. 天医冲着为地医，如正月戌是天医，对冲辰为地医。

2. 见者问病安，逢死化生及九死一生，危而得安。

三十四、五鬼歌

1. 五鬼口诀：甲己巳午癸未存，乙庚寅卯守黄昏。丙辛子丑来冲位，丁壬戌亥墓临门，戊癸忌占申酉位，若逢辰土道路凶。此辰若遇干支上专主行人路上凶。

2. 凡甲日、时或巳午入课，都用甲占巳者，巳午位出行大忌，以本命的日时干甲与巳者巧合一起，如出行于巳午位主大凶或有天灾人祸，车灾伤残，死伤。

第四章　干支贵神旺相主事

一、十天干生克主事

1. 甲木有生，喜庆婚姻，官禄、文书、文官，家有大树；受克，主婚姻反复，克损官职，散家庭、失文字，官司，官灾斗讼，口舌、车伤，损伤老翁。

2. 乙木有生，主财帛得，书信至，阴人财物得；受克主伤门户、损财产，交易失散，婚姻不成。

3. 丙火有克，家宅不宁，损文字，失名利，家内被盗，失财物两次家有火光伤残之人，有生则家内富贵双全及家中有高官厚禄。

4. 丁火有克，主哭泣，灾怪、忧愁、惊恐、伤残、火光之灾；相生主妇女私情及惊扰烧伤，烫伤之灾。

5. 戊土有克，主争斗坟墓，词讼口舌。有生先贫后富，家中田宅广，有恶疮之人，癌症伤害之人。

6. 己土有生，主田宅、酒食、婚姻、喜庆和合。受克，主失田宅，六畜，财产及损失分散事。

7. 庚有克，主道路死亡事，六畜伤灾横死。有生主家中出军官，军人，此家更改门户数次，先贫后富。

8. 辛有克，主外丧凶灾，惊恐伤灾血光。有生，家中阴人富贵，一生酒食丰足，得外人赏赐家中人财产。

9. 壬有克，主水灾，毒药，病灾、奸私、淫荡。有生，则爱音乐，家中出富贵妇女，并有喜美婚姻事。

10. 癸水有克，主家中惊恐起，及走失四足动物。有生，主家中近水位，出忤逆子孙，贼伤数次，家中有水灾之人。

二、十二地支生克主事

1. 子有克，主腿痛，脚痛，财帛有失，近水位，家有水灾之人，失田产，外伤骨折。

2. 丑有生，主阴人田宅财产可得，家内富贵。

3. 寅有生，主文字，文凭，文官，财帛，官职大旺，受克破财，文盲，无文化，无官职。

4. 卯有生，出入交易，婚姻，酒食，文字，有克反之，无交易、无酒食、无文字、贫穷。

5. 辰有克，有小人斗讼，口舌官司，官灾疾病，旺相更凶。

6. 巳得生，主妇女旧事和合，私情事，虚情怪状事。

7. 午有克，主血光惊忧，文字伤损，斗讼事及官司产生。

8. 未有生，主妇女酒食，情意合，争婚姻。未有克，主斗打婚姻，与媒妇相争。

9. 申有克，主道路不顺，伤灾车祸及丧事，出外见军人及持枪支之人。

10. 酉有生，出入相逢好吃酒，有私情和合事。

11. 戌有克，主口舌生官灾，疮灾，孤贫，孤独孤寡之人，气功师、僧道之人。

12. 亥有克，主家中有惊怪，有病人鬼怪附身，多疾病痛疼。

三、贵神旺、相、休、囚、死

定义 1. 贵神旺有三，有课内旺神，四季旺神，日下旺神，贵神的旺、相、休、囚、死，以课内取之。

定义 2. 以贵神为主，但看相生、相克、比合或隔位生克，取何神最旺，寻出四位中的某一位旺，就知道贵神旺、相、休、囚、死。

例一：贵神旺、相、休、囚、死。

①课式如下：

木
(贵神)丑土
水
火

②木克土，土克水，水克火，木又生火，取课内木旺，贵神土死，主其家无家长、无土地、而家贫穷等。

例二：螣蛇旺、相、休、囚、死。

①课式如下：

土
(螣蛇)巳火
金
土

②螣蛇火旺，主火灾、疯魔人在家等。取螣蛇火克金，土生金，火又生土，火旺土相，金死，土生金有救，有不死之理。

例三：朱雀旺、相、休、囚、死。

①课式如下：

土
(朱雀)午火
木
水

②以朱雀火、土、木，水克火，火生土，木生火，木克土，主课内木旺，火相，主有火灾以及火光烧人，因合同不明有官司纠缠。

例四：六合旺、相、休、囚、死。

①课式如下：

火：火旺，六合木休。

火

(六合)**卯木**

金

火

②来人为捉一个阴人，因一木生两火，主出外寻人或求人办事，又以两火克一金，主阴人伤损，或伤妻妾，损家产。

例五：勾陈旺、相、休、囚、死

①课式如下：

金

(勾陈)**辰土**

水

火

②取勾陈土克水、水克火、火隔位克金，四位内只有勾陈不受克，主辰土旺也。此课主外人争张不得理，阴人有病灾，并无喜事。

例六：青龙旺、相、休、囚、死。

①课式如下：

水

(青龙)**寅木**

土

金

②以青龙木克将土，土克人元水，金克木，土生金，地分金旺青龙木死。此课来意主求财及望信吉。先吉后凶，先得财而后失财，在外有大喜。

例七：天后旺、相、休、囚、死。

①课式如下：

土
(天后)亥水
火
金

②以土生金，火生土，土克水，土旺，天后水死。

此课来意主妇女丧亡事，家有疾病及私情和合，又主家内有疯魔之人，买房屋，破田宅。

例八：太阴旺、相、休、囚、死。

①课式如下：

火
(太阴)酉金
木
土

②取火旺、克金，金克木，木克土，火被木生无克，主人元火旺，贵神太阴酉金死而无力。来意为争田宅与金银财宝，阴人暗昧不明，夫妻不和、休离分散。

例九：玄武旺、相、休、囚、死。

①课式如下：

火
(玄武)子水
土
火

②取土旺，取土克水，水克火，火生土，玄武水死。此课主贼神虽动而无力，虽有官司、失财事，主事轻。

例十：太常旺、相、休、囚、死。

①课式如下：

木
(太常)未土
金
火

②取火旺，火克金，金克木，木克土，木生火。火旺太常土相，相主孤寡之人，独居、单身、女企业家、女强人。做餐饮行业，医药行业。

例十一：白虎旺、相、休、囚、死。

①课式如下：

土
(白虎)申金
火
土

②取土旺，白虎相，取土生金，火克金，火又生土，课内火旺，白虎申金死，主白虎凶神而不凶，虽有伤灾而不重。此课来意伤人伤财，斗打官司。

例十二：天空旺、相、休、囚、死。

①课式如下：

水
(天空)戌土
金
木

②取金旺，木克土，土克水，水生木，土生金，金旺而天空土休。休主僧道有病，老人有病、伯叔有病，有破庙旧址，以及垃圾场所。

第五章　神将五行源会主事

一、将神源会所主

1. 功曹，功曹十月将，知人印信，官司口舌，文字、书信、信息。天乙见之印高贵，政权之喜。螣蛇主先忧后喜，问生产为女孩。朱雀远信火光，六合见婚姻不成。勾陈妇女斗讼。青龙见本位大吉庆。天后妇女婚姻喜美事。太阴同天后论。玄武财喜不失。太常阴财破损。白虎见木大凶。天空斗讼，虚诈、大凶。

2. 太冲九月将主人盗贼门户分张事。天乙到门，贵人得财不吉利。螣蛇文字口舌官司，火光伤灾。朱雀同螣蛇。六合见本位主成就婚姻，交易合和美。勾陈阴人斗打田宅。青龙主有大财到。天后主婚姻百事成。太阴同天后。玄武盗贼发动得财喜而不吉。太常得阴人财物，主本人孝顺。白虎伤人大凶，失财在外有官司孝服事。天空求财不成，外讼、勾连，又主门户与亲人重重发生斗讼勾连不断。

3. 从魁知人天命，阴私囚死事。天乙之阴人得贵人助之大喜。见螣蛇悲泣到门大凶，主有暗疾。朱雀主有远信到门大凶。六合成中有败，夫妻分散事。勾陈主外来娼妇到门大凶或亲人门户连合办交易事。太阴同天后。玄武盗贼事、男盗女奸。太常阴人常得外财，喜庆阴私通信。白虎丧凶临门至。天空临门骸骨埋葬事。

4. 河魁知田宅、骸骨事，僧道、尼姑。天乙临戌主杀伤灾害。朱雀、螣蛇为阴人灾讼盗贼，并身有灾祸。六合争田宅坟墓。勾陈奴仆杀害凶灾。青龙外人带犬入家凶，又主伤小口。天后悲泣伤产妇、孤儿。太阴阴私事，并有葬埋阴人坟墓争执。玄武盗贼、军兵、斗讼、官司，因田宅外起。太常阴人财物，有伤，有凶灾伤残。白虎刀伤重丧凶，因金入火库中。天空斗讼凶，因戌主斗打官司。

5. 登明知人田宅，是官府征召事。天乙见之主贵人田宅斗讼，六畜有伤，小孩有灾。螣蛇主妇女患病，损财，伤灾，水灾伤亡事。六合见主交易，婚姻喜庆，求谋大吉。勾陈阴人病讼，田土房屋有争斗、大凶。朱雀同螣蛇用。青龙求财可得，望贵得助百事顺。天后阴私动婚姻成，百事大吉。太阴同天后。玄武怪异，盗贼谋害及盗贼入伙。太常悲泣，妇有灾。白虎路上有外人谋害，家中有病人及官司在身。天空土克亥水有牢狱之灾、伤小孩之事。

6. 神后主人婚姻，阴私，暗昧事。见天乙主有人接引之喜。螣蛇主有水灾、血光、悲泣。朱雀凶丧、信息、伤损，因文字产生官司、血光，产妇有灾及水灾、烫伤。六合主交易，终生收养他人子女。勾陈见子将绝嗣，斗讼疮灾。青龙望亥求财大吉，并有外财可得。天后婚成，有暗隔阴私情人，求财吉昌。太阴同天后。玄武见子主丑怪相貌，水灾。太常主失财，先凶后吉。白虎远信到家，信中谈到凶丧惊恐事。天空主田土斗争并有凶灾多虚少灾。

7. 大吉主人的命、田宅、六畜、口舌、官禄。天乙见丑将，求谋、官贵、升迁得大吉庆。螣蛇、朱雀见丑有百事大吉之相。因火生丑土，六合斗讼凶灾，头顶秃，脚腿有伤。勾陈男盗，女奸，戌孤独，艺术，技术，气功等。青龙求官吉，求财有损。天后主有阴私暗昧，外有私约及宴会合聚。太阴，阴人有阴私，但可得阴人财宝及田宅及他人赏赐事。玄武斗讼凶灾，盗贼有囚禁之事。太常阴人损财及损牛羊，应得暗财很多，但可望不可求。白虎官司有盗贼，失财及失四足动物。天空见丑主杀害，有疯魔人在家凶，主家有斗讼牢狱之灾。

二、贵神临本位所主

1. 贵神见丑：加官食禄、家中富贵、并许了心愿，其家丰厚，六畜兴盛，子孙聪明。

2. 螣蛇见火：其家有烧残之人，家内有火光，釜鸣数次，家招女婿，家中与外书信常有来往，谋望先凶后吉，又主妇女是非官司，口舌惊恐。

3. 朱雀见午：主妇女奸淫斗讼，火旺主官司及升官职之事。见水金主死亡人口，血光伤残及产死妇女。

4. 六合见卯：主婚姻喜事，又主名声，家有轿车、大货车、摩托车，或陪送一个车子。其家中在外有升官职之人，其家喜信常来常往。家中有交易之人，私情常会合。

5. 勾陈见辰：主暧昧之事，其家主被贼盗去财物，家中有生恶疮及癌症之人，家中常有虚惊不睦斗打。

6. 青龙见寅：主官职大旺，求财帛大喜。如旺相争财宝必得，富贵官禄在身，田宅丰足、富裕，凡得此课者有吉无凶。

7. 天后见亥：主婚姻妇女、酒食宴会事，旺相主其家富贵大吉。

8. 太阴见酉：主斗讼阴私暗昧之事，二金为不顺之神。

9. 玄武见子：主盗贼入门，盗去衣物及财物，逢忧愁而喜，又主有贵人赏赐财帛及珍宝物品。

10. 白虎见申：主内子孙在外凶丧死亡，出外不归难寻见，家有官司伤财，常伤六畜，家有产死妇女，白虎入课百无一吉之事。

11. 天空见戌：主其家内有孤儿及疯魔之人在家，其家有损财，破散，子孙残疾、斗打、口舌、家内斗讼，为人奸诈，如旺先贫而后富，虽孤而不孤之理。

12. 太常见未：主婚姻，酒食宴会之事，干事有女人掺杂，逢劫煞主毒药事，见合主婚姻喜美事。

三、贵神见五行所主

1. **天乙**：贵神旺相吉主人君、主席、总理、部级领导、书记、总经理、老总、大款、厂长、家长。为人厚重，有生喜美而吉庆。印信、文书、信息、喜事、升官进职，喜庆重重，逢水主官司，斗讼田宅，逢木削职丢官，牢狱灾祸，逢辰戌主困难重重，疾病连绵凶灾伤残。

2. **螣蛇：**旺相吉文书喜庆，梦妇女轻薄，逢丑未好色情，能饮酒作乐。逢申酉随人走失。逢水克主奸淫，落水乡主投河、投井有水灾，见木土死而复生。见木土则吉庆，金水主病，求谋百事不利，又主家内有病死残伤之人。

3. **朱雀：**见木土吉旺相主家有文书往来、天恩、官禄、权柄、文凭、车马、火灾、专科、本科、研究生、博士生、电话、电视机、录音机、电唱机、电影院、戏院。见金主凶灾、惊恐、官司、自缢、又主电冰箱、洗衣机、抽水机、榨油机，见水火者电与水之物。

4. **六合：**见火水吉旺相，其家内有买卖交易人、教师、会计、媒人、柜子、箱子、写字台、办公桌、木门、大厨等木器，又主婚姻反复，一生多情人。如金克木主伤财，门户有损，交易不成，夫妻有分散，婚姻不成，有官司追捕或损车、丢车，被车碰，逢土主官司牢狱，斗讼之事，斗打损财产。

5. **勾辰：**见金火吉旺相主官职之人，田土斗讼之灾，男先贫而后富，阴用丑妇贫婆，主文状动用，如木克土失奴婢，并有牢狱之灾，斗打官司，勾连牵引之人，逢水争田土，孤寡之人。手艺、技术、画家、书法家、艺术家、瓦匠。

6. **青龙：**逢水火财吉主文书、财帛，为人清贵，文官，有升迁之喜。家有大树、神树，家有枪刀死气，此枪刀剑是多人所用。逢金克木主伤官损财。家中贫穷，逢土刑主官司牢狱，见戌辰主斗打牢狱，丑未主损牛羊，损妻妾，因妇女斗打口舌，外人强欺。

7. **天空：**见金火大吉，其人先贫而后富，僧道善良，气功师，出家人，皈依弟子，信仰佛道教之人。逢木克主斗打官司，牢狱之灾，被外人谋害、欺辱，先凶而后吉。逢水主疮灾、产灾、寡妇、孤儿，争讼田宅，争坟墓之事。

8. **白虎：**凶神，凶恶，丧事，眼黄项短，道路惊恐。刀剑，迁移，外有凶丧，军人、军官，车伤，血肉，伤灾。逢火木主官司，牢狱。逢水土则吉，无灾难。上克下凶事在家及亲属有丧孝，下克上主出外丧孝，或自己在外有伤害，边关之死。

9. **太常**：吉主冠裳、问行、财帛、官职、爵禄、酒食、婚姻、买卖、和合筵会、赏赐衣服事，逢劫主毒药，更兼呕吐，见血光事。见火金得外财，赏赐、酒食、筵会或争婚姻。见木官事不利，损财失牛羊，伤妇人。见水田土有争，本家门户亲朋争斗，或因妇人引起。

10. **玄武**：见木金大吉，拜访贵人，军人，艺术之人。家中有名人字画及爱书法之人，住在坑河沟附近。逢火主盗贼及别家被贼所盗，失财，文书暗隔，妇女产灾，腰痛、脚腿痛。

11. **天后**：见金木大吉，外人有赏赐，暗藏贵重物品及珍贵物，妇女心地善良，婚姻喜美。逢火主妇女产灾、心脏病及胃痛，夫妻分离，水灾。逢土主坟，家内因房屋田宅斗打呕气，家中口舌常发生。

12. **太阴**：见水土大吉，主妇女沉静，清高，爱文艺音乐，喜戴金银首饰，又主阴人阴私淫乱事。逢火血光，伤残，妇女有暗疾。逢木口舌斗讼，车翻伤人，家中阴人有残伤。

四、将神见五行所主

1. **登明**：见木金大吉，家有好淫之人，妄想奸私之事，随波逐流之人，家人在外居住。见土房产争斗，因田土发生口舌斗讼。见火阴人病患，产难自缢，投河、坑、吐血、便血、尿血、因气恼伤身。

2. **河魁**：见火金大吉，主僧道，孤寡。逢木主斗讼，骗诈之事，失六畜，失官职，有官灾。见水，则因田土及住处发生斗打官司，家中有肾病之人。

3. **从魁**：见水土为吉，其人主清高恬静，钗钏，酒食，口舌，暗昧，私通。逢火主暗疾，伤皮肉，肺病。见木卯酉相冲，主其家有自缢之人或分离夫妻，喝毒药，上吊，并被他人陷害。

4. **传送**：见水土主其家行迁之事，官贵，富禄军人刚毅而性暴躁。逢火克金主伤灾、血光、被别人暗害，军官及边关有伤灾。逢木官司，口舌，损车，伤财及树木。

5. **小吉**：吉，主妇人酒食筵会，婚姻喜美。见金火主大喜，或主争婚，第三者插足，情人较好，又论为钱财争执。见卯木得阴私赏赐，主口舌斗讼伤财及伤六畜；春天见木为入库，主明损暗得财帛。见巳午火主食道或胃癌，又主好饮酒之神。见水主争田宅或水肿、水灾及孤寡之人。

6. **胜光**：见木土最吉，文书财帛，信息，车马，为人爱名利、官禄、其家大富，大贵。逢水主病灾，产难，夫妻分离。见金血灾，伤残，车祸伤人，伤财，求事不成。小吉见火金大吉，主妇女酒食，宴会，婚姻喜美事。逢水争田斗讼孤寡之人。见木官司，牢狱之灾及疾病连绵不断，外人斗打。

7. **太乙**：见木土为大吉，克主大火焚烧之事。妇女轻薄淫乱，神经系统有病。常有哭笑不正常之人、多梦失眠之人及家内有惊恐之灾。见水主妇女有灾病。逢金主血光、疾病、血、脓、疮。

8. **天罡**：见火金大吉，其家中有医药及行医之人，其家常斗讼，文状凶，家中发生斗打官司。见水主田宅斗打官司。见木主家内有官司牢狱之灾，常与外人发生斗讼，争执，被外人所欺。

9. **太冲**：见水火大吉，交易合，人庆财丰，婚姻喜美。逢金斗讼口舌，伤树，车，门，窗及各种家内木器。逢土盗贼入室，家中起官司凶灾，伤人口，更改门户数次。

10. **功曹**：见水火大吉，主文书，官禄，文官，印信，老翁，医生，神树。逢土主关节不通，家中有四肢伤残及伤腿、麻木之人。

11. **大吉**：见火金大吉，为人憨厚，诅咒，冤仇，因奸私而生气斗讼。逢木主病灾，被别人谋害家产。逢水主争田土，小口有伤灾。人元有克主头部病，脑供血不足及脑血管疾病，凡求谋顺中有阻。官司斗打及伤人口。损宫中财物。逢金万事伤损，损财，损大树，损官，损家产及六畜，伤亡人口及死丧老翁。

12. **神后**：见金木大吉，家有暗隔婚姻，冤仇，因奸私引起斗打官司，又见外财常进，家中大富，大贵，阴人掌权。逢土主与邻居斗打，家中出虎狼子孙，性格特暴，住处斗讼，争执田庄事。有孤寡妇人及隐私事。逢火主血光，疾病，水灾，妇女产灾，烫伤，投水而死及因文字产生官司。

五、神将同用所主

1. **贵神**：与大吉所主，官贵、贵人、尊长、主席、总理、省长、专员、部级领导、厂长、书记、家长、珍重、器物、珍珠、锁、轮、喜庆、鞋、首饰、墙、筐、牛、羊、风、雨、神佛像、冤仇、咀咒、坟墓、头秃、眼病、脚气、桑田、田园桥、土桥、升官、得财、忧愁、远离、囚禁牢狱、僧尼、忠厚、热心肠。休：主人无力多病，多灾，家有死丧事、有凶事。囚：主人有囚禁官司牢狱之灾，脸形圆、方，肤色黄白。旺：个子高肥大，休囚死个小而瘦。走路外八字形，婚姻阻隔不通，冲克分居，分散，分割，婚姻反复无常。逢见太岁。见人君、大臣、中央领导，冲破空即变。

2. **螣蛇**：太乙旺相吉，惊恐、取索、书信、斑点、台炉、火光、门户、毁骂、釜鸣、轻狂女人、暗火、蛇、蚓、蝉、飞虫、乞丐、花果、砖瓦、文字、盒、瓷器、文章、喜美、公信、财物酒食、嫁娶、小儿、阴人、眼泪、怪忧灾残、疾病、外忧斗讼、内忧官司、狱讼、文状。下生上，惊恐在前，手足斗打不完，见血光事。休：主多灾，忧病。死，主伤死，凶伤。囚，主官司牢狱。

3. **朱雀**：与胜光旺相吉，名利、官禄、权柄、词讼、果食、窑灶、道路、城门、口舌、山河、骑马人、开车人、家内有车、妇女、文书、飞鸟、飞机、卫星、导弹、楼房、宫室、火炬、信息、血光、锦旗、霞、雷、衣架、书画、冒昧、红色、官用物、僧佛、勒令、庆会、中央、省、地、县、厂领导、官讼、奸诈、损财疾病、灾厄、水灾、投井河伤人、怪忧惊恐、头部、论物在头上、响彻云霄声、录音机、唱机、电视机、字画、红桌、灯笼、红枣及各种红色食物。

4. **六合**：与太冲同用，卯木、木勺、树林、著作、男女、草木、兄弟、船车、街道、雷动、地震、旗竿、香盒、阿姑、家母、竹木门户、门朝东、婚姻、求财、交易、取售、成合、阴私、喜美、庆会、官贵、媒人、小儿、过失、产事、面缸、盗、贼、慈母、丧亡、盗徒、动物、争斗、伤损、财帛、梳子、门窗、桥、杆、草堆、小树、抚养他人儿女。见水有不明事，女子损财。

5. **勾陈**：与天罡同用，岗岭、寺观、丑妇、碾碓、瓷器、僧道、寡妇、技术、艺术及艺术家、书法家、高官、土堆、斗讼、争讼、流血、屠宰、凶恶、杀伐、血腥、坚硬玉尺、田园、皮毛、缸、瓷、破皮、灰盒、搪瓷、甘味、坟墓、官职、印信、权利、田宅、官灾、病患、田土文状勾连、走失及两重官司、媒妇、鱼龙、争斗之徒、麻布、涧泉、陵墓、恶疮、癌死胃病、孤儿、后妇、养生气功师、术数师。见木则口舌亡身、无衣无禄一身贫。

6. **青龙**：与功曹同用，宝刀、宝剑、枪弹香炉、神像、四角、山林、丞相、夫婿、道士、贵人、喜美、人君、尊长、家长、厂长、老总、大款、文书、火光、火炉、财物、喜庆、贵客、酒食、信息、虎豹、猫儿、桥梁、神术、织布机、官职、织袋机、打绳机、草绳机、各种木器家具、棺材、公堂、口愿、财帛、车船、园林、喜庆、公信、酒食、婚姻、财、金、哭泣、疾病、损失、鬼怪、私情、法院、公安处、老树、老翁、因争外财发生官司、追取、笔物、医药、勇猛、眼病、肝胆病、伤四肢、家中大树伐时家长有大灾难。见太岁、月建，主首领、主席、总理、部长、地省中央机关领导。

7. **天空**：与河魁同用，主五谷、瓷盆、砖瓦、僧道、善人、下贱、诈伪、欺凌、有失、牢狱、锁物、数珠、枷索、镣铐、紧系、瓦器、驴、犬、孤寒、朝服、葫芦、狱吏、坟墓、天罗、寺观、岗岭、徒儿、陆地、骗诈不实、奴仆、官、小人、闹市。见土主不明之事、六畜、死尸。旺，先贫而后富，佛道之人好行善，常要与人结方便，结交便见自己心，为人到老终无冤，戊土性暴心善良，平生做事自主张。

8. **白虎**：与传送申金同用，主仙堂、庙堂、道路、石碓、碾磨、刀剑、定期、坚硬、官贵、贵客、官禄、军官、产乳、死尸、田猎、经文、羽毛、钢铁、猿猴、姜、蒜、祠庙、声音、行人远近、狮子、湖、池、财帛、逃亡、大麦、匣、像、疾病、死丧、军徒、凶恶人、兵器、石头、金银、纸、布、斜路、大路、动用、印信、孝服、哭泣、怪异、灾害、白光、军兵逃移、丧亡、官临门、家中有凶伤人在外、惨死之人、车祸而死及伤亡人。流移丧失，女子奔随奸夫、行程书信、边疆夭折。可据旺、相、休、囚、死而论。

9. **太常**：与小吉同用，主妇女、宴会、庭院、墙垣、女人衣、酒、食、印信、药饵、父母、牛羊、甘泉、甘味、跑龙套、白头翁、酒舍、寡妇、巫师、井灶、食物、黄色、坟墓、放羊人、茶房、歌手、幡子、笛、道人、冠带、远行、财物、官职、官禄、酒菜、买卖、婚姻、和合、交易、宴会、赏赐、孝服。逢克及劫煞：主服毒，损财两三次，呕吐，见血光、孝服、口愿、祭祀、医药工作者、药物之类及常吃药之人。

10. **玄武**：与神后同用，主河泉、水池、井、沟渠及地井、盗贼及位于水边、文墨、石灰、木匙、图书、后官、妇女、淫夫、布泉、鼠、燕、蝠、水中物、大豆、乳妇、衣服、珠玉、聪明、胎产、泻痢、梭子、赏赐阴人、喜美宴会、暗昧婚姻、奸淫妇女、帐幕、不明之事、走失奴婢、脏腑、师婆、奸诈、私阴、失望、小儿、僧尼、妇女奸私淫乱及水溺、水灾、肾病、尿道、膀胱病、妇科病及妇女腰病、腿跛、四肢麻木。

11. **天后**：与登明同用，主插花、帐帏、盗贼、亡失、取宜、小儿、牢狱、赶猪人、醉人、厕坑、伞笠、捕头、鬼神、书阁、毛发、管轮、笔墨、观院、江河、楼台、仓房、麻布、丝绢、干渴、贵、贱、财物、阴谋奸盗生、亡失死丧、伤财、眼斜、路亡恶死、阴人有病、肢脚疼痛、因猪走失致讼、渡河有水灾、吉主征召文书。

12. **太阴**：与从魁同用，主金石、珍珠、铜器、果食、外亲、婢妾、妇女、门锁、口窍、相貌、阴贵人、子卷、手表、刀剑、耳门、刀鞘、皮毛、爪骨、鸽雉、碓磨、纸、线、白塔、痨疾、钗钏、石佛、石柱、卖酒人、石头、阴人财物、金银首饰、疋缎、钱物、阴私暗昧及夫妻分散事。如见丙丁火克，主逃亡奴婢、忧闷、金银财物伤损事，太阴石头必有眼、破磨烂石有眼病，若搬动后能逢凶化吉。

第六章　次客（重复）法

最神奇的移神换将法

1. 定义：一个时辰内说客（预测），并在一个方位内占事求事，故用移神换将之说。或换将，或换日辰，或按（大六壬）依式造合。其三法皆为一意，根据需要灵活把握，占之不尽，求之不绝，变化无穷，神验无比。

2. 如月将登明之例，按祖师交代之后，方用此将，以此观之。其换将法不可概取，若来人，或本命，或行年上作课，占测一课之内吉凶可见神验。

3. 举例：某年，十二月，壬寅日，丙午时，申位。

①课式如下：

戊土
子水（玄武）
寅木（功曹）
申金

②例一旬之内次客法：第一课形成后，开始用十二月子阳月将的后三位口诀，得到酉金三月将加在午时上，数到地分申上可得正月亥阴水登明将，再取人元戊的五子元遁，从壬子上开始，数到地分申上得人元庚。

③复有次客：取申上坐酉将，酉是阴月将、合用阴将前五的口诀，从酉数到寅支则是前五位，再将寅月将加午时上，数到申上得天罡月将，再取人元庚的五子元遁，从丙子上开始数到申上，人元是甲木。

④贵神不变，还是玄武，神将干随人元变动而贵神玄武子支不变，神将干随人元变动，如此论，周而复始，一个时辰内在同一个方位上可以形成十二个课式，至第十三课式时则又重复。

4. 课式如下：

戊	庚	甲	壬	戊	----------人元
玄	玄	玄	玄	玄	----------贵神
寅	亥	辰	丑	午	----------将神
申	申	申	申	申	----------地分
1	2	3	4	5	

庚	甲	壬	戊	庚	----------人元
玄	玄	玄	玄	玄	----------贵神
卯	申	巳	戌	未	----------将神
申	申	申	申	申	----------地分
6	7	8	9	10	

甲	戊	戊	----------------------人元
玄	玄	玄	----------------------贵神
子	酉	寅	----------------------将神
申	申	申	----------------------地分
11	12	13	

5. 举例：大六壬金口诀以十二位计算，十二位地支，又如现代钟的表盘分成了十二个格，每一小时，只有一秒钟为正秒时，所以金口诀，强调月将加正时，转至方位上，用其五行生克知其吉凶祸福。

6. 说明：以预测师为中心点即坐标点，取问事人与预测师的距离为半径，开始画一个圆圈，因一个圆为360度，把一个圆分为十二等分，瞬间确定问事人在某一个空间格内，即方位上。

7. 如问事人在子位，以子为地分，用次客法。就是说在一个时辰内，来十二个人问事并能占无不应，吉凶可得，到第十三位重复，列成公式如下：

①每个时辰课式为：12 地支×12 问事人=144 课式。

②每天课式为：12 时辰×144=1728 课式。

③每一候课式为：五天有六十个时辰，为一个循环，可用下式计算：1728 课×5=8640 课式。

由此可见，大六壬金口诀信息广，精确度高，又实用，又简单，真称之为简而精的预测绝学。

第七章 行（流）年吉凶

一、起行（流）年法

1. 甲子旬中：男一岁起丙寅，女一岁起壬申，男顺女逆，十岁到亥。
2. 甲戌旬中：男一岁起丙子，女一岁起壬午，男顺女逆，十岁到酉。
3. 甲申旬中：男一岁起丙戌，女一岁起壬辰，男顺女逆，十岁到未。
4. 甲午旬中：男一岁起丙申，女一岁起壬寅，男顺女逆，十岁到巳。
5. 甲辰旬中：男一岁起丙午，女一岁起壬子，男顺女逆，十岁到卯。
6. 甲寅旬中：男一岁起丙辰，女一岁起壬戌，男顺女逆，十岁到丑。

二、举例

1. 甲午旬中生人：男起丙申数到十岁乙巳，二十岁乙卯，三十岁乙丑，四十岁乙亥，五十岁乙酉，六十岁乙未，六十一岁丙申，六十二岁丁酉，六十三岁戊戌，六十四岁己亥，六十五岁庚子，六十六岁辛丑。

2. 说明：其甲午年生人，用纳音，得甲午，乙未沙中金，行至辛丑年为金入库的一年，主有大凶之灾，辛丑是金库，又名入墓，遇之必大凶，凡起行年以此类推。

三、举例

1. 某人今年四十岁，起行年，十岁乙巳，二十乙卯、三十乙丑、四十乙亥。

2. 取亥为正月，子二月，丑三月，寅四月，卯五月，辰六月，巳七月，午八月，未九月，申十月，酉十一月，戌十二月。

3. 说明：取行年月为地分，此人生月为月建，此人岁干起贵神，起人元。以月将加时，取此人的生时，如不知生时，用此人生月加现在时上，立课后即知吉凶祸福。

四、逐年逐月地推一个人的运气

关于逐年逐月地推一个人的运气情况，在预测学中非常重要。我手头有一封学生来信，十分直观具体地说明了推算运程的具体步骤。现将全信引述如下：

尊敬的张老师：

您好！我是您千万名学生中的普通一员。自从去年夏天我从易友梁先生手中看到您亲自编著的《大六壬金口诀》系列函授教材后，真是如获至宝。您编的函授教材最大特点是系统化、条理化，尤其是对每个实例的分析，都条缕分明，丝丝入扣，毫无保留地把每一点奥秘都揭示给学员。

于是我从易友手中得到您的书。经过三个多月的自学，我进步很大，特别是通过"老师—学员"答疑电话沟通，我的每一处疑点都得到了精辟解答。我现在已经可以为自己和别人进行预测了。准确性竟也能达80%左右。下面是我对自己1994年的每个月运气的自我预测，请老师给予指教。

乙未年生人，阴历二月（卯月），现在是巳时开始立课，定一年内十二个月。课式如下：

丁	丙	丁	戊	己	庚	辛	壬	癸	甲	乙	丙
丁 后	丁 贵	辛 巳	壬 朱	己 六	庚 勾	戊 青	丙 空	甲 白	癸 常	丙 玄	乙 阴
庚 辰	辛 巳	壬 午	癸 未	甲 申	乙 酉	丙 戌	丁 亥	戊 子	己 丑	庚 寅	辛 卯
亥	子	丑	寅	卯	辰	巳	午	未	申	酉	戌
1	2	3	4	5	6	7	8	9	10	11	12

解读分析如下：

1. 取课内正月，庚辰将用爻克地分亥水主正月伤腿脚有疮灾，因辰土主迟，辰土在于木月当无用，因课内旺相。将克地分，主从家内外出在于正月份，将克神，主财动，应出外求财，或做吃食生意，辰为屠夫去北京屠宰厂住了两天，准备在此开饭店。取庚辰旺无子，取子位为去处，辰旺为医药类，谈了医药生意。因辰旺，受今年甲戌天地冲克，什么事都不成，反有损财，自身有伤，疮灾，糖尿病，因内土克水，水主肾主膀胱尿道。以辰将土旺克神亥天后水，主夫妻分离，神干丁火与将干庚金合，主顺中有阻，夫妻常有斗讼，因辰为斗讼之神。人元丁火与神相冲，取申子辰劫煞在巳，主妇女有产灾，由于神方同类为一家人，剖腹产。课内外爻巳亥相冲，主在外办事不顺，寻人不见办事不成，求财不得反有损，在外行走上错车，回来路上有阻隔，生气。

2. 天乙贵神旺，又见二火生之更旺，但春天木克土，火相，水休，地分子，水休死无力，子水在课内囚无力，子又为腿脚，主本人二月份，腿上生疮。不能外行，每天吃药打针。课内火相主有文运，本人正在搞书本的注解。三火一丑土，又火为文字，文字在外，又主在南方，有名可出，外三生内一位，主外财可得，又主得名人字画，三个人将字拿入本家。地分为财爻，由于丑在春天死，主他人送我一千元，共三千，留给我一千，用于作画两千，又螣蛇入课中牵连妇女，我当时把钱给了一位妇女。由于地分害将午，主财分之又分。

3. 三月，因妇女口舌斗讼，或斗打，忧愁，惊恐，中午巳时一妇女来家斗讼冤仇事。巳丑无酉，到酉时我才胜，取地分丑冲未，到申时，巳与申合，入丑地分金库，取将午火克于申时，外人只斗打于门户，午为门。巳与申合，主他一帮人敌于我，因丑是金库，被三火生，内有伤。三月在斗打口舌的头天晚上，见了一个假蛇，当时把本人惊吓了一跳，预定明天必有凶灾口舌事，结果全验。因今天是甲午旬中，辰巳在空位，所以只有虚假斗讼一场，而无大的损伤。当时下午酉时，郑州气功师找我，当天申时有两个病人寻我治病，因外爻丁巳合于申时，所以外来人求我办事。

4. 四月取癸未用爻，戊寅来入我癸未库，本人是乙未，在四月收三个弟子。取课内地分寅木旺，贵神朱雀火旺，又见课内寅午戌三合火局，内合于外，应成事于火旺之方。我到了武汉，参加了九真山术数研究会，我的论文在此发表。午火合于未，主本人论文得奖。虽地分寅木克于将未土，但有不克之理。取戊寅合癸未，合癸化火成名，寅借此机会入库。外财可得。夏天寅木休取三论，在此得三个弟子，神将午与未合，主欢喜及妇女邀请事。

5. 五月课内取申旺，传递之神，主出行，但走不出去，因将申被神与地分卯绝，计划一变再变。将克神，神克人元，只主想出外而顺中有阻出不去。卯主文字，为门户，我搞一本日历，拉一些单位赞助，也是交易，由于六合被申金绝，什么积资也没有完成，又木加金，自己财产被外人侵，不但求财不得，反而损财。

6. 六月课，取课内乙酉将合辰，主阴私和合事，本人到西方去第一个接触的是妇女，到另一个地方也是先见妇女。办事很顺利，并有北方人来合于家内。因申子辰无子，所以子地来人，又到辰方出发，事情完成的相当顺利。从课中酉将合于贵神辰，内合于外，出于外，但美中不足，二土埋金，必到子水才能见阳光，到冬天才能好转。

7. 七月课，课内用爻丙戌为太岁入课，主自己办事有力，内爻巳火入戌火库，有入门弟子四人，巳火无干四数。课内又取神寅将干午，将戌合成火局，又为神将合局，内外一体，在外有人助我，在内我为头，外贵合我。火局主文书，信息，喜美事。签了三个合约。

课内火旺克人元，辛金主鬼动，忧灾怪，出外时谈到打架，伤灾，血光，伤残，课内辰戌发用主斗打凶灾。课内神寅木克将戌土，又见本人属羊，未刑于戌，主本人冷静，所以斗打未成。

8. 八月课：用爻丁亥主本人自相冲克，动荡不定，地分午火绝于将亥水，主在家不顺。午亥绝，主文字口舌，生气。贵神戌土克将亥水主妻病，我妻属猪亥。本人用爻受太岁克，主几次更变计划，又贼动主求财不顺，别人陷害于自己。因八月酉，害于戌，戌无力制亥。见秋天亥水有外援，又取将干丁、神干丙，本人年干乙巧合乙丙丁，利办大事。又论将干丁火合人元壬水化木，克戌土，取地分午与神戌合寅木，甲木长生在亥，甲木为寅木之本。

9. 九月课：取戌子将用爻，其人暗昧，暗隔。将子害于地分未，主离开家乡。水将被地分土克，主出外损财，又主被伤害排挤。由于神申白虎，与将子合水局，人元癸又生于神干甲木，甲与癸合，主在外有财可发，又取将干戊合人元癸。本人该在外，并合于癸未地，应到武汉去一趟，又论子月可得大财，课内地分未土旺，子水死，但见申金主水为援神，主死而复生之理。又论，到冬天子正旺，如无土主泛滥之水，有土克水才能顺河流动，本人沙中金，只有被水冲去沙土，金才能见真形，见今年甲戌乙亥火照金，金借火才能发放光泽，由此看来十月大功告成。

10. 十月课，课内用爻己丑土将为金库，地分申金为外为子孙，为弟子来入库内，申寅为七数，巧有七个弟子入家。

神太常被丑冲主有一个女子，又主自己六神无主，太常未属于本人，被将冲主自己无主见。人元甲木又合于将干己土、外合内又求于内，神干癸水生甲木、在外有财，而相合甲为寅合癸是亥。十月可得外财，入十二月份闹出分裂，因丑未冲，取十二月份课，卯酉冲，而有更改门户计划。

11. 十一月课：课内用爻戊寅将，被神玄武子水生之，主有大财可进，又见地分酉金绝于将寅，主自己离家和离开孩子，否则孩子有病，或伤家中财物。人元乙木被冲克主鬼动。在外有官职可升，乙木落入子水飘流木，被克主定刑木，鬼动在外能生官，又取课内木加水益进资财可满意。甲午旬论事见水为四大空亡，不能生木，但冬天为水之源能生木，冬天水旺木相，金囚，无力克木主在家不顺。

12. 十二月：用爻卯将，但是今年的太岁戌与卯将合，应得外财及外人相助，门户兴旺，但贵神为太阴酉冲克将，将干辛冲克自身，自身有伤灾，十二月不宜外出。课内爻地分戌与将卯合，丙与辛合，在家百事顺，外爻以人元丙火克太阴金，有外人谋害自己，但人元丙合将干辛金化水后生卯木，以此看来外人相助很多。人元火克太阴金，克卯木主本人被妇女暗伤。及因女人发生官司，外二金伤一木，但是丙辛化水生木，神干乙天干丙合丁火助一力，因祸而得福，最后平安无事。但卯木入戌土主明合暗克。顺中有阻，成中有败，将干辛得天干合助一力，败中取胜。

祝：老师顺利

您的学生：李伟业

五、行年生克吉凶

1. 行年立课，取四位内生克详知，课内支干与行年支干合生，主此年喜庆，喜美，外人相助，外财可进。

2. 支干与行年支干冲克，主家伤家长，损财产，自身有不测之灾祸，斗打官灾，被人谋害及天灾人祸。

3. 又法：四位内见吉神、吉将，从吉断事，见凶神、凶将，取凶断，内爻有冲克刑破，凶事在家内。内爻见吉神吉将，主家内有不测之大喜。外爻见凶神、凶将，出外大凶或在外有伤损，外爻见吉神、吉将，出外有大喜，万事顺。

4. 说明：如吉神、吉将受制，主吉中有凶。凶神、凶将有冲克，主凶中隐吉。吉神、吉将有生助，主吉中隐凶。凶神、凶将有生有助，主凶中隐吉，论述有物极必反之理。

5. 课式如下：

丁
丁亥（天后）
庚辰（天罡）
亥

6. 此行年课用爻，是庚辰为当年，成天地冲克，主今年有伤灾疮灾，课内见水加土防妻损财害田土，今年三月有田土之争。由于甲戌年冲庚辰月将，内爻主在家有斗打事，又主往来斗打。取辰水库克戌火库，我胜，将干庚冲年干甲我胜，必须进入酉时我胜，酉害于戌，绝于甲木，外合于辰，帮于庚，酉时斗打我全胜。将干庚合于行年干乙，主今年外寻内，外寻我，外合我。进入十月份，乙亥合助于我。又论课内，神干丁，丁亥自冲，主巳月份动，行年是亥入课，叫贵神占年不出年，本人二月生人见亥为天喜行年，主今年喜事重重，取将克地分主小孩不安，有灾伤四肢。丁亥火水，将克神主夫妻分离，巳与申合，主四月份有外情纠缠。取将辰合申子日主成事的机会到来，主争战之合，费口舌之合。

7. 又论：神与行年同主有伤，土克水主尿病，肾病，本人发现糖尿病。自己亥日起，有外聘。今年干事取乙日时为应，取酉时日应，由于今年辰用爻，不可用戌日戌时，不可用辰日时，因辰自刑，不用卯日时，因卯辰相害，可取申子日时成大事。

六、行（流）年灾福歌

1. 寅灾福口诀：

寅为元首号领导，文官享通文凭高，
上级官贵相接引，旺相及第亲朋逢，
官升开始名利到，若逢此运防凶煞，
恐遭刑祸见天牢，冲克官司削官职，
后人留意细细推。

2. 卯灾福口诀：

卯是盗贼太冲官，冲克远低魂不安，
若问家道多疾病，须防官司横来惹，
损车心神多忧愁，逢土求财百事难，
得病免灾须求谢，惊恐心病死肝胆，
旺相得财养他子，交易合美婚姻瑞，
汽车摩托自行车，高档家具在家安，
花草竹树院中栽，儿孙富贵家兴隆。

3. 辰灾福口诀：

辰为猛将号天罡，冲克刑斗住牢房，

虽冲高地与邻斗，病疮药物事应当，
见木牢狱斗打灾，家中后妇有重丧，
修造迁移有斗损，若见金火贫必富，
孤儿寡女水两旁，求法急宜续平安。

4. 巳灾福口诀：

巳为太乙属惊凶，官灾疾病祸连重，
夜梦虚惊鬼游魂，邪魔缠身疯癫病，
斗打凶伤道路惊，因见腥血闹宅中，
不镇阴人死丧风。求谋望成有阻隔，
见水投井河坑惊，合生相逢财禄到，
心诚可得事如意。

5. 午灾福口诀：

午为官贵胜光旺，逢此文书求财强，
斗打官灾须得理，参贤拜贵遇侯王，
经营通达顺心意，逢旺相生永吉昌，
修造切须逢合日，逢凶化吉永无防，
逢冲刑克吉变灾，求办必记永无灾。

6. 未灾福口诀：

未为妇女啾唧事，冲刑克伤损财物，
出行求谋必避防，盗失服毒酒药事，
旺相赏赐阴私通，争婚急定外迎送，
课中灾福如眼见，后贤批阅细搜寻。

7. 申灾福口诀：

申金白虎万事凶，官司求谋主不通，
远出边关伤谋害，火克烧伤病疮脓。
木刑官灾必锁破，水土生合喜荣躬，
修造迁移忌东方，金木冲刑不安宁。

8. 酉灾福口诀：

酉为暗昧阴私旺，水土阴私外情乐，
文艺欢乐洁静美，冲克刑杀鬼魁愁，
五鬼求谋财物散，牛马死亡人遭殃，
二八金木灾事来，家有丧事凶伤死，
慎守仔细免祸殃。

9. 戌灾福口诀：

戌为僧道号天罗，冲刑有灾牢狱起，
闭塞不通万事难，罗网遭难身难解，
地罗寻物能归还，如逢官鬼忧疾病，
遇水产灾损妊胎，疮灾病症服药类，
贫苦在外孤独来，生合先贫而后富，
高官厚禄荣华来，心地善良永保持，
万古千秋美名扬。

10. 亥灾福口诀：

亥为阴私无主见，求谋经营不称怀，
四足门前多作怪，小口多灾疾病生，
暗瞒阴谋招斗讼，时遭灾难损妊胎，
水火日月斗讼来，凶煞必防灾祸临，
伤损盗贼失财物，土克妇女多孤灾，
水木相生永无灾。

11. 子灾福口诀：

子为神后逢私情，暗情阻隔婚不通，
克破刑冲有灾祸，家中失脱奸情生，
迁物修造逢木金，人财兴旺子孙隆，
子午卯酉逢吊丧，自缢凶死在家中。

12. 丑灾福口诀：

丑为吉祥喜情欢，火金生合田宅安，

如逢天驿高官升，高官禄位得赏赐，
富贵吉庆财满院，冲刑克破逢四杀，
定臣家有残伤死。忧愁丑未宜忌避，
本命受克祸连绵，克为仇敌死伤残，
大凶灾病天降来，生合亲恩为喜庆，
求望万事哭颜开，万吉万庆都吉利，
行善作恶福祸清，好心美名留后世，
恶心恶事永骂怀。

第八章　实例解读

一、实例解读一

1. 农历时间：1992 年，三月，初一，十点半。

2. 干支历时间：壬申，壬寅，甲寅，己巳时。

3. 来人坐在酉位，问出行如何？有无凶灾伤损？

　　癸
辛未（太常）
丁卯（太冲）
　　酉

课式解读：

1. 用爻太冲卯将主盗事，课内地分克将，将克神，神克人元，主在外有伤损财物及斗打官司。

2. 太冲劫煞伤人物，取寅午戌驿在申，劫煞在亥，人元见癸，癸为亥水之本，为劫煞。甲己申酉最为仇，凡甲己日见申酉入课为灾煞，又克者为煞。

3. 五鬼入课问事凶，甲日五鬼在巳，因巳时来问课，飞天五鬼时问事大凶，癸在未，人元癸，见贵神未太常也叫五鬼入课问出行大凶。

4. 用爻太冲木克太常土，主伤阴人财物，是地分克太冲，但天干癸水生卯木太冲，贼神死而复生，克太常土，又见于春天甲寅日木旺，土死于春天，休于课内。凡课中见休死，主被外谋害及伤害，损伤阴人财物。

5. 太常见凶神，见劫煞灾煞主其人或其家，有服毒及被他人迷闷，酒中有毒及饮酒过量，昏迷不知，被盗贼伤财，凡太常见灾煞必有盗贼毒药害，见木有灾伤。

6. 下克上，有官司在外，勾连不断，神克干官事起，取寅日后三位，占事已过。由于人元癸与今日寅合，主此官司至今没断绝，人元癸为亥之本，亥为十月官司应发生在 1991 年 10 月验。又：取卯酉为门户，癸为亥，亥为酉门内之客，占事已过，因课内酉旺，所以取酉为门，因官司在门内所以官司没有断绝。

7. 内爻卯酉相冲主家内更改门户数次或家内被外人欺辱，斗打门户。

8. 见纯阴课，主家内阴人持家，男人寿夭，凶伤，在外死亡，因此课宜内不宜外，宜静不宜动，贵神见太常主寡妇持家，太常见木不为奇，万里用之必伤妻，家有后妇在堂持权。

9. 取太冲卯将为门户，占事在门主先凶后吉，取太冲克太常，见灾煞主伤财服毒事，由于地分金冲克太冲卯木，而贼神无力，被外人所救，方克将主失而复得。地分酉金冲卯木主外来救援无伤。

10. 见亥卯未木局，盗贼为一伙之人。或因分财不公起报复心，地分酉金冲克木局即有人故意挑逗口舌，斗打，用毒药及酒精将人迷闷不解。课内三合是隔角之合，其人明有合好之心，暗下毒药动黑心，侵占财权。太常见卯为失财，盗贼口舌不为灾。

11. 旺相及用爻，外出六里路遥见羊兔，凶灾应无差。应在家吃果食、花生或路中见别人吃果物之类。

12. 旺相合处，家住东方，辰与酉合，在东西方位见亲人。家内有肝、胆、腿病之灾及石磨在酉位停放。来时过河两条，桥两座，家住水边在高处，下克上在高处。

二、实例解读二

1. 农历时间：1993 年，六月，二十六日，卯时。

2. 干支历时间：癸酉年，庚申月，丙寅日，卯时。

3. 午位，取活贵神论家庭情况如何？有盗贼否？

甲

戊子（玄武）

丙申（传送）

午

注：贵神正常起为戊戌，戊戌用活贵神法起转化为戊子（玄武）。

课式解读：

1. 水旺，木相，金休，火死，人元甲木又生午火，甲木被申金隔于外，不能生地分午火。

2. 用爻水克地分火，主伤阴人小口，伤六畜，损腿脚，本人有心脏病、小肠病，午火为头，其人有头痛、头晕之疾病。

3. 又以申金入火，白虎金受克主凶伤，灾病，官司斗打。

4. 申为行移之神，申临午火军人辈，主其人是军人。

5. 申金入火主有肺病，气管疾病及喉疮病，疮脓不离身的病，肺癌人死丧，火上克月将申金，主其人大肠有病，大便干结等病。

6. 取贵神玄武是军人，水旺主家在河边住，或本人有水灾，家中被贼盗数次，儿孙多丑恶，家有三次火灾，人形黑，唇厚，形貌必丑，眼睛有歪斜。

7. 玄武是凶神，不受克主更凶，但夏天水囚无力，主凶中有吉之意，凶中不凶，幸有月将申金生之主物极必反，先凶后吉。

8. 贵神生外天干，家中有逃亡之事，又主外情妇女及暗昧私情的妇女。

9. 人元甲木被神水生主青龙木相，其家有外财可得，祖上有高官之人，寅为文官，又主祖上有权势名望之人。火谓木生，木火通明，家内有名扬天下，受人尊崇之人。

10. 问盗贼方位可取阴神，阴贵神就是玄武落处的将为阴贵神，玄武落处月将为申，那么玄武在申地，主贼人往申地跑去，申为传送之神，为行移之神，主在路上行动。取地分午火克申金，主叉路上或丁字路寻找即见，逢巳午火时可获。

11. 出外应见一个阳人，并且带一个老人，因人元甲木为一个阳人，又是一个官职，文官，大专文凭或研究生等，因水生木为休，休为老人，所以说见一个阳人随一个老人。又主在路见一个瞎眼人，及一个军人，身被戈枪或一阳人带刀剑，见一男子伐树，申金克人元甲应有此事，火克金主刃具。

12. 青龙文武官职，家有刀剑，主其人聪明，文武双全眉清目秀，仁义厚重，感情用事善抗上级，抗风寒，宁折不屈，因甲木大树坚硬挺拔。

13. 神生干寻人见，求谋可成，望事可就，主客和合，求谋万事皆成，在外求官升职，在外兴隆，在外立家。

14. 神水克地分午火，子午相冲，水能润下，主伤小口，损失田宅，家中斗打。

15. 将克干主衣食丰足，又主家中有外出之人，并且在远处当官职之人。

16. 夫妻关系很好，神将相生，其妻结发，将生神妻贤子孝，因财而得官，家中富贵，钱财广。

17. 由于将生神，主内外关系和合，取将干被天干生，主外界关系特好，取方克将主家中关系不睦，常有斗争，争执，争财宝。

18. 此课为纯阳，主家中男子持家，先伤妇女，或家中儿子多，其办事性格暴躁、急、善动，而不善静。由于甲子旬见水空，主办事有头无尾，变化无常，声东击西，鬼神难测，虚诈多端。

19. 如问墓内阳人阴人，固纯阳课取阳人论，贵神阳，将神阳男人之事不必详，贵神阴将是阴妇女坟不须寻。二阴、二阳难定夺，断决在天罡，月将加时寻天罡，临阳必是男，阴是妇女。

20、问其人何病而死，取课中金受克主哮喘，或先天病而死。凡寅申巳亥为天刑病而死，指先天带来的不足产生，欲知课中玄妙，全在悟性、灵性，宜细加分析。

三、实战举例三

1. 农历时间：1994 年，八月，八日，申时。

2. 干支历时间：甲戌年、癸酉月，壬寅日，申时。

3. 未地分，问家运如何？婚姻如何？

丁

己酉（太阴）

癸卯（太冲）

未

课式解读：

1. 上克下，火克金，金克木，木克土，地分土虽受克，但不能死，有天干丁火生土为救援，又取丁火泄木气，金克木变为柴，见火燃烧助火生土。

火旺金死，金有土援救，秋天金旺，火因不能尽克金，所以金有死而复生之理。又可论金借此成材，成刀剑刃具，金借火放光，成材，成名，名扬天下。

2. 取上克下，损家中财物，外来欺辱，官司外来家内，家内伤阴人小口及田宅，器具有伤，身有伤，扭伤脚腿，四肢。土受木克主因木质伤四肢。损身或死于肝胆及肠胃病。

3. 月将太冲主兄弟各分张，家内有汽车、摩托车、高级自行车，船车门户损伤，又主盗贼伤财车损，邻居不合动刀枪，如见生合必有解，家中兴隆，门户多，兄弟哥们离祖多。

4. 神克将贼动，家中财产丢失数次，克将主失本家及妻室财物，癸水主服装布匹，珍珠宝物，木主器物，家具，外人盗失车子在家所失，熟人或朋友亲属做引路人，神克将谋望不成，百事不乐。

5. 婚姻须分离，因酉金冲将卯木，主分散夫妻，又主妻自缢，取人元丁火生地分土有第三者女性纠缠。因地分土生神太阴，合主妇女纠缠，将克地分，主原配夫妻争抢斗打。

6. 太阴同处丑未宫，主阴私会合有信通，因隔卯木冲，又主三角夫妻发生斗打。太阴被丁火克主其妇女平日好淫，有肺病，火金疮脓不离身，其人爱文艺，眉清目秀，漂亮女子，所以说一生私情不断，外火克阴金主名门闺秀，豪门之女、娇嫩之妇，因受刑克主有奸夫、被外人强奸、身有伤灾。

7. 人元丁火主惊恐、惊怪之人，又主其人有烧伤烫伤、血光火光，家中祖上有名扬天下之人。因人元火旺，有木助之，家中出武官及文学工作者，又主家内有名人字画，为祖上所留。

8. 由于火旺，主家内有火光烧残人，及阴人持家，住在高处，出军官及武术大师。

四、实战举例四

1. 农历时间：1994 年，八月，二十日，酉时。

2. 干支历时间：甲戌年，癸酉月，甲寅日，癸酉时。

3. 午位，问家如何？身体如何？

庚

丙寅（青龙）

甲子（神后）

午

课式解读：

1. 木生火，水克火，水又生木，金克木，课内子水旺，火死，金休，木相，用爻青龙木，相有力主得大财及官职高位，研究生，博士生。

2. 贵神为兄弟宫，主其人姐弟七人，因木六数，有水生一主七数，寅为七。又论，水土一、五、七，金木三、六、九，火主二、四、八。取用爻的旺、相、休，囚、死论数字。

3. 取青龙论，旺九，相九或八，休六或五，囚主三有生主四。有克为二，死为二，一。如年、月、日、时不救主绝子孙。课内青龙木相主八，人元庚金冲去一个断七数，又取将水生木主有义兄，义妹，构成八数。

4. 问病地分为医人，人元为病人，方克干主病有救，地分休，囚、死无力。旺相有力。如天干旺相主病重，不可医，旺极必死，休囚、死病轻可医，可寻天医、地医入课主能医治，见冲空能医，见天喜、天德、月德医病可安康，八月见寅为天德能助一力，天干见庚为月德，主病厄得安，忧得喜，死而复生。

5. 水旺，冲克于地分午火主其家内出心脏病及伤腿脚，便血，家中有水灾之人，肠炎病，因火死，主死而复生之理。青龙阳木助火，人元见庚克寅木，变为干柴助火，木盗水气只能论其人当时没死。

6. 天干庚金克木，主家人有肝胆及心脏病，神受克主心脏病又主外谋害自己，求谋不成，而事在外不吉利，并有眼目之灾，因有水助无事。

7. 方克干，头部有灾及伤头部，头晕，头痛，主在外有伤及在外有升官之人。

8. 人元庚主祖上有军人，不当官而流浪之人，地分火克金主有在外死亡人。

9. 见子午相冲，主肾脏及尿道妇科病，伤损骨折，伤损四肢。

10. 问父母，人元为祖，贵神为家长，人元克贵神主不得祖上家业，反被祖上制约，并有官司缠身及被外人欺压，后代贫困，无官贵，学业阻隔不通。

11. 干克神主祖业贫穷及无官贵凶伤，如旺相主家中祖上富贵及有名扬天下之人。

12. 如天干克六阳贵神，伤家长，天干克六阴将伤妻妾。天干克六阴神伤妇女，天干克六阳将伤男人。干克神，将克神伤家长，神克将，方克将主伤家妇，有合生主死而复生。地分为子孙，外克内伤子孙或子孙残伤，绝子孙，神将相克，夫妻分散，相生夫妻结发百年之内夫妻和睦，将生神，妻贤子孝，神生将重财帛，欠孝顺，妻唱夫随，和睦欢美事。

第三篇

《大六壬金口诀》——实战预测学实例解读

第一章　求财如何

随着中国市场经济的迅猛发展，越来越多的崭新预测课题摆在当代预测家面前。我根据《大六壬金口诀》古本秘籍并结合自己数千次的实际预测，初步归纳、总结出对股票、期货、房地产、赞助、银行贷款、金融投资等一系列的预测模式，经反复验证，准确性令人惊讶，标为神奇。

经济预测中难度最大、可验证性最强的是对股票、期货的超前预测。为此，我特意组成了“股票期货预测研究专组”，坚持每天对一种股票的升降趋势做实时预测，并积极协助炒股者进行操作决策。另外，现代社会中，“赞助、保险”已成为一个使用频率颇高的常用语。众所周知，拉赞助往往十有九空，如不合吉时、吉方，则会往返奔波、空费心机，如能提前预测，则可有的放矢，事半功倍。以下有实例，请参阅。

解读实例一

1. 时间： 壬申年、癸丑月、己巳日、甲子时，卯位，问求财如何？

2. 实例课式：

丁

丁卯（六合）　注：正确的贵神是丙寅（青龙）。

丁卯（太冲）

卯

3. 解读实例：

（1）观财爻的旺相休囚死，冲破克，分局，干克将，神克将，方克将，及空亡，求财不得，否则能得。

(2) 如旺相有制逢合即得，休囚死有生逢合即得。

(3) 用爻太冲，卯木旺在冬天相，求财可得。

(4) 卯木旺相必制才能得财，取年支申金绝卯木，但是天干，神将干见丁火，合申金，又克申金，见土月、火日、水时、卯木有成才之机。可见在秋天主有丢车子或车辆、四次被外盗失财物。卯木为车辆、桥、木器等。

(5) 见三卯木主有三次车子碰头，损坏车辆三次，门户更改三次等。

(6) 如求财，必须到生气方向，如旺极可到受制方向去求财。

(7) 观之，两次求财你可得一万元，因卯为六数，丁为六数，共得十二数字。虽见三丁卯木，被子时刑破一个，辛丑月卯木囚，辛月干冲于卯木又削去一个。

(8) 二木为爻求难得，今见三木卯入课，主家内或本人有官司缠身。以三木生天干火，主三家，或三个人争一个财帛，因丁火为取索之物，又以丙火，丁烟主气索，可论你们三个人为了争财产生了斗打、官司。

(9) 用爻太冲，主家内兄弟分家事，见同类三木，主家内兄弟三人。

(10) 问求财有，而不顺利，主争斗之财，气索之物，被制服可得财，必须旺相可制。

(11) 卯木与子时成无礼之刑，主卑犯尊，少犯长，为了争财不顾手足之情。

解读实例二

1. 时间：壬申年、丁未月、甲午日、癸酉时，巳位，问求财成败？

2. 实例课式：

己

戊辰（勾陈）

丙寅（功曹）

巳

3. 解读实例：

(1) 寅用爻，求可得，寅是岁破，受癸酉金绝，地分巳火刑，主顺中有阻。努力春夏可得，秋天金冲克木主损财，冬天水生木可进外财。

(2) 取将克神财动，因甲午旬中辰巳在于空位上主空动，进取无功。我劝你这次求财别去啦，这次只有损财。

(3) 财爻与时绝，主成中必败。

(4) 地分与将财爻刑主家中不同意这次出外求财。

(5) 由于将克神、克天干已土主自己外出心已定，因寅午戌驿马在申，马上进入驿马月必须外出。

(6) 取一木克外二土，又论木上见土为隔，主阻隔不通，外出计划一变再变。

(7) 将干丙火生神干戊土，天干已土以课观之，可通过别人，或别人的亲属来完成任务。

(8) 取神勾陈入将寅木主官司口舌，斗打事，如你不小心必有斗打官司之灾。

(9) 取财爻丙寅是今年的天冲地克，秋天应破财。

(10) 由于本人没有听劝告，七月份往西南申地求财，途中受骗损六万元，发生了一场官司。

解读实例三

1. 时间： 壬申年、丁未月、甲午日、癸酉时，戌位，问求财如何？

2. 实例课式：

甲

甲子（玄武）

辛未（小吉）

戌

3. 解读实例：

(1) 取将辛未，月建旺主求财可得，求官可成。

(2) 将克神，求财得利，求官不成或不利。

(3) 凡空，冲，破，刑，主求也不成。

(4) 内爻将与地分相刑主家内斗讼，口舌，反复，杂乱。

(5) 将干辛金克神干甲木，主财动论之，将支克神，共两次财动，只能得一次，因甲午旬中见水为四大空亡。他说我带三十万元的汇票，去购货，空行一次，因汇票划错了账号。

(6) 其次求财中有妇女给你帮忙，小吉主妇女。见财动落空进取无功。

(7) 甲旺，在夏天休，必须见水复生，求财能得，天助于我，从离家至回来连续三天都下着毛毛细雨，所以说你第二次求财可得。

(8) 取五行主事，甲木旺主服装、布匹、木材等等。

(9) 天干甲木入将辛未的木库，又被申年支冲破，就是说求财能得到一半，或最后到你手中的财被别人夺去，进入秋天必有此事。

(10) 从以上来看秋天一事无成，成功必等冬天好转，十月份亥水合寅木，外财可得，进入十一月子害于将财爻未，十二月丑冲于财爻未主因财、外人谋害及发生斗讼口舌事。

解读实例四

1. 时间：壬申年、丁未月、癸巳日、乙卯时，酉位，问求财如何？

2. 实例课式：

辛
己未（太常）
壬子（神后）
酉

3. 解读实例：

(1) 凡求财取财爻旺相及财爻动，干生将，神生将，方生将，将克神，占旺者求财必得。如见冲、破、空亡、克、刑、害、死、囚，求财不得反破，凡合局加倍，分局散之。

(2) 甲申旬中问事午未空亡，天干辛金，地分酉金为四大空亡，求谋难成，主空手还之。

(3) 财爻死，但是有金生水救之，因金空无力救援，求取不可得也。

(4) 取神克将贼动，求财不得反损财，或盗失家内财物。太常土落空无力克将子水。由于贼动落空不失财物，或见别人财可失。

(5) 凡求财主客合，求财必得，主客落空，求也不得，或空想，办不成事。

(6) 以太常土旺，主求财当中有妇女，并且能言善语，适合作总经理。由于空主怀才而不遇，求望不顺利。

(7) 取卯酉为门，课内见酉相，主你们谈生意的房子门朝西开，并且是两个门。

(8) 未土旺，主在东西路的北边。如旺相的合处在甲寅的位上，又取酉金相，主有南北路一条。你的门市部应在东北角的位置。从南往北数是第五家。取神干己数到合处干甲五数，所以定为第五家。

解读实例五

1. 时间：壬申年、丁未月、己酉日、午时，亥位，问求财如何？

2. 实例课式：

乙

乙亥（天后）

乙亥（登明）

亥

3. 解读实例：

(1) 以内生外主出外求财，求人求事。

(2) 以内水漂木主求财难成，或带钱渡江、河、海流，必须见土求财可得，水多木漂。

(3) 以六月份未合于课内乙亥成木局，主二六十月起家，得财。

(4) 应该七月份受别人谋害，骗取财产及物质。

(5) 甲辰旬中寅卯空，乙木无力，虽内三水生外求也不得，因主客空合。

(6) 夏天火旺水囚无力，未月土旺制水成湿润的土地，天干木材生长旺盛主其财旺，又落空不能得。

(7) 午与亥绝主气索口舌事，时与将绝主贵不喜。

(8) 神将合月，有酉日生，求事三个人，并有助于我。

(9) 由于壬申年害于将神方，主家中有外人谋害。

(10) 求财过甲辰，到乙卯日为应。合成木局可得也。

(11) 财受日冲，因木局旺，多木可冲金所以能成。

解读实例六

1. 时间：壬申年、丁未月、甲午日、己巳时，卯位，问到美术厂工作求财如何？

2. 实例课式：

丁

庚午（朱雀）

戊辰（天罡）

卯

3. 解读实例：

(1) 用爻戊辰将，主斗讼，口舌事。

(2) 地分卯木克将戊辰土，又取卯害辰，主厂内谋害于你，又主厂内斗打闹事，并且因妇女引起。

(3) 外爻天干丁火，克神干庚，神庚午火又生将戊辰土，主厂内已寻你四次，或你到厂内以前必须商议四次才成。

(4) 取甲午旬中辰巳落空亡，求财办事无力，又取将干戊生神干庚主你先寻厂内的领导。由于戊与辰为一家主两个去寻厂内。辰为妇女，主有一个中年妇女和你一起去。

(5) 有神干庚，将干戊，合日干甲，为甲戊庚三奇，主求官得官，求财得财，应定于今天。因贵神占日不出日，应取于课内卯辰无巳，所以取于己巳时为连茹合局，因辰巳在于空亡上，巳时只见面谈过，你并没有签订合同。

(6) 取甲戊庚巧合，那么你今天应大概定下来。

(7) 取吉庆的神煞，六月见甲午是天德、天赦日，今天求谋万事吉庆，天气晴朗万里无云，为今天的外应，证明今日是吉庆日。

(8) 凡求财应取财爻为主，将戊辰土虽落空但有外二火生之，又在于夏天的甲午日，己巳时火助之，由此观之你求财能得，应七个数字，七千，或七万，因辰土主七数。

(9) 外生将神内，主开始求财顺利，之后发生斗讼、争执、斗打及官司事。以将辰土入地分卯木中，主官司，口舌斗打事。

(10) 取今日甲午支干生你，合于你，断定你和厂内领导关系很好，或领导很想让你去他们厂工作。取日干甲木为厂内的厂长，合你生你。全验。

解读实例七

1. 时间：壬申年、丁未月、甲辰日、辰时，子位，问求财。

2. 实例课式：

甲

乙亥（天后）

丙寅（功曹）

子

3. 解读实例：

(1) 以天后主阴人之财，以寅卯空，为财爻落空，人元甲木同寅也为空，此财有一半成，还未到手。

(2) 以乙亥天后与年相害，主有外人谋害难成。

(3) 财爻旺相落空，过此旬后才通。

(4) 财被太岁冲破无力求财，又主空破。

(5) 神生天干甲木主客和合，求有得，落空不得。

(6) 神生将又与将合主求谋有成，万事如意，因空反之。

(7) 如取课中三奇，有乙丙无丁三奇不全，此事只能办成三分之二。领导已答复给六十万元作流动资金，由于空害，不能如愿，应过旬后才可得。

(8) 以天干为丁甲者，在甲子周数以外为应期，取丁卯日合为乙丙丁，又亥卯未三合木局。

(9) 借申年辰日，子位合水局，生寅可得。给了六十万元。

(10) 以申子辰驿马在寅主快。

(11) 夏天火旺木休无力，空破更无力。

(12) 旺相可得也，必过旬方成功。全验。

解读实例八

1. 时间：壬申年、乙巳月、壬寅日、戊申时，子位，问求财如何？

2. 实例课式：

　　庚

壬寅（青龙）

庚子（神后）

　　子

3. 解读实例：

(1) 用爻青龙财神，由于受年、月、时冲破，土看着财很旺，但是得不到手。如果迅速努力可得一部分，或借他人力量可得。

(2) 取地分子水，将子水生青龙木主内爻助之。动用了家中本钱。甲午旬中问事，水为空无力助之，或想借别人的本钱。求必破之，今年应破损三次。

(3) 取天干庚，庚克青龙木，贵神壬寅与今日干支同，主今天有求财不得反损财之说，他说我今天下午刚破了三千元，让别人骗去了。

(4) 取今日驿马在申，你今年七月想马上动身外出，对吗？原计划今天走，看来只好延续啦。你到戊申日外出最好，取你的驿马日出行。

(5) 取神干壬水生木，但水空无力救援，真正得财必须进入冬天。外来求你办事，财来之易，秋天必破，应三次损财。

(6) 外克内，干克神，主外谋己，骗己，盗财物，因秋天金旺而木死于秋，虽有水援无力，主有人想助，无能为力。虽无力助，比克强的太多啦。

解读实例九（共4例）

例一：

1. 时间：甲戌年、辛未月、壬子日、己酉时，取三个方位问到三个地方求财，哪个最吉庆。

2. 实例课式：

丁
己酉（太阴）
甲辰（天罡）
未

3. 解读实例：

(1) 到五台山求财如何？取用爻甲辰将合于己酉神太阴。为天地合处，应求人必见，求事必成，求财费力，因将甲辰主自克自身，辰为斗讼之神，为此事你们夫妻虽合但意见不同，辰在六月份为天马主马上动身。

(2) 取辰土财爻旺相求财有，不多，由于辰为岁破，进入秋天无法生存下去。因辰为孤独，进入戌月冲克，天气变冷无法工作。

(3) 取天干丁火生将辰土，将干甲木生天干丁火主自己想去也应该去一趟。

例二：

1. 时间：甲戌年、辛未月、壬子日、己酉时，取三方个位问到三个地方求财，哪个最吉庆。

2. 实例课式：

戊
庚子（玄武）
乙巳（太乙）
申

3. 解读实例：

(1) 用爻乙巳主气索之事，以将干乙合神干庚主今天寻人能见，神庚子受乙巳合主见面之处有水沟为证，或离水很近，并且是坡地，天干戊为土坡。

(2) 外爻天干戊，神干庚合于甲辰时相见。取甲戊庚三奇合。

(3) 取财爻将巳火休死于课内，无力求财，你向他人取索财物而没有得到手，并且你在生气。

例三：

1. 时间：甲戌年、辛未月、壬子日、己酉时，取三个方位问到三个地方求财，哪个最吉庆。

2. 实例课式：

乙
辛丑（贵神）
壬寅（功曹）
巳

3. 解读实例：

(1) 取壬寅用爻主自身生财，今天壬子日生壬寅木财旺，寅是今天的驿马主动身出行，甲辰旬中寅驿马落空主不动或动必转回。取将生方地分为家。但将与方相刑无恩之刑，主家中父子不睦，互相刑克斗讼事。

(2) 取寅将克贵神丑土为隔节不通，巧合于天干乙木克神土为毁隔，又主关节开通主有人给你出主意马上离开家乡。乙卯日最为顺利，甲寅日为驿马日最快。

(3) 三合，年戌，将寅合于午日为应，他说我原来定的是午日，意见不同迟延下来。

例四：

1. 时间：甲戌年、辛未月、壬子日、己酉时，取三个位问到三个地方求财，哪个最吉庆。

2. 实例课式：

庚
戊申（白虎）
丁未（小吉）
戌

3. 解读实例：

(1) 丁未月建，主财旺于丁未月，地分戌刑于月建，主家内父子不睦争田宅发生争张事。

(2) 因地分戌为一家之主，月建为自已主父子永久不和今年六月应该分散斗打事。

(3) 取内爻生外二金主出外求财必得，并且到申酉方最合适。

(4) 这次出外求财，或在外不定而后转回家乡。因未木库生于戌火库，主本人出外后，又想回老家。

(5) 结果本人出去没有半个月就转回老家，自己受不了外边的苦而回来。

解读实例十

1. 时间：壬申年、丁未月、辛丑日、壬辰时，亥位，问期货求财如何？

2. 实例课式：

己
丙申（白虎）
己丑（大吉）
亥

3. 解读实例：

(1) 用爻丙申太岁入课，丙申不是真太岁。神干丙火生天干己土，生将干己土，由此来看必须求两次人才能办成。先求于外后求于内。又取神申金入将丑金库，丑金库受未月建冲而开库。申金可出于丑库，等于申金没有入库。而神干丙合于日干辛化成水，内合于外主我寻于外。丙火炎上生天干己土主我求于外。神干生将干后求于内。

(2) 太岁虽被夏天火克，但是有天干土和将丑土生之，又为二土夹生，主得救兵无损反得财、得官之说。如进入秋天得两次大财。

(3) 由于自身受火克，主自身变硬，又主死而复生，因地分水和将丑金库。又取课内申金旺取克制为大财也。主自己当令，冬天水泄金气无力，货物降价。

(4) 取财爻地分与月将，月将受月建冲主六月损财，地分为四大空亡，主空想连篇，口说动而心没有动，有几次机会，到手中的财反被别人夺去。

(5) 将是日建，与月建冲主为此事有两个领导发生斗争。

(6) 凡求谋观天干生神，外生我财物，神干又生天干，主我求他也能进货，但是财爻现在破损主不利。取申金旺可得一部分财，大概七万元左右(应验)。

解读实例十一

1. 时间：壬申年、乙巳月、丙申日、丙申时，辰位，问求财如何？

2. 实例课式：

壬

庚寅（青龙）

壬辰（天罡）

辰

3. 解读实例：

(1) 以青龙主官中之财，又主暗隔之财。

(2) 以天干壬水生青龙木主外来之财，以神干庚生天干壬水主自己求于他人，又以甲午见水空亡主无力生木，但是神干庚金为援神，又以神干生将干壬水主空生，又主动于家财。

(3) 青龙落辰戌丑未主不明之财。

(4) 以干生神开始顺利，因空生天喜主空喜宜速不宜迟，以纯阳课，财宜在外求来。

(5) 以神克将主中间不顺阻隔不通，由于神干生将干主败中有成，落空可望不可成。

(6) 以将方为尾主见两辰，主斗打家内，又以甲午旬中辰巳旬空主口舌，不主斗打事。

(7) 外爻克内爻主官中财物有损。

(8) 其人因抓住了时机，成于丁酉时，与将财爻构成天地相合处。

(9) 如水不空应得九万元，只得了六万元。由于庚克寅木只得五万三千元。

(10) 最后由于分财不公发生口舌斗讼事。

以上全部验证。

解读实例十二

1. 时间： 癸酉年、乙卯月、庚寅日、丙戌时，戌位，问求财。

2. 实例课式：

丙

丙子（玄武）

丙子（神后）

戌

3. 解读实例：

(1) 以玄武用爻，主贼人盗财物，或为财物发生斗讼。

(2) 以内爻见丙戌土主斗讼神，同克于外主出于外，产生斗讼事。

(3) 以玄武克天干丙火，主有盗贼损财及忧愁口舌。

(4) 将克神财动求财利，财动伤官。又神克干官动，出外求官得利。

(5) 以天干丙火、神干丙火、将干丙火同生于将戌土，戌时问事主财旺。凡见辰戌主暗昧不明之财。

(6) 玄武水主秘密文字，又主暗隔之事。

(7) 此时求财，到甲午时可得。以寅午戌火局水空无力克火，又同二水被克，土溶于水。

(8) 水克火局，以课内见三丙火主抵销两个，还有一个合成火局，到甲午日为月德才解百祸之忧愁。

以上完全应验。

解读实例十三

1. 刘总问出外求财如何?

公历时间：2007年3月30日，12点30分。

干支时间：丁亥年、癸卯月、癸亥日、戊午时。

2. 实例课式：

癸
丙辰（勾陈）
丁巳（功曹）
丑

3. 解读实例：

(1) 四位内三阴一阳，以阳为用，取贵神勾陈（丙辰）为用。

(2) 凡见勾陈发用，求财必有争执时，反复事。

(3) 用神辰土受将神巳火生，主动本求财，因财爻生用爻。

(4) 这次求财肯定能行，其理由是在农历二月份（卯月）见辰土，又见巳火，构成了连茹。

(5) 如问求财人数多少，三个人或者是三个单位连续求财，其求财过程要比你设想的所获取的利益还高，其理由是卯月见辰巳入课，辰巳是未来的月将，论求财以少见多。

(6) 此次求财还没到手，但是在卯月已经开始行动，此财来于辰月、结束于巳月。

(7) 求财中见神克干主官动，利求官，主求财牵连官中人或者与当官的合作，否则有官司。

(8) 方克干为鬼动，主这次求财心里不踏实、提心吊胆。

(9) 其理由是地分丑土与贵神辰土构成了三刑，主损身、损财、损田宅事，因地分丑在空亡上，虽有刑之意，却不可能成为事实。

(10) 取用神与将神，辰与巳相见形成了地结，凡见地结者主团伙性的合伙，自己人合伙，男女合伙，并且有异性纠缠事的合伙。

(11) 取神干丙火与将干丁火，受人元癸水克者主外来索取财物，这次所得到的财，还得拿出一部分打点领导，才能合理地完成这次出外求财。所打点的数字大约是20%左右。

(12) 见将神巳火、地分丑土，形成了巳丑半合金局，如果有酉就形成了巳酉丑金局，如果不错，你们合伙人中有一位属鸡的人，这次求财他扮演了主要角色，其理由是课内有丑有巳有辰，如见了酉就形成了全盘和谐，他不但将空局变为巳酉丑金局，而且又与贵神辰形成了六合，这样一来整个课内的事理就完全符合了求财过程的事理。

(13) 结果：预计三十万元，后来又有连带业务获取约五十万元，以上过程基本应验。

解读实例十四

1. 公历时间：2008年4月25日，11点30分。

干支时间：戊子年、丙辰月、乙未日、庚辰时。

甲午旬：（辰巳空）王总写财字问求财。——“财”字七画。

2. 实例课式：

壬

丙戌（天空）

丁亥（登明）

午

3. 解读实例：

(1) 以三阳一阴，以阴为用，取丁亥登明将为用。

(2) 取用神丁亥在四位内为死气，论求财其数目不大，其能力不强。

(3) 在求财中见了神克将贼动，主求财不得反破财。

(4) 求财中见了神克干官动，你的目标是求官中财，如果不是求财中必有官司。

(5) 求财中将神克地分，主家内有破财之事。

(6) 见干克方妻动，求财中有异性参与，此异性定是你的情人。

(7) 其理由是妻动中见地分午火来入贵神丙戌火库，同时又被将神丁亥克地分午火。

(8) 因将神是妻财，克地分是反对之意，克午火等于反对午火。

(9) 又见将神亥水与贵神戌土形成天旋，主你被老婆死缠，也叫做老婆爱你过度。

(10) 取地分午火和贵神戌土形成合半火局，被将神亥水所克，主火局为坏局，在求财的过程中有人搅局。

(11) 总而言之，这次求财是不顺利的，轻者有是非纠缠事的，重者有牢狱之灾，其理由是神将见天旋又见官动，又见妻动，又见贼动，四位内又没有见旬中空亡，但是亥水在甲午旬内为四大空亡，可以将吉凶作为吉不为吉论，凶不为凶论的格局，论求财本来就没有财，何必去浪费时间、精力求财。劝你放弃这次求财的心愿。

(12) 王总最后叙述了自己的求财设想和课内生克关系的分析是相符的，最后放弃了这次求财的愿望。

解读实例十五

1. 有澳门朋友介绍一位国外企业老板，问今天求财如何？取本人的属相（龙）做地分。

公历时间：2009 年 5 月 15 日，8 点 30 分。

干支时间：己丑年、己巳月、庚申日、庚辰时。

甲寅旬：（子丑空）

2. 实例课式：

庚

己卯（六合）

甲申（传送）

辰

3. 解读实例：

(1) 取三阳一阴，以阴为用，贵神六合卯木为用。

(2) 六合卯木又在四位内被二金所夹克，主六合木死而无力，六合代表交易，被二金所克，交易分之又分，计划变之又变，价格一压再压，一降再降，今日求财不尽理想，可以说求财不得，如果求财必有破财之象。

(3) 人元庚金克用爻贵神六合木，主外来取索，求财不得反有破财。

(4) 又取将神申金克贵神卯木为财动，又称为财旺身弱，财动伤身。

(5) 如果开车必有车祸，撞车。因卯为车辆，申金为道路。

(6) 卯木又被庚金所克，所以原来出过车祸，其时间为1999年有惊无险，2004年车毁人伤。

(7) （他非常吃惊，他问为什么?）因己卯是1999年的太岁，在课内死而无力，又因甲申是2004年的太岁，形成了卯木见申金为木绝。

(8) 同时又见人元庚夹克卯木，庚的旺相之气又落在申上，形成了申金的密度大于卯木的能量很多，所以说卯木死绝无气，必有凶伤四肢现象。

(9) （我来测求财，你为什么能知道我过去的事呢？金口诀太神了，真不可思议。）我说如果不错，当时伤的是左边肢体，真是伤了左部肢体，出车祸的路线是东北往西南走的路上，路上还有很多大树。其理由是甲申，甲为大树，申为东北到西南的道路，你被大树救了命，这棵大树已被砍伐过，只不过有个树疙瘩而已。（他忙解释说如果不是那个树疙瘩，我们的车一下就开进了几米深的大沟内，不知道要出多大的问题。）

(10) 虽然你碰伤了左腿和左臂，但都是轻伤，你真幸运呢！究其原因是将干甲木和神干己土，形成了甲己合，虽然甲己不是一旬之内的合，但是总有合的好处，合等于粘着了，抱着了，特别是在此课中虽有卯申绝，又有甲己合，称之为绝中有合，凶中带吉，遇难成祥。

第二章　出行如何

解读实例一

1. 农历时间：1992年正月初五，十点半。

干支时间：壬申年、壬寅月、甲寅日、己巳时。

来人坐在酉位。问出行如何，有无凶灾伤损？

2. 实例课式：

　　癸

　辛未（太常）

　丁卯（太冲）

　　酉

3. 解读实例：

(1) 取用爻太冲卯将主盗事，课内地分克将，将克神，神克人元，主在外有伤损财物及斗打官司。

(2) 太冲劫煞伤人物，取寅午戌驿马在申，劫煞在亥，人元见癸，癸为亥水之本，为劫煞。甲己申酉最为愁，甲己日见申酉入课为灾煞，又克者为煞。

(3) 五鬼入课问事凶，甲日五鬼在巳，因巳时来问课，飞天五鬼时问事大凶，癸在未，人元癸见贵神未太常也叫五鬼入课问出行大凶。

(4) 用爻太冲木克太常土，主伤阴人财物，是地分克太冲，但天干癸水生卯木太冲，贼神死而复生，克太常土，又见于春天甲寅日木旺，土死于春天，休于课内。凡课中见休死，主被外谋害及伤害，损伤阴人财物。

(5) 太常见凶神，见劫煞灾煞主其人或其家，有服毒及被他人迷晕，酒中有毒及饮酒过量，昏迷不知，被盗贼伤财，凡太常见灾煞必有盗贼毒药害，见木有灾伤。

(6) 取下克上，有官司在外，勾连不断，神克干官事起，取寅日后三位，占事已过。由于人元癸与今日寅合，主此官司至今没断绝，人元癸为亥之本，亥为十月官司应发生在一九九一年十月（验）。又：取卯酉为门户，癸为亥，亥为酉门内之客，占事已过，因课内酉旺，所以取酉为门，因官司在门内所以官司没有断绝。

(7) 内爻卯酉相冲主家内更改门户数次或家内被外人欺辱，斗打门户。

(8) 见纯阴课，主家内阴人持家，男人寿夭，凶伤，在外死亡，因此课宜内不宜外，宜静不宜动，贵神见太常主寡妇持家，太常见木不为奇，万里用之必伤妻，家有后妇在堂持权。

(9) 取太冲卯将为门户，占事在门主先凶后吉，取太冲克太常，见灾煞主伤财服毒事，由于地分金冲克太冲卯木，而贼神无力，被外人所救，方克将主失而复得。地分酉金冲卯木主外来救援无伤。

(10) 见亥卯未木局，盗贼为一伙之人。或因分财不公起报复心，地分酉金冲克木局及有人故意挑逗口舌，斗打，用毒药及酒精将人迷晕不解。课内三合是隔角之合，其人明有合好之心，暗下毒药动黑心，侵占财权。太常见卯为失财，盗贼口舌不为灾。

(11) 取旺相及用爻，外出六里路遥见羊兔，凶灾应无差。应在家吃果食花生或路中见别人吃果物之类。

(12) 旺相合处，家住东方，辰与酉合，在东西方位见亲人。

(13) 家内有肝、胆，腿病之灾及石磨在酉位停放。

(14) 来时过河两条，桥两座，家住水边在高处，下克上在高处。

解读实例二（共 2 例）

例一：

1. 时间：癸酉年、丙辰月、戊午日、酉时，子位，问一女孩出行如何？

2. 实例课式（女）：

壬

癸亥（天后）

壬子（神后）

子

3. 解读实例：

（1）以四水主寡妇孤儿盗贼入家。

（2）以天后主阴私，暗昧不明事，又主与别人逃走之事。

（3）以天后见劫煞主妇女连累，又主妇女逃走之事。因寅午戌马在申，劫煞在亥。

（4）以六水主一个团体同时出外打工。

（5）主家中被贼盗去服装和布匹。

（6）水主多情，随变而变，无土克制是一个泛滥之水，淫荡之水，漂流之水，所以走向外地工作。

例二：

1. 时间：癸酉年、丙辰月、戊午日、辛酉时，子位，问一男孩出行如何？

2. 实例课式（男）：

壬

壬子（玄武）

壬戌（河魁）

戌

3. 解读实例：

（1）以用爻玄武落于戌主井，又主盗贼事。其人应落入井内一次，有水灾伤命。因天干壬癸是天月德主逢凶化吉，绝处逢生。她说她从井底捞出时，人事不省，昏迷一天多，才被一位老先生用针刺疗法抢救过来。

（2）应被狗咬伤一次，惊吓一次。

（3）应服毒或中毒一次。以天干壬水被土克主毒，本人说被狗咬伤后打针中毒差一点死掉。

(4) 以内二土克外二水，主在外生活，自1992年（壬申年）出外，应验。

解读实例三

1. 时间： 壬申年、丁未月、己酉日、庚午时，酉位，问出行如何？

2. 实例课式：

癸

甲子（玄武）

癸酉（从魁）

酉

3. 解读实例：

(1) 用爻玄武主在外有盗贼事，其贼应是青年，很凶。

(2) 内两爻金生水主随人行。玄武临申酉主随他人行走。此出行主三个人。

(3) 内二金生外二水主吉庆，又主妇女阴私事，主家妇外情事。我生外我爱于外。

(4) 将干生神干主妻贤子孝，因妻发家。但金旺水相，水无土克主泛滥之水，淫荡之水，家中出风流之人。因受月丁未克害，午时冲克主水变为有用之水，逢土年月日时发家升官，如庚午辛未年土克冲水，走向正规，如水入海河一样。

(5) 甲己日见申酉位主灾煞入课，见玄武主贼。

(6) 甲己巳午忌午时出发，五鬼时忌巳午方向。

(7) 飞符己日在午方向忌南方出行。

(8) 忌日前一辰，如己酉日戌入课或到戌方或戌时出行皆不利。

解读实例四

1. 时间： 壬申年、丁未月、丁未日、戊申时，丑位，问出行如何？

2. 实例课式：

辛
丙午（朱雀）
庚戌（河魁）
丑

3. 解读实例：

（1）以月将庚戌用爻火库，与地分丑僵持之刑主办事不顺利。

（2）火旺土相主斗争之事及争田宅事。

（3）天干辛金入火中主血肉之灾，血光之事，庚辛申酉在外亡，若加火上必刀伤。辛金若逢下克上，血肉之灾无避方。

（4）以天干辛与神干丙合，化水救于辛金，虽凶化吉庆。

（5）内两土泄火气，生金救之。

（6）丁未月日助午火，戊申时助于阴金。但是丑是金库，因丑被日、月冲破主破库不能容金，只有外来火克之，损伤。

（7）问事时是劫煞时，主凶灾。

（8）地分丑受月日丁未冲破主伤腿脚。

（9）丁日的五鬼戌亥位，出行不顺，戌亥主碰五鬼，得车祸，伤脚。

（10）丁未日前一辰戊申时是天罗地网，主斗讼官灾事，囚禁牢狱事，其车祸已经处理，囚讼事（应验）。

解读实例五

1. 时间： 壬申年、戊申月、辛亥日、午时，巳位，问出行如何？

2. 实例课式：

癸
癸巳（螣蛇）
壬辰（天罡）
巳

3. 解读实例：

(1) 用爻壬辰将，落于巳位为地结，不宜出行，主出行有斗打官灾，被官府中囚禁，扣压。

(2) 以日亥卯未驿马在巳时出现此事。因课内见两个驿马，又是日冲，主一日之内凶灾，课内见癸巳时出现凶灾。

(3) 天干水克火，又辛亥日冲于癸巳火，主火无力，死水中，又以课内火生土，水克火死。应验于巳时，并死于水沟内。

(4) 由于刚下过雨路滑，被撞倒摔于沟内死。

(5) 其子女幼年有一次水灾被救活，这次是死于水沟之内。

(6) 以神与天干为外爻，将与地分为内爻。来问事者为内爻，受害者为外爻。

(7) 以将壬辰水库克死巳火理所当然。

(8) 凡出行忌地结天盘。

(9) 日前一辰为天罗，对冲为地网。子是天罗、午是地网，主逃不掉此事。

(10) 没有木生火，没有年月日时土克水，若有则得救。

(11) 火加土争斗生气因妇女，验。

解读实例六

1. 时间：壬申年、壬子月、庚申日、辰时，申位，问出行。

2. 实例课式：

甲
甲申（白虎）
辛巳（太乙）
申

3. 解读实例：

(1) 以辛巳为用爻，辛主道路，巳主虚惊，并且自身克制。

(2) 甲寅旬中金为四大空亡，凶神不凶。

(3) 天干甲木生将巳火主外生内，外约内、外寻内。

(4) 以将克神主出外顺中有阻隔。

(5) 今天巳时在路上叉路口处被两个车夹于中间，受了一场虚惊。

(6) 庚日见寅卯主五鬼入课有凶灾，天干甲为寅之本主有凶灾，由于金空只主一场虚惊。

(7) 以申子辰劫煞在巳，天干甲是驿马主快，所以巳时一定注意。

(8) 十一月巳为天德，今天逢凶化吉，差一点出车祸。

(9) 冬天巳火无力，但课内旺，无凶事，若休死囚主大凶。

(10) 辰时问事见巳火主生气斗争，验于巳时。

读实例七

1. 时间： 壬申年、丁未月、癸巳日、丁巳时，未位，问外出去南方如何？

2. 实例课式：

己

辛酉（太阴）

庚申（传送）

未

3. 解读实例：

(1) 取用爻，申金传送，主奔走之神，土生金应动于六月，因地分未为月建，主一月内之事。

(2) 取外二土生申金，主三人同行。因甲申旬中见申金为四大空亡，主事情成中有败、虚情，又可以三数论之。

(3) 取二金受日、时克制，金在四大空亡上，求谋一半成。又主发生斗讼口舌及斗打事，今见神干与将干都是金，共四金主斗讼神，应在路途上发生赌钱斗讼，应。

(4) 将神比主亲属，朋友相随，或到朋友家停留，由于神干与将干比主受另一个朋友相约而去。

(5) 方生将为欢美婚姻，见到朋友结婚。

(6) 取甲申旬午未落空，见金为四大空亡，由此观来一切都是虚假的。

(7) 天干己土生神将，主外赠给财物，或僧道赠物品，并得到佛仙助之。或在庙内得一些结缘信物，别人给于礼物。

(8) 天干己是天月德，合主贵人助。

(9) 由于用爻空无力可得，或不满意而归。

解读实例八

1. 时间：壬申年、壬子月、己巳日、辰时，亥位，问出外寻人。

2. 实例课式：

乙

乙亥（天后）

壬申（传送）

亥

3. 解读实例：

(1) 以申传送之神，主出外奔走。

(2) 以用爻申生外主出外且是两个人，将干壬生神干生天干，出外寻人。

(3) 以将克干喜事重重，求财得求名遂，一切顺利，衣食丰足。

(4) 以将与神方相刑害，主与位相害，主自己谋害他人。

(5) 甲子旬中见水为四大空亡，主有谋不害之理。

(6) 凡求人望事，主散而必聚，失而复得。

(7) 以内生外主出外顺利，寻人得见。

(8) 以用爻是真太岁，主你本人是一个实权正职的领导。你寻找的那一位无权有职，因乙卯是权柄，受太岁绝主无权。

(9) 凡见绝者遇水不绝，因水生木，水泄金气，故不绝。因水在空位无力管闲事，还当绝论，凶不太重。

以上全部应验。

解读实例九

1. 时间：癸酉年、丁巳月、戊子日、乙卯时，亥位，问出国学外语如何？

2. 实例课式：

癸
辛酉（太阴）
丙辰（天罡）
亥

3. 解读实例：

(1) 以丙辰用爻，以丁巳月问事，主相者有力，占事已联系过却无结果。
(2) 以丙辰月将合辛酉神叫做天地合处，应求谋有成。
(3) 以将生神生天干癸主应出外，主出外学习能成。
(4) 又甲申见金主四大空亡，只主空合，求事难成或不成。
(5) 又日干合天干，主巧合完成。
(6) 以卯时害于辰，主别人谋害。
(7) 以丙辰合于午酉太岁，主能成。
(8) 求事应成，将神占月不出月，验于本月。
(9) 今天是天马日主快。
(10) 以丁巳是日上劫煞，主本月内完成。
以上完全应验。

解读实例十

1. 时间：癸酉年、丁巳月、庚寅日、未时，申位，问出行？

2. 实例课式：

甲
甲申（白虎）
乙酉（从魁）
申

3. 解读实例：

(1) 自下而克上主有人出外，主不顺利。又以三金克天干甲木主兄弟三人出行。因同类为兄弟朋友，平辈之类。

(2) 甲申旬中见金空主你三人空手前进。

(3) 由于金空旺，见夏天丁巳火主军人或军官，因将乙酉是太岁，逢空主有职无权，或兼职，代理领导职务。

(4) 今天出行与日相冲主伤灾损财，由于落空见别人车出事，即算一带而过。

(5) 又凶神落空，凶事消除。

(6) 以将干乙是月德合处，能化解凶灾，忧转喜。

(7) 出行不顺见凶灾事。

以上全部应验。

解读实例十一

1. 时间：癸酉年、丁巳月、庚寅日、申时，戌位，问出行如何？

2. 实例课式：

丙
丙子（玄武）
丙戌（河魁）
戌

3. 解读实例：

(1) 以丙子玄武用爻，主盗贼事出现于外爻，你在路上应被贼所盗。

(2) 天干见丙主烟光，见玄武克必主被贼盗两次，及口舌斗打事。因子午相冲必主斗打事。

(3) 以将克神，神克天干主出外，顺中有阻。

(4) 今日驿马在申时，主出行时很急。

(5) 凡课中见财动主你家中有出外求财之人。以财伤官，反有官司连累。

(6) 内爻见二土又是戊土主你家内有斗打官司，且是兄弟斗打，因同类为兄弟。

(7) 内见两戊土，主你被犬咬伤或被犬惊吓。因戊土是犬。

以上全部应验。

解读实例十二

1. 时间： 癸酉年、乙卯月、丁亥日、己酉时，午位，问回山东如何？

2. 实例课式：

丙

戊申（白虎）

丁未（小吉）

午

3. 解读实例：

(1) 以用爻丁未，主开会或聚会。地分午合于未，内爻合主家内欢美婚姻。

(2) 取月卯，日亥，用爻未，构成亥卯未三合木局，主会合事。又以年酉，时酉，克木局，主变动特快。

(3) 甲申旬中午未落空，金四大空亡，主求谋无力。

(4) 以四位皆空，主自己听从别人指挥。

(5) 以将干丁火生神干戊土合年干，申酉为兄弟，都空主不能见面，以干论能见一时。

(6) 二月见丁为飞廉，主动而迅速，以日亥卯未驿马在丁巳主快动，二月见申为天马，三者同入课主三个计划。第一是通过别人留在深圳；第二到清远；第三回家。

(7) 空主随风动荡，很快回家来。

解读实例十三

1. 时间： 壬申年、乙巳月、甲午日、辰时，午位，问外出何时回家？

2. 实例课式：

庚
丙寅（青龙）
甲戌（河魁）
午

3. 解读实例：

(1) 寅午戌合火局，此时隔角合局顺中有阻，成中有败，合中有分。

(2) 以火局克天干庚金以鬼动论之，主灾怪，又主斗打在外，或争讼在外之人。

(3) 金陷于火中主车碾道路凶。

(4) 以青龙干丙为天德合，逢凶化吉，死而复生；天干见庚为月德，主解百祸之忧危，死而复生。

(5) 今天日干甲，在巳午是飞天五鬼，主凶灾车祸，路途凶灾。

(6) 飞符，甲在巳在巳月巳日辰时主斗讼之事。

(7) 回来的路上两车相碰，伤三人没有死。因下克上主伤头部，见血光。

(8) 辰时冲戌土，甲午旬中辰空无力冲戌，又主发生冲突。

以上全部验证。

解读实例十四

1. 时间： 甲戌年、辛未月、辛酉日、戊戌时，问刘先生去何方？何时回来？以酉为地分。

2. 实例课式：

丁
丙申（白虎）
癸巳（太乙）
酉

3. 解读实例：

(1) 取丙申神，又主奔走之神。主申时应来到，取甲寅旬见申为四大空亡，他只动没有来到。

(2) 以戌时的驿马，在申主在半路或马上都来，以戊戌时合课癸巳主先回家，以戊戌时合癸巳将主回家。

(3) 以将巳合丙申空合，天干丁巳火合丙申，主家有人寻他，外面人也寻他。

(4) 以巳酉无丑主本人向东北方位出行。

(5) 以日干辛合酉，落处为天地合处，以月将加时落丑位。

(6) 以丙申入丑金库，主出行丑方位，三者同。

以上全部应验。

解读实例十五

1. 时间：甲戌年、辛未月、癸亥日、庚申时，丑位，问人何时来？及婚姻如何？

2. 实例课式：

癸

丙辰（勾陈）

癸亥（登明）

丑

3. 解读实例：

(1) 以丙辰用爻，天马主快来。

(2) 以神丙辰合辛酉主辛酉时天地合处。

(3) 以天干癸水克神干丙火，想来。

(4) 以今天日干癸主今天戊午时动身。

(5) 动于丙辰时，来于辛酉时。

(6) 以癸亥将与日同主今日之事，故今日来。

(7) 以用爻丙辰被太岁冲主今年斗打斗讼事。

(8) 以勾陈用主连累别人斗讼，斗打。

(9) 勾陈妇女好争张，因神方比主情妇争张事。

(10) 以神干丙火与天干癸水，将干癸水绝，一火不能绝二水，反被二水绝一火，主两妇女制一男子。

(11) 以神将克冲绝主夫妻断绝，以庚申时合辰得水局不被土克，主绝处有合。

(12) 以午亥水绝，如见土不绝，因土泄火气，土能容水，辰是水库，主不绝论。

(13) 水加土主防妻，主三者婚姻，主妇女孤寡。女问事主寡妇，男问事主后妇多或情妇多。

以上全部应验。

解读实例十六

1. 时间：癸酉年、丙辰月、丙戌日、壬辰时，丑位，问刘老师何时来？

2. 实例课式：

己

甲午（朱雀）

甲午（胜光）

丑

3. 解读实例：

(1) 以甲午将胜光，主办事忧愁。

(2) 以神生天干己土，将生地分丑土，叫相生分局课，主一事分成两事，或一分为二。

(3) 以神将比主门户亲朋。

(4) 甲申旬中午未空，主事原来有一个计划，后变更了两次。

(5) 以将干甲与神干甲比，主两个人同时来。

(6) 以将干甲神干甲木同生将神，主自已相生，又主来一家人或四个人。结果一家四口全来。

(7) 以神将干合今天干己主己丑日合处。

(8) 又可定为甲午日来，第一过旬空，第二进入夏天火旺为应。由于空，变更于甲寅旬己未来到。

(9) 由于用爻落空，计划一变再变。

以上完全应验。

解读实例十七

1. 时间： 癸酉年、丁巳月、己亥日、癸酉时，辰位。问出外办事如何？

2. 实例课式：

戊

戊辰（勾陈）

丁卯（河魁）

辰

3. 解读实例：

(1) 以丁卯太冲主盗贼事，及兄弟分张事。

(2) 以一木克地分辰土克贵神勾陈土主分张事，又主今天的斗讼事。

(3) 以一木见三土主隔节不通，办事特难。

(4) 以将干丁火生外二土主寻人可见，求事难成。

(5) 以三土，今天求占迟缓。

(6) 以丁为驿马合壬申，主申时能成，以将干丁取合。

(7) 又戊辰合癸酉时主有助，故能成。

(8) 以将受三土刑，主办事难，应以将干丁用。

(9) 以甲午旬中辰巳落空主无力，只能相见，不能成功。

以上全部应验。

解读实例十八

1. 时间： 癸酉年、甲寅月、辛巳日、己亥时，申位，问到家后能办成几件事？

2. 实例课式：

丙

戊戌（天空）

丙申（传送）

申

3. 解读实例：

(1) 凡求事分主客，外生内外求于内。

(2) 将干生神干主喜从内起，主内外和合事。

(3) 以用爻天空主虚诈不实，达不到原定计划。

(4) 神将相生，由于申金空主空生。

(5) 神干合于年干癸，主有贵人助。

(6) 以外二火生戊戌土，主成两件事。由于午亥相绝，主顺中有阻，喜中不喜。

(7) 以外火生内土，主有人送物。火主妇女送物，送两盆好花。取丙火为鲜艳、美丽漂亮。

(8) 以申是行移之神，落空主空行，主坐飞机空中行。

以上全部验证。

解读实例十九

张老师问出行到内蒙古顺利否？

1. 农历时间：2010年十二月十六日，未时。

干支时间：庚寅年，己丑月，甲戌日，辛未时。

月将：子　日空：申、酉　四大空亡：无

2. 实例课式：

庚			金+休
丙寅	(青龙)		木+相
乙亥	(登明)	用	水－旺
午			火+死

神煞：

人元——天德，月德

月将——天德合，月德合，劫煞

地分——丧车

3. 解读实例：

(1) 三阳一阴以将神乙亥为用。

(2) 课中四位五行不受克者为旺，故水旺、火死、木相、金休。

(3) 寅申巳亥四游神，又将神克地分，五动见鬼动、天干见庚为驿马、皆为出行之星号为远方出行。

(4) 见寅午而无戌可断到西方去。

(5) 用神在课中旺，现又为冬季又得季节之旺，见三奇办事可成，出行顺利。

(6) 见驿马主快，今日戌时三合局齐全为出行之时，或明天真日建提前入课主贵神占日不出日也可。

(7) 问是自愿去的还是邀请去的？

答：取贵神寅与亥合说明是别人邀请去的，别人主动来合我说明为邀请，因寅亥合为生合说明两人关系非常好，寅木不仅合亥水而且还合地分午火说明还邀请着别人，那么将干乙木来合天干庚，天干庚又为寅之领导说明又和寅木的领导有关系，天干庚来冲贵神寅但是为空冲没有起到实际的作用，说明只是心里存有这个念头，现青龙寅木乘旺气不好惹，虽不为正头但有相当的实力。

(8) 问有几个人接我？

以课中见三合又见六合，一片合局说明去的不单是两个人应在四个以上，为团体出行。

(9) 取贵神为邀请的人，丙寅为太岁在课中旺说明此人为一领导，但不为真太岁只能说明是副头，青龙寅木为文官课中旺此人学历较高笔杆子较硬，寅的干是丙为其外衣的颜色，丙为红色说明这位领导穿一件红色的上衣。

(10) 这个青龙带有火说明脾气暴躁，寅木旺坐下有水生主个子高大威猛。

(11) 问求财顺利否？能求多少财？

答：取我方为客人看主客之生克论其成败，天干克贵神说明可成，但金休而空主我方无力，课中见半三奇合大吉，半三奇不受空亡制约，可取丁为用，财爻亥水旺克地分午火可得财，丁为三数，三千、三万、三十万。三千是不可以的，三十万也是不可以的，可取三万为得财之数。

(12) 问去哪里干什么？

答：取寅亥相合为找龙去了，找龙就是找龙穴，也就是看风水去了，取合看事体寅亥合寅有着一定的目的，而张老师的天干乙木又去合天干庚金说明张老师要找的的是天干庚，但是天干庚金落空了乙木成了一空合，看来是不太理想。

(13) 问邀请人是做什么行业的？以及公司情况？

答：取贵神寅木所主，入式歌云：寅申巳亥为房屋，青龙神树并枪刃，这个寅木是带有神气的，说明与周易神鬼或与房屋建筑之类有关的企业。

(14) 若断邀请人公司情况就要变更着看，现在天干与贵神相战，说明领导与领导之间不睦，月将与地分又是相绝，说明下面的员工也是不睦互相排挤。

(15) 取丙寅旺为公司有实力特别在今年挺进一步，天干见庚前方有大路见丙火克为十字路口附近，后面有河一条，旁边有树数棵因得水生故而树木旺盛。

(16) 寅午无戊可取公司老大坐于公司的西北方戌地，青龙又为关二爷主信奉关二爷。

解读实例二十

张老师问昨天有人邀请出行去了哪里？什么方向？求财还是求官？

1. 农历时间：2010 年十二月十八日，巳时。

干支时间：庚寅年，己丑月，丙子日，癸巳时。

月将：子　日空：申、酉　四大空亡：无

2. 实例课式：

乙			木－旺
乙未	(太常)		土－死
庚寅	(功曹)	用	木＋旺
未			土－死

神煞：

人元——天德合，月德合

贵神——天德合，月德合

将神——天德，月德，驿马

3. 解读实例：

(1) 三阴一阳取阳为用，将神庚寅功曹为用神。

(2) 二木克土，木旺土死，寅木又为太岁，主旺上加旺。

(3) 寅是丙子日的驿马，论事主快，占有主动权。

(4) 人元乙木克地分未土为妻动，今天吃饭是因异性事请客吃饭，事实证明是朱总为了留住他的员工，为员工的妈妈求治糖尿病的秘方。朱总是女的，员工是男的，除此之外还有邱总是女的，请吃饭的是男的。又取人元乙木，神干乙木，同时和将干庚金，此次请客是两个人都约定了一个人吃饭，而是二者合一的聚会。

(5) 将神寅木克贵神未土为财动，吃饭的最终目的是，邱总想通过吃饭知出外求财，出国求财，是否顺利？由于财动主出外求财，见驿马主在外游动，不宜在家。

(6) 天干和贵神同时来合将神庚金，说明被两个女人请走，见驿马出行很急。

(7) 取三合论方向，课见卯未而无亥可断到家的西北方去了，或者是属猪的人请去。邱总恰恰是属猪的。

(8) 以五动见财动以求财论之，为出外求财之事不为求官论。

(9) 人式歌云：太常五谷酒食宴，边吃饭边谈事，今办事其中有女人两个或宴会上有两个女人，歌云：小吉妇女酒食宴，一切应验。

解读实例二十一

张先生今天下午出行办事，看顺利否有无口舌之争？

1. 农历时间： 2010年十二月十七日，午时。

干支时间：庚寅年，己丑月，乙亥日，壬午时。

月将：子　日空：申、酉　四大空亡：无

2. 实例课式：

壬			水＋死
丙戌	(天空)	用	土＋旺
丙子	(神后)		水＋死
午			火＋休

神煞：

月将——天医，吊客

地分——丧车

3. 解读实例：

(1) 重阳之课取贵神为用。

(2) 土克水、水克火、故土旺、水死、火休。

(3) 辰戌发用无不斗讼，故今日有口舌斗争。

(4) 天盗入课须防贼人，见贼动主丢失东西。

(5) 见干克方出行不顺，日前一辰为天罗对冲地网更无疑，天罗地网都入课主此事避免不了。

(6) 入式歌云：土行水上争庄田，主有争地盘事。

(7) 以上所看今日不宜出行，出行破财。

(8) 事实证明了课内的生克之理是正确的，此行做事完全符合了课内的哲理。

第三章　婚姻如何

解读实例一

一女大学生问婚姻如何？

1. 农历时间：1994 年十一月二十四日，晚 7 点半。

干支时间：甲戌年、丙子月、丙戌日、戊戌时，亥位。

2. 实例课式：

　　己

丁酉（太阴）

庚寅（功曹）

　　亥

3. 解读实例：

(1) 取月将庚寅、旺相于冬天，主你是一个学习很出色的学生，肯定你是中文系的优秀生。因寅主文字、文书、文秘。

(2) 取庚金冲寅木，你在升学时重复一次，重读一年。

(3) 你 1992 年-1993 年谈三个对象，有一个是你的东边方位的，你们发生了夫妻关系，延续到 1993 年十月份分开了。因神干丁火合将干庚金，主他合你，你始终不满意。在阴历六月份他又爱上了一个女子，到了八月中旬被你发现，进入九月彻底断绝关系。

(4) 取将寅木合地分亥水，主你在今年十月份乙亥月爱上一个国外读书的华人，因课内旺相酉，取巳酉丑驿马在亥。所以说在国外读书。

(5) 取地分己亥水生月将庚寅，主他爱你，在十月份完成的。

(6) 取寅与亥合主你明年结婚。

(7) 取用爻寅、合日丙戌为媒介，为你介绍对象的那位红娘五十岁左右，胖胖的身体、团圆的脸形，他在你家的正西偏南三十度，他与你家有亲属关系。因寅午戌合局为一家人，为亲属、朋友。

那位大学生听完我的断语，不禁目瞪口呆，连说：你真神，全测对了，由此看来预测学的确是门尖端的科学，谢谢张先生。

解读实例二

1. 时间：癸酉年、丁巳月、戊戌日、戊午时，子位，写“一”字，问婚姻如何？

2. 实例课式：

壬
癸亥（天后）
甲寅（功曹）
子

3. 解读实例：

(1) 以天后用爻主阴私暗昧不明及奸淫事。

(2) 甲午旬中见水为四大空亡主无此事。

(3) 以神癸亥合甲寅，主两人追你，但不能成。

(4) 以寅午戌劫煞在亥，主妇女有外逃之事，因外情奸私引起，外合于内出不去，只能代表有些想法。

(5) 以神生将合将，主其人爱上亲戚家之人或故友家之人。

(6) 夏天见甲寅木为天喜，主喜事两重。外生你，外边追求你的人很多。

(7) 以三水生木，想你的人都是空想，因水在空上。

(8) 日干戊合神干癸，主有领导有真情动。

(9) 以亥用，主这一生婚姻复杂多变。

(10) 由于空合，不能结为夫妻。

解读实例三

1. 时间：甲戌年、辛未月、壬子日、乙巳时，酉位，问婚姻如何？

2. 实例课式：

己

丁未（太常）

庚戌（河魁）

酉

3. 解读实例：

（1）取用爻为月将戌土穿地分酉金，主你们婚姻开始都不顺，因地分和月将为开始。

（2）结婚后两人僵持不下格格不入，因神与将为婚后，未与戌为恃势之刑。神干丁与将干庚明合暗刑，有分离之象或动两次离婚之心都没有离，因你们两人各有外情，谁也不管谁啦。这位男子低头一笑。

（3）两人能不能白头到老，从课内论之很难白头到老。因用爻是太岁，主坚强而固执的男子主义。你的妻子是月建太常木上也是能言善语，你就是烦她能干，不能全力依附为你做贤妻良母，你们只性格上不合对吧？（每次打斗都是因她逞能，我看不习惯她的为人。）

（4）取三土生一金，主土多埋金，又主土旺，金相，酉金阴私事，主有阴私通信，或有赏赐事。

解读实例四

1. 时间：癸酉年，丙辰月，甲子日，己巳时，辰位，问婚姻如何？

2. 实例课式：

戊

丁卯（六合）

壬申（传送）

辰

3. 解读实例：

(1) 用爻丁卯六合主婚姻合和事。

(2) 以六合木被将申金绝主争婚姻，中介人发生斗讼。

(3) 又以神干丁火合将干壬水，占事有成。又以甲子旬中水落空，合而不合，只合没定，应开始于1987年。丁卯合于1992年壬申，绝中有合，合中落空，主事反复多次，到1992年恢复正常，但是没有结婚，必须到十月癸亥，取乙卯日或辛卯日即可组成亥卯未三合木局，主婚姻和合事，或壬癸辛三奇人合主一生夫妻和睦。

(4) 以天干土落神六合木上，主隔节不通，故开始不顺利。由于丁火生天干，主没断关系，还爱对方。

(5) 以神与将绝，神干与将干合，主绝中有和合，结婚后不顺利，发生斗打及常有争执。

(6) 以将申与地分辰，借今天的子成三合水局，主晚年幸福，又主晚年孤独，以地分辰主孤寡妇人，即临终定孤独无儿女在跟前。

解读实例五

1. 时间：壬申年、辛亥月、乙卯日、申时，亥位。问婚姻分离否？

2. 实例课式：

丁

丁亥（天后）

辛巳（太乙）

亥

3. 解读实例：

(1) 以太乙将辛巳用爻，主气索之事，冬天巳火死无力。

(2) 以地分冲于太乙将，主婚前应分离没有分离成，因乙卯日生巳火合亥水，介绍人是双方的亲属。

(3) 以神干与将干互相冲克主分散事，应不是结发夫妻。

(4) 以将干生神支主妇女有连累之事，又连累孩子，想复婚却未复成。

(5) 由于申时合于巳主有外情动心。

(6) 申害亥其情人想谋害原夫。

(7) 由于卯日合于亥水，主男有外情三角恋爱。

(8) 有两亥，其男应分散两个，应验。

解读实例六

1. 时间：壬申年、戊申月、己酉日、壬申时，寅位，问婚姻如何。

2. 实例课式：

丙

庚午（朱雀）

乙亥（登明）

寅

3. 解读实例：

(1) 一女子问婚姻成否？问婚以将与地分为开始，因地分寅合亥，六合主欢美婚姻，又以冲破空不成或成中有分。

(2) 地分寅受岁冲，受日己酉绝，月破时冲主事体反复多次。

(3) 将受年月日时害无力，主有别人争婚姻。

(4) 甲辰旬中寅落空，只是空合，现在没有完全定下来。

(5) 以寅与亥合必须到十月才能完成。

(6) 巳酉丑驿马在亥，应在辛亥日天地相合成。

(7) 最后没有成，因落空亡及冲破，双方都不满意。应验。

(8) 如以贵神用爻主神与天干配。

(9) 若问婚后以神将配合。

解读实例七

1. 时间：癸酉年，丙辰月，癸酉日，己未时，卯位，问婚姻如何。

2. 实例课式：

乙

戊午（朱雀）

丁巳（太乙）

卯

3. 解读实例：

(1) 以天干生午火，开始顺利，外求于内。

(2) 以三月见午飞廉主宜速不宜迟。

(3) 以外两木生内火合局相生课主争婚姻。

(4) 将干丁火生神干戊主合局相生事和乐，又主门当户对爱好结婚。

(5) 本应另有心中人，以午朱雀合于未时，验有一位同学。

(6) 以此课论，结婚后是美满婚姻。

(7) 以外生内主家和对方无意见，对方求己。

(8) 外生内，家中很富，火旺相主官禄名利。

(9) 以木生午火是一个官职家庭及有官之人。

(10) 以甲子旬中问事，无空亡，占事有成。

(11) 以天干乙，地卯受日冲受年冲，主外人干涉。以上完全验证。

解读实例八

1. 时间：甲戌年、辛未月、癸亥日、辛酉时，辰位问婚姻如何？

2. 实例课式：

丙

丁巳（螣蛇）

癸丑（大吉）

辰

3. 解读实例：

(1) 癸丑落旬空，主最后一天，主占事已成四分之三。

(2) 巳丑合酉，成三合金局，甲寅旬见金落空，主空合，没有完全定下来。

(3) 以酉时为介绍人，以巳为男，丑为女方，主男无意见，介绍人与男方是亲戚关系。酉入丑金库主介绍人求女方，由于丑落空主动荡，没定下来。

(4) 本人写字，以辰为位，巧合辛酉时为天地合处。由于甲寅旬见金为四大空亡主吉凶不成。

(5) 以将干癸水克神干丁火主本人有变，癸是今日的干，主本人当家。

(6) 取丙丁无乙取乙丑日，乙丙丁三奇合处是决定成败之日。

(7) 总论，此婚姻主成合，是一种巧合。

以上全部应验。

解读实例九

求测人：王先生求测婚姻，老婆和他的关系如何？

1.农历时间：1997年正月初九日,未时。

干支时间：丁丑年、壬寅月、戊子日、己未时。

月将：亥　日空（午、未）　四大空亡（金）

2. 实例课式：

壬			水＋死
癸亥	（天后）	用	水－死
丙辰	（天罡）		土＋旺
子			水＋死

课内神煞：

人元干（壬水）——天德合

贵神支（亥水）——吊客

将神干（丙火）——月德

地分支（子水）——病符，截路

3. 解读实例：

(1) 三阳一阴，以阴为用神。占事以阴定，宜迟不宜速，宜静不宜动，问事主女人。

(2) 用爻死，谋事不能遂自己心愿，求之无益。

(3) 将克神为财动，财动利求财，内克外谓之财动，求财必得。占官定不谐。求婚后不和谐。

(4) 干方同兄弟动，兄弟动凡占事在比肩朋友，为争执不和之象，主同学、战友、朋友，你们是自谈的恋爱。

(5) 课内：人元壬水是天德合。主其人皮肤是玉白色，取人元论其颜色，其脸型偏长。

(6) 课内：取用神知其形状，如亥水旺相与亥水死不可以同论，由于天后亥水死，此女孩称不上美女。

(7) 课内：取神干癸水克将干丙火，论婚后关系，开始由你挑起是非，后来反而由他制约你，因辰土又克亥水。

(8) 课内：又取地分子与将神辰合为半水局，此水局为争执斗打格局，所以说，你们家不得安宁，常有口舌斗打事。

(9) 课内：取人元与贵神比主你们婚恋开始都不顺，都有外人干扰你们，又因人元与贵神为婚姻的开始。

(10) 课内：取用神癸亥水，此女人很有个性，总想独揽家庭大权。

(11) 课内：又因为自己能力不够，将家庭的各种事情处理不当，引起了家庭的系列纠纷。其理由是亥水在课内是死的。

(12) 课内：亥水又落于贵神的位上，主阴人主政，由于死而无力，所以自己劳心劳力、出力不讨好等各种压力，所以说你们两者的关系现在已经非常僵局，因为孩子及财产连带着你们的夫妻关系，所以说不可离婚。

(13) 课内：可以改变自己的心态，改便自己家庭命运，定能改变你们的夫妻关系，你们的晚年还可以幸福。其理由是地分与月将属于晚年的关系，由于地分子水和月将辰土虽是争执斗打格局，但是合局，所以说在争执中度过晚年。

(14) 课内：亥寅贵神、月支六合。

(15) 课内：将克干，喜事重重，求财必得，求名必遂，科举上榜，宜远行，如问婚姻，总有向外索取之心，所谓的索取是有贼心而无贼胆，也正如古人所说，吃着碗里的看着锅里的。

(16) 课内：将克方，斗讼官享，小孩不安，自身有伤，又有损失，家宅不宁，财帛破散，论婚姻主合中有克，有流产，伤小孩之事。

(17) 课内：由于用神是吊客、是凶神，又因为凶神在课内死而无力，主你妻子暗藏自杀之凶器，你千万不要再惹她生气，否则她会出大事。

(18) 说明：通过分析，感动了王先生，自此后改变了他的个性，改变了家庭命运。其原因是找到了他的死穴，给他了解决办法。

解读实例十

求测人：李先生求测恋爱

1. 农历时间：1998 年闰五月廿六日，巳时。

干支时间：戊寅年、己未月、丁卯日、乙巳时。

月将：午 日空 (戌、亥) 四大空亡 (水)

2. 实例课式：

癸			水 - 休
甲辰	(勾陈)		土 + 死
甲辰	(天罡)	用	土 + 死
卯			木 - 旺

课内神煞：

贵神干（甲木）——六甲 天德，月德。

贵神支（辰土）——天马，丧门。

将神干（甲木）——六甲，天德，月德。

将神支（辰土）——天马，丧门。

地分支（卯木）——天喜，截路。

3. 解读实例

(1) 二阳二阴，以将神为用爻，以阴阳辨男女，取事以将神为主，关于事情成败吉凶当以用爻旺相休囚死来论。用神辰土死。主自身素质差，又主办事能力差。

(2) 用爻死，谋事不能遂自己心愿，求之无益，劳心劳力。

(3) 神克干为官动，官动利求官，官禄变动，官职大利。若逢驿马，必然迁官转职。若问恋爱，主晚婚，这次恋爱如果是第一个肯定不成，由于辰土克人元癸水，内克外，自己索取心太强，爱心不够，所以不成。

(4) 人元癸水生神干甲木，又生将干甲木，外生内，这一个如果谈成必能够带来荣誉、财富，等于娶妻发家。

(5) 取干生方为子孙动，凡占主子孙之事，小吉。主子孙方面的事，外生内，主添人进口、外来财物。论恋爱主怀孕后再结婚，这种格局，在当今社会大有人在，如果人元克地分，可定为婚前流产等现象。

(6) 癸阴水，主你所找对象是柔情似水的柔性女子。

(7) 课内：贵神被地分所克，被地分所害，未来的孩子克制你，高于你，强于你，和你关系不好。

(8) 课内：将神被地分所克，被地分所害，其孩子害母亲，损家庭财产，因为地分虽是天喜，主有喜事，生孩子是喜事，地分又为截路灾煞，又是凶神，所以说喜的背后带有烦恼。

(9) 论婚姻总有高攀的心态，又见人元生将干，论事为将外人引于家内，其人与老公相识，其理由是人元生将干的同时，也生神干。

(10) 课内：方克神，论婚姻主有了孩子以后，老公身体很快衰落，关系不相和谐，方克将，论恋爱结局不好，论婚后结局也不好，方与将的关系是万事结尾的关系。

解读实例十一

求测人：张女士问她丈夫是否有婚外情？

1. 公历时间：1999 年 5 月 26 日 22 时 45 分 (北京时间)。

农历时间：1999 年四月十二日，亥时。

干支时间：己卯年、己巳月、戊寅日、癸亥时。

月将：申　日空 (申、酉)　四大空亡 (无)

2. 实例课式：

辛			金－死
辛酉	（太阴）		金－死
戊午	（胜光）	用	火＋旺
酉			金－死

课内神煞：

人元干（辛金）——天德

贵神干（辛金）——天德

3. 解读实例：

（1）课内：三阴一阳，以阳为用爻。占事以阳定，宜速不宜迟，问男人之事。

（2）课内：用爻旺相，事情发展顺利，做事有始有终，论婚事多遂自己心愿。

（3）课内：将克神为财动，论婚姻主自己克制于外，控制于外，他非常能控制对方。

（4）课内：干方同兄弟动，所谓的婚外情是同学、亲属、平辈的关系。

（5）课内：辛金为外，死于课内，即使婚外情，不怨女方，全部责任在于你老公，因火克金之理。

（6）课内：辛酉金是纯正的金，落在将神的火内，被将神午火所克，你因此事被折磨的苦不堪言，又因太阴本主阴私事，由于受将神克，主因私事而闹矛盾。

（7）课内：戊午火在课内旺相，主老公长的个头高大，英俊，文才出众，才惹出这么多麻烦事。

（8）课内：又论由于戊午自坐帝旺，其性格比较暴烈。劝你不要追问他的隐私，否则你们会分离，其理由是神将相克相绝。

（9）课内：取将神午火克人元辛金，老公在外，名利双收，荣耀重重，特别是在寅午戌年，必获大成就，求财必得，求名必遂，宜出国远行。

（10）课内：取将神午火克地分酉金，老公对孩子管的过分，导致父子不和，你们家的财产都是他的功劳所获，其理由是，他克地分，他控管这个家，控管这个地方，他显然很霸气。他又将此财产视为粪土。

(11）课内：取地分酉金被将干午土生之，又主土来埋金，所谓的土来埋金就是，对孩子关爱过度，导致孩子的逆反心理。

(12）课内：你们两个的关系，虽有破裂，但没有分散之理。

(13）课内：又因将干生神干，从常理来说，就是他能打哭，他又能把你逗笑，既管你，又那么疼爱你。你说对吗？她笑了，她说事情就是这么样。跟他离婚吗？舍不得，忘不了他的关心和爱戴，与他继续生活，又经常受到他的臭骂和毒打。想来想去，总是一忍再忍，要么我们早就分手了。

(14）课内：如果说你们想分手，应该在于1906年（丙戌年)，这一年因为午火最旺的一年，酉金受克又受害的一年，在这一年你真是受尽了折磨，吃尽了苦头，流了很多眼泪，这也是对你一次严重的考验。最严重的月是农历的戌月，最严重的时间是戌时（7~9点)，这些语言给了张女士一个深度的回忆。她又流下了眼泪，很痛心地问道，我的命就这么苦吗？

(15）课内：我说你愿意改变就可以马上改变你的命运。她说能吗？真的行吗？我说一个人想改变别人是万万不能的，要想改变自己瞬间可以改变。我可以给你制造一种改变命运的方案，你去认真地做，一百天内必见大成效。她开始还带着怀疑的眼光，后来她就成了追星族，成了我的客户，其结果她个人的命运、家庭的命运、以及孩子的命运都得到了翻天覆地的变化，这种改变是能量的改变，从本源上的改变，本质上的变化，所以她每次来都那么从容的笑颜常开。都给我们带来很多礼品，以表心意。

第四章　求人如何

解读实例一

问求人办事怎样？

1. 时间：壬申年、壬子月、辛酉日、壬辰时，酉位。

2. 实例课式：

　　丁
戊子（玄武）
甲午（胜光）
　　酉

3. 解读实例：

（1）甲寅旬问事，子丑旬空，见金四大空亡，见之虚假。

（2）用爻甲午主忧愁惊恐文契财帛等事，由于冬天见之无力，又受壬子月冲之凶而不凶，求财办事不成，定好的事也会变更。

（3）以神克干官动，求官利，求事寻人不利，凡事必详主客和合，如干克神，神克干求也不成。

（4）以天干丁火死于冬天，主惊怪在外或见头部流血之人。在巳时打架伤头部流血。

（5）神玄武是月建有力，主画、花、书信、书法及盗贼。昨天定的是谈绣花之事，由于空亡，又神将相冲主完不成。在回来的路上见偷自行车之事。

（6）以将甲午财爻死于冬天，又死于课中求财不得反有破财之意，又以将干甲受水生之，甲木又生自身、主身有生有克破财，但求财无。

(7) 以其课论成则败之，最后业务接过来由总厂负责绣花，几万件服装绣完了花，但发现差错，厂内互相埋怨，总厂亏损二十万元。

(8) 将克地分罚工人，酉是四大空亡。工人把责任推到样品室，样品室推到业务科，工人无损。

(9) 此业务事前有占，事后果应验。

解读实例二

1. 时间： 壬申年、丁未月、戊申日、丙辰时，酉位，问求人办事如何？

2. 实例课式：

辛

己未（太常）

癸亥（登明）

酉

3. 解读实例：

(1) 用爻癸亥主气索之物，因水无体办事没定，可随变而变，贵神见土能克水，主水走向正路，此事为重要事。

(2) 因癸亥水有援是活水流动之水，再受土克主河流之水，如不受克，主泛滥之水，主邪淫奸私等。

(3) 见土克水，水有生助，主水不损反成为有用之水，就是说应损而不损。到秋冬天财增加。

(4) 见亥未可取卯日三合木局，但不利，因天干辛金地分酉金克木为坏局，主成而散，变更计划。验。

(5) 太常月建主有利于土，可用壬子日为用。以壬癸辛三奇求人见，办事成，子与亥为一家，又归于太常土控制，干与地分金作外援。

(6) 凡求事主客和合能成神生干，我求外寻人必见。由于戊申日害亥与癸合主今天可见不可成。

(7) 子日与年申、辰时三合局水，得到水助能成。

(8) 神克将主求谋难成或不成。

解读实例三

1. 时间：壬申年、丁未月、甲辰日、癸酉时，丑位，问求人办事怎样？

2. 实例课式：

乙

乙丑（贵神）

甲戌（河魁）

丑

3. 解读实例：

（1）用爻甲戌主办事迟，课内见三层土，虽成而迟也。

（2）将甲戌受日冲，时害，位刑，月刑，主用爻无力求事，只宜守旧。

（3）以人元、神干、将干三木同克内，主口舌外来家内。

（4）神见甲乙休会客，必然会相互争。甲乙木是天干，贵神是丑土，将与地分见辰戌主斗打及斗争于会间，因甲辰旬中，甲乙木落空无力，只主口舌外来不主斗打事。在开会期间外人取索没成，而发生口舌争斗。

（5）因日冲今天求事不顺利，费尽口舌一无所得。验。

（6）以甲戌用爻受各方冲来，到酉时发生斗争及口舌。因酉害戌。

解读实例四

1. 时间：壬申年、丁未月、乙丑日、戌时，午位，问求事成否？三合全身，神克人元卦。

2. 实例课式：

壬

丙戌（天空）

戊寅（功曹）

午

3. 解读实例：

（1）以课成三合全身，但是隔合主事阻隔不顺。

(2) 求事已空，顺中阻隔，成中有败。天干壬水克火局破之。

(3) 以神克天干主官动，主出外求官有得。又主家内有助本人，又于合局主一家联合办此事，或有三个人支持，应成于丙戌日。

(4) 因隔角见财动，主有求财心，应三个人合伙做交易。

(5) 木下见火主自焚烧身，求之不易，求之伤身，更忌于南方。

(6) 天干壬水被土隔于外，主不能生木，众土把木埋上，木见火为自焚为灰烬，财自尽，求谋不得反伤身之灾祸。

(7) 如木在土之上，在水之下，见于火日时主树木旺盛，必须到金月、日、时财可得也。

(8) 如隔木见火燃烧，见金砍伐，死也，见水土有救。

(9) 有财动并官动，因财得官也。应验。

解读实例五

1. 时间：壬申年、壬子月、癸亥日、庚申时，申位，问求找工作如何？

2. 实例课式：

　　庚

壬子（玄武）

癸丑（大吉）

　　申

3. 解读实例：

(1) 取癸丑用爻为空亡，主求事不成，办事无力。

(2) 取地分与天干是四大空亡，凡有求谋吉凶不成。

(3) 贵神玄武子水落空求谋不成。

(4) 取神玄武壬子合癸丑主寻人能见，空无力一拖再拖。

(5) 因此课为全空课任凭费了多次周折，托了几次熟人，我认定你最后什么也没有完成，反白忙活一个月。的确如此。

(6) 从年月时与课内的金，多人丑金库中，看来你为对方做了样品，而没完成。应验。

解读实例六

1. 时间：癸酉年、丁巳月、丙申日、癸巳时，巳位，问求事成否？

2. 实例课式：

癸

戊戌（天空）

丙申（传送）

巳

3. 解读实例：

（1）以甲午旬中辰巳空，主求谋可望难成，地分落空无力，巳时空无力，主在辰巳时出外办事不成。

（2）本人应被狗咬，且在坑边附近。应验。

（3）以神干戊合天干癸巳，主家的大门朝癸巳开，叫巽门。

（4）以丙申将主外出，故在外出现此事，又以戊戌在外爻主在外。

（5）为何被狗咬？因戌是狗，戊与天干癸合，癸是四足，戊癸化火，戌为火库、将干丙伤身，验于此事。

（6）在来时，刚离开村庄，在村外的交叉路口看到发生车祸，受到惊吓。全部应验。因申为道路，火克金叉路口，由于地分巳空于巳时，主出车祸自己被惊吓。

（7）若不落空，主本人有血肉之灾。

解读实例七

1. 时间：癸酉年、丁巳月、戊戌日、未时，戌位，问求事？

2. 实例课式：

壬

壬子（玄武）

癸亥（登明）

戌

3. 解读实例：

(1) 甲午旬中见水为四大空亡。

(2) 如空亡发用，主一事无成。

(3) 见三水一土主空课，一切空想。

(4) 见三水，主盗贼，谋害，寡妇，孤儿等，由于空只见盗取别人财物。

(5) 以地分克将主出外求财，先失后得，见空无失无得。

(6) 方克神主别人诬告，外人谋害。

(7) 方克干鬼动主忧愁，灾怪，只见别人伤灾，平地摔跤，伤骨骼。

解读实例八

1. 时间：癸酉年、乙卯月、丙申日、丁酉时，申位，问期货如何？写字为“界”。

2. 实例课式：

丙

戊子（玄武）

丁酉（从魁）

申

3. 解读实例：

(1) 以酉从魁为用爻，主今年太岁入课，求财求官等不受克，主得大财，得高官。货物多而好。

(2) 如受克主伤官损财，货物受损及不成或难成。

(3) 春天酉金囚无力，又被天干丙克，将干丁火克之主损伤。问货物无或少或不全，求财不得。

(4) 以神玄武子水把天干丙火隔于外，不能克酉金，甲午旬中见水为四大空亡，主无力克丙火，又春天火相水休空无力，神干戊自身相克主水休死，空无力克火。

(5) 以此课论，求财不得反破财。

(6) 凡购货求财等必察主客，主克客空手还之。天干生神干戊主外寻内，将干丁火生神干戊土，将金生神水，财生主，而玄武水落空主无力接货，不成。

(7) 以将地分同类主亲属联系此事。因内爻两金同生贵神水，水空无力接受，以神干戊合年干癸，主转交给有职权之人做此生意。

(8) 以货求财，应在夏秋天财旺，可得。

以上完全验证。

解读实例九

1. 时间： 癸酉年、甲寅月、辛巳日、己亥时，子位问办事如何？字为“芒果”共十三画数理。

2. 实例课式：

戊

丁酉（太阴）

戊子（神后）

子

3. 解读实例：

(1) 以用爻太阴酉金在空位，主空想空谈，现在用爻落空。

(2) 以天干戊土生太阴金，生地将子水主外生于内，外寻于内合作，并隔中间人一个。以土生金冲于丁火生丁天干戊土，主三角形关系。

(3) 以发用空亡主事多虚假，占事不成，结果白费一个多月的心血，没有完成。

(4) 虽有神干丁天德，天喜子，由于用爻空无力接其业务，故不成。

(5) 如神干生天干，生将干，主介绍人寻外，亥时冲丁火主无力说服，因不是本人的事。

(6) 凡是合资以神将相生，能成；如空生则不成，空谈。神干生将干，神干受时冲无力，很多事有头无尾。

以上全部应验。

解读实例十

1. 时间：癸酉年、乙卯月、壬辰日、己酉时，辰位，问别人能否赞助？

2. 实例课式：

甲
乙巳（螣蛇）
乙巳（太乙）
辰

3. 解读实例：

(1) 太乙巳火为用爻，主口舌斗讼及妇女事。

(2) 此天干甲木生巳火主外助我，甲阳木生阴火。

(3) 此神与将比主门户亲朋干扰，天干与神干比主外干预自己。先生提出赞助百分之五，一年计划为三五万元，后被人抢去。

(4) 以此课看巳为气索，故生气不干了。

(5) 天干甲木生内二火，主争分财物。

(6) 以天干与神将干乙木主格格不入，因财而散。

(7) 以我问时巳酉丑合局，辰与酉合，有助我。

(8) 以天干甲木克辰土，他克内爻，我无力，春天木旺，辰土死。

(9) 以天干神将干同克地分，地分为家，由于地分受克，别人不能赞助。以上全部验证。

解读实例十一

1. 时间：癸酉年、丁巳月、己亥日、戊辰时，卯位，问求人办事能成否？

2. 实例课式：

丁
丁卯（六合）
辛未（小吉）
卯

3. 解读实例：

(1) 以用爻，辛未将，小吉主妇女酒食宴会，和合事。

(2) 不落旬空和四大空亡，主求事可成。

(3) 以卯未与今日亥合局，主求事有助。

(4) 将干辛是四月天德，求事吉庆，占事有助。

(5) 凡求人寻主客和合，神生干，内生外，我求外，求必得，寻必见，今天求人办事能成。

(6) 以戊辰时生将辛未主得时助，一时内巧合。

(7) 以外天干人元丁火，神干丁火克将干辛金，主外人克自己。

(8) 凡辰时问事主多口舌。

(9) 夏天卯木入课是天喜入课，主喜事重。天喜生处主出外有喜。出外办事应碰到两个结婚的。

(10) 内未卯与今日亥合木局，主家内有谈交易和婚姻事。

(11) 天干丁火是驿马，又是月干主火有力克辛金，主有惊恐之事，或见血光之灾，应在辛未时有此事。

(12) 以木生火，丁火主烟，在外见烟火，出门不远见别人烧废旧纸物。

以上完全应验。

解读实例十二

1. 时间：癸酉年、丁巳月、庚寅日、乙酉时，问孩子找工作如何？可取领导人的名字、住处及属相，变成笔划为地分。

2. 实例课式：

(A：周)	(B：刘)	(C：胡)
甲	辛	戊
甲申（白虎）	庚辰（勾陈）	辛巳（螣蛇）
癸未（小吉）	庚辰（天罡）	丁丑（大吉）
申	巳	寅

3. 解读实例：

(1) ①周主任写一“顺”字，以申为地分。

②此甲申旬中未落空主办事无力，即本人不当权，必求他人。

③地分申与白虎金落四大空亡，无权。

(2) 胡代表刘写一“成”字，六划，巳为地分。

(3) ①胡写一“上”字，三划。

②庚辰不落空，不受冲破，有年时酉合于庚辰主有正权，正权在于刘主任。验于刘是正主任。

③以胡用爻丁丑将，在本课内无力，但冲癸未周的用爻。因周空无力，任胡冲克。

④以胡丁丑将生庚辰将，丑金库生辰水库，求刘办事，又胡将干丁火是月建干，丁主有力，合刘将干庚金，巳与申合，即丁与庚合，又丁火克庚金。

⑤甲申旬庚金落四大空亡，只好入胡丁丑金库。

⑥以三者配合，胡有力，冲于周、刘，故说办事能成。

⑦以“C”丁丑将冲未，到未月必动。

⑧每次找刘寻相合位，办事很顺利。

⑨每次找周寻相冲位，周愿意配合。

⑩以“A”将干癸克“课C”将干丁火，又胡天干戊合“A”用将干癸化火助于胡丁火。

⑪以“B”刘地分巳火旺月建，天干辛金空，合“C”胡用爻丁丑，借酉年酉时合局，但都是空合，必多寻几次。

⑫又“C”胡课内合成金局，生“B”刘辰水库，处处求刘主任。

⑬以周“A”用爻飞廉主快，又在空位主空急，应胡先与周联系才对。

⑭由于四月丁巳火月建，以“C”胡丁火进入“B”刘地分为家宅，为天地合处，应在家谈成。

⑮整个事情发展应如课中所断。

⑯结果进农历六月份都完成了。

以上全部应验。

解读实例十三

求测张先生本人如何？

1. 农历时间：2011年正月十三日，酉时。

干支时间：辛卯年、庚寅月、辛丑日、丁酉时。

月将：亥　日空（辰、巳）　四大空亡（水）

2. 实例课式：

乙　　　　　　木－死

庚寅（青龙）　用　木＋死

丁酉（从魁）　　金－旺

未　　　　　　土－休

神煞：

贵神地支——病符、劫煞。

将神干——天德、六丁。

将神支——丧车

3. 解读实例：

（1）三阴一阳，以阳为用爻。占事以阳定，求人宜速不宜迟，问事主男人。

（2）用爻寅木受金克死而无力，谋事不能遂自己心愿，求之无益。

（3）干克方为妻动，妻动于妻妾，论求人因妻子的事或情人的事。

（4）将克神为财动，财动利求财，求人谈做生意的事，求财的事，将克神，索取性的财物。

（5）人元见乙木死于课内，主外之外无力无气。所求之人无办事能力。

（6）贵神寅木是青龙木，但是在课内死而无力，又自坐绝，自己求人之举动信心不足，关系不到位，不求最好。

（7）神克方，隔手求人难得，占事主迟、主变、主夜长梦多。

（8）将与神绝，神被将绝，因求人办事夫妻常有争执，又因地分生月将，孩子与老婆和你的思维是分歧、争执、对立的。

(9) 将克干，喜事重重，求财必得，求名必遂，科举上榜，宜远行，求人办事及牵扯到老婆之事以及孩子工作的事。其理由是地分生月将，月将又克人元乙木。

(10) 地分未土是孤独之土，干燥之土，在课内产生了休死状态，又被贵神克之，将神克之，形成了外克内的局势，但是虽外克内，又被将神拦截，给以帮力，给以祝福。所以说求人办事，看起来这个事是不能办的，是不合法、不合理，但由于你用金钱，以及礼仪、礼貌、礼节将对方给予说服。如果不错你所办的事与生育有关。其理由是人元、贵神克地分，主流产、损小口之事。但是将神酉金对贵神、人元给予克制，又见地分未土生将神酉金，酉金旺上有助，所以说，孩子命大。母子场能形成一体，同克制于外。

(11) 方生将，名曰地载，家人和合，喜庆富贵，协顺之兆，婚姻喜美，保住子孙，谋望有成。

(12) 根据课式的分析，事实证明为了保住孩子，逃脱计划生育的政策制约等，最后多生了一个孩子。

解读实例十四

占求人办事如何？

1. 农历时间： 2011 年正月十四日，未时。

干支时间：辛卯年、庚寅月、壬寅日、丁未时。

月将：亥　日空：辰、巳　四大空亡：水

2. 实例课式：

庚			金＋旺
戊申	(白虎)	用	金＋旺
壬寅	(功曹)		木＋死
戊			土＋休

神煞：

贵神——驿马

将神——天德合，病符，截路

地分——天喜，飞廉

3. 解析实例：

（1）纯阳无阴以神为用。

（2）四位三行行令者旺故金旺、木死、土休。

（3）用神申金主行移之神又为驿马主出行之相，但课中层层克下主有不顺。

（4）取用神与天干相比主求人办事不顺，见寅申相冲主事不成。

（5）贵神与天干虽然想比但戊土却生庚金主表面上合、表面上答应，但内心却是不想办。

（6）若取甲辰日天干见甲戊庚三奇，到时候再跟上一个属马的，要求其办事情可成，何以见之：因天三奇入课主谋望有成，又寅午戌合火局同克天干主惟有这样事情可成。

解读实例十五

1. 时间：癸酉年、乙卯月、甲午日、己巳时，问事业如何？

2. 实例课式：

(课 A “圳”)	(课 B “南”)
己	戊
戊辰（勾陈）	丁卯（六合）
甲戌（河魁）	丁酉（从魁）
巳	辰

(课 C “北”)	(课 D “属相”)
辛	甲
甲戌（天空）	乙亥（天后）
甲子（神后）	己巳（太乙）
未	子

3. 解读实例：

南京紫金山天文台，发表一篇关于××的论文项目如何？当时同一时间发出三份，他考察我问哪一份能先刊登？他写三个字，第一个字“圳”，第二个字“南，第三个字“北”，以笔画立课与他本人预计的相同。

(1) 他写第一个字时停顿了一下，主不顺利。

(2) 他写第二个字时上头小下头大，能立足。

(3) 写第三个字时上比下大，难立足。

(4) 我以写字形势抓外应，知道深圳难度大。

(5) 以字“宁”为南京，下大口小，能立足比较快。

(6) 以北京为最后又最后写，上大下小无力主最后。

(7) 以“A”甲戌用神受勾陈冲克，又受酉害，将干甲合天干己内合外，求于外，土多主迟，隔位合主阻隔不通。

(8) 以“B”用爻太岁与方天地合处，主内爻已定。天干戊合将干癸，外合内，虽有神将相冲克主见太岁行令。

(9) 以“C”甲子用，在甲午旬中水四大空亡主无力有心，受地分害不顺，又受日冲不成，空亡不成。

(10) 以“D”己巳用冲于神乙亥主自己生气，受时欺压，水加巳火主无力。但水空，火有甲木助不死。

以上全部应验。

第五章　合资交易如何

解读实例一

1. 时间：甲戌年、辛未月、甲寅日、壬申时，申位，问出行和合资如何？

2. 实例课式：

壬
壬申（白虎）
庚午（胜光）
申

3. 解读实例：

(1) 以白虎落四大空亡，主空想空行，虚假也。

(2) 以课申子无辰取于农历三月戊辰合局，由于空合水局，主电话联系没直接见人。应验。

(3) 以申金空主事反复三次，开始定于三月出行没有去成，又变于六月，变于七月，申月可成，因立秋后申金旺。

(4) 以申子辰合水局，占事三家合资，一个建筑公司。

(5) 由于水局出现、本公司应设在离水很近处，公司正好在葛洲坝的三峡。应验。

(6) 这次去三峡不利。今天甲见午入课是飞天五鬼入课，主有车祸及伤灾，因地分申金空亡主见别人出现凶死。他说有一车翻在山沟里，亲眼见到死两个人。

（7）以神生于天干，主求人办事宜成，由于申金空无力，主借别人力量办事可成。

以上全部验证。

解读实例二

1. 时间： 壬申年、壬子月、壬戌日、甲辰时，午位。王经理问合资如何？

2. 实例课式：

丙
辛亥（天后）
癸卯（太冲）
午

3. 解读实例：

（1）取太冲癸卯用爻，主交易合和事。神天后，辛亥，那么亥卯无未，或者选择己未日，或者去一位属羊的领导，因羊的属相是未，这样与课内组成三合局，求事能成。

（2）取日干壬与课内神将干辛癸组成壬癸辛三奇合，叫做借合，日干合于课内，问事是他求于你合资。

（3）由于今天壬戌合于卯，他主动寻你，求你合资，对你特别有利。

（4）取卯为散而必聚，败而必成，你们原来谈过，中断，后来又重复起来。卯木又受辰时所害，主谈判当中有阻，有人害你，告你的状，由于时害，往往眼看能成，最后白费心机，如强求搞成，最后结局也是残忍的，发生斗打官司。以我断之能成，但最后不顺利。

（5）取人元与贵神为外爻，丙火绝亥水，主他们的意见不一致。而你们内部是地分午火受将卯木生的，职工能听你的。

（6）凡合资取神生将，神干生将干，主对你特有利，他们的领导愿意和合，他们内部不团结。

（7）如合资发现内爻生外爻不能合资，主外有利。

解读实例三

1. 时间：壬申年、丁未月、乙未日、庚辰时，巳位，问合资如何？

2. 实例课式：

辛

戊寅（青龙）

癸未（小吉）

巳

3. 解读实例：

(1) 凡问合资，贵神与天干为外爻，月将与地分为内爻。将干与神干相合主成，相冲克即破。

(2) 取年月日时助外，外强内弱，年月日时助内，内强外弱。

(3) 我生他，内生于外，我寻于外。他生我，外生于内，他寻于我。

(4) 取青龙为他方，休于夏天无力，岁破主经济力量不足，又主领导身体不佳，性格暴躁。又被内爻地分巳刑，天干辛金克绝青龙木主内部不和睦。并且发生口舌之战，因金木相交忧口舌。职工不服，辛金为女，主有三个妇女抗于领导，与领导发生几次舌战。

(5) 贵神与神干克，木克土，主领导核心有勾连外界之人。取神干戊土生天干辛金，凡见生为支持者。

(6) 取内爻将为月建，主一月内有力，但是日支与月将同主有外排挤，争夺。

(7) 地分巳火生月将未土，主内部团结一致，并有属蛇的人参与此事。地分巳火旺主此事。

(8) 取未月将为你方的领导，未是月建主你方办事有力，你方说了算数。

(9) 取外方的神干戊合于内方的将干癸，求事他合于你，你有利可图。

(10) 外方贵神青龙木入内方未木库，主他入我库，他求于我，成败由你方来定。

(11) 取辰时水库，生月将未木库，甲午旬中辰巳空无力生，主中介人提拱了各种条件进行参考分析。

(12) 取日未的驿马在巳、巳月开始交谈，应成于六月，因月建入课不出月办理此事。选于申酉日时，对方无力。

(13) 取甲午旬中见水为四大空亡，将干癸水空主内方，即使与他方合资，但其目地不纯，想抗于对方。

(14) 因内方月将干癸水空，进入 1993 年癸为年干，主分手时间到来。由于青龙木受 1993 年酉金绝，主无力进行，违犯了条约，内方提出结束合资合同。

(15) 取天干辛金为酉之本身，同绝于青龙木，职工们从各个方面给领导出难题，只好外方投降于内方。

(16) 取整个课论之，天干克贵神，神克将，主有财帛争执事。内方应得财未得到，损失了五十万元以上。

(17) 巳火克辛金，为鬼动主争讼带他人，巳火为妇女，辛金为妇女，因妇女斗打争执产生了分散事。

(18) 取月将未为属羊的一个妇女被外辱骂，或因其妇女产生两家分散事。

(19) 取月未，日未、月将未，地分巳火旺生于三未土主有争夺事，排挤，争着当官事。争财发生斗打，咒骂事，最后王总说了一句话。以上测事完全正确，我公司聘你为顾问。

解读实例四

1. 时间： 壬申年、壬子月、庚申日、辰时，卯位，问合资如何？

2. 实例课式：

　　己
壬午（朱雀）
丙子（神后）
　　卯

3. 解读实例：

(1) 以将丙子用爻，月建主有力，与年、月、日、时合水局主争夺事。

(2) 他合于我是假意，因申空，虚诈不实。

(3) 由于用爻月建，自己行令，冬天水旺，我冲克于外朱雀火，神干壬克将干丙、主不能行令，甲寅旬子丑无力，有职无权，只主助一力。

(4) 子刑地分卯木，主自己管理工人，得罪工人，地分卯木生于将干丙火，主尊重你的技术。

(5) 天干己土克子水，办事不得天时，子水空不受克，到东方服装厂后你行令，只是有职无权。

(6) 以课论内克于外，刑于外，主你行令。

(7) 以将刑卯你将冲神、意见分歧，来回对敌，不能统一。

(8) 此合资成功无利，出力不讨好，内外都不好，最后验证，完全正确。

解读实例五

1. 时间：壬申年、丁未月、己酉日、己巳时，未位，问合资如何？

2. 实例课式：

辛

壬申（白虎）

壬申（传送）

未

3. 解读实例：

(1) 以将壬申太岁用爻，主你有力，地分未土生将，内有力，地分未月建生将用爻，主你方全力以赴办此事。

(2) 见两个太岁主争权或兼职权。

(3) 外爻天干辛自九一年开始升官，课内见去年太岁主官，又主他方在争职权。

(4) 天干辛，神将干壬水，主他求于你办理此事，并且求于两个人，因一辛生二壬水。

(5) 天干与神比主外干预内，对方领导思想在波动。

(6) 因申金旺，必须到七月份申才行令。

(7) 进入甲寅旬中丁巳日与将干壬申是天地合处。最后验于七月戊申，丁巳日合资成功。

(8) 因有合有克主顺中有阻，合资虽成功，因职权闹意见。

(9) 见三金主不顺，主口舌是非斗讼事。

(10) 金入土水不凶，主交易商途事，应验。

解读实例六

1. 时间：壬申年、丁未月、丙午日、丁酉时，午位，问合资开业如何？

2. 实例课式：

　　甲
丙申（白虎）
辛卯（太冲）
　　午

3. 解读实例：

(1) 以辛卯太冲用爻空合，主反复数次。

(2) 神白虎与将卯绝，又太岁申绝将，主难成，或不成。但是由于神干丙合将干辛主绝处逢生，由于卯木空位等于不绝，所以说分合反复几次。

(3) 以神克干主官动，天干甲木生神干丙火，并且是领导位置，由于今年太岁克天干，主今年升官。并且与一领导的关系特好。因天干生神干，阳见阳只助不生。阳神克天干阳主偏官，不能自己独立当权。

(4) 天干见丁甲者，甲子周数以外为合期。

(5) 以申卯为用主散而必聚，败而必胜。

(6) 午寅取庚戌为合处，又取甲戊庚三奇合，戌月时为应。

(7) 以庚戌定合同到乙卯日为天地合处，开业，最吉庆。

(8) 整个过程如此复杂，应验。

解读实例七

1. 时间： 壬申年、辛亥月、乙卯日、辛巳时，戌位，问开门市的字号问题及门市如何？

2. 实例课式：

丙

乙酉（太阴）

癸未（小吉）

戌

3. 解读实例：

(1) 以整个名字的数理被十二除，余数为地分，余数实际十一数，为戌位。

(2) 用爻癸未将受地分戌刑、主门市开业后人员互相勾心斗角，僵持不下，无组织，无纪律，应验。

(3) 以外爻天干克贵神、主外克内，外不协随，意见不统一。

(4) 将生神，主谋成合就，但是甲寅旬中太阴落空，吉凶不成，内爻生外爻，在公司已安排好，出门计划都变更了，又主内里的妇女乱当家。

(5) 以干克神，开始不顺，租房反复数次，中途不听指挥，结果乱七八糟，互相对立，各不服气。

(6) 内爻二土，主办事迟延，拖泥带水，来回反复。

(7) 以太阴入未宫，主暗昧不明阴私事，是虚空的，因天干丙火克太阴金，主阴私事，应验。

(8) 取于丁日开门，主好一些，但达不到预计效果。与将癸未天地合处，又助将财爻一力。应借于戊午日开门最好。

(9) 由于将与本命相同，地分刑之，主门市职工不听话，或反对领导，反对门市的主人。

(10) 天干火生将土，又以午与未合助于财爻旺，就是内部不团结，分散于一九九三年 (癸酉) 正月份。

解读实例八

1. 时间：癸酉年、乙卯月、辛卯日、癸巳时，巳位，问合资办制药厂如何？

2. 实例课式：

癸
癸巳（螣蛇）
戊戌（河魁）
巳

3. 解读实例：

（1）以甲申旬中论课，以将戊戌用。得到二月乙卯合，有领导相助，外合于内，外寻于内合资。

（2）从辛卯月合于将戊戌，主外合于内，外寻于内合资。

（3）以癸巳时与将干戊合，你合于他，主你无意见。

说明：从以上三个条件看，应取于两单位寻你合资，最后成一家。

（4）以月日同类卯木，春天又是木最佳季节，主你行令，选你领导。两卯木合一成为争夺之势。

（5）以将干合时干，主临时又寻找了一个单位合资，因戊戌土类主药物，所谈交易全是药类。

（6）因将干戊合神干癸，天干癸主一合二，叫做三心二意，若努力，合资成两项。

（7）戊戌旺相，有外合助，主求财太旺。戊戌为药类，外生外合，主事业兴旺发达，又主销路极好。

（8）以将干戊合癸化火生于戌土，旺相有力。

（9）以天干克巳火，主开始不顺。

（10）以神巳火生将戌土，又将合于神干戊癸合，主中间合作很好。

（11）以地分生将，主此地方适合你的发展。

（12）以戌与巳成东南和西北方位，以戌土到巳午是生气位，又因午巳火入戌火库，故适合你发展。

(13) 你应是一个名师。验于有一种膏药治骨质增生特效。

(14) 以戊癸化火旺，主尖形物，你的针灸很出名。本人的针灸是三分钟见奇效。

(15) 以火旺，春天木生火，主旺相强，主财大气旺。

(16) 后验证本制药生意兴旺发达，销路特好。

以上全部应验。

解读实例九

1. 时间：癸酉年、丁巳月、庚寅日、甲申时，午位，问开门诊部如何？

2. 实例课式：

壬

戊寅（青龙）

壬午（胜光）

午

3. 解读实例：

(1) 先观用爻，在四位内的旺相休囚死论事。

(2) 以青龙木旺，有天干壬水生，主外财可进，必到冬天。

(3) 以天干壬水生青龙木，木生将午火，主夏天有财可进，名利双收。

(4) 以青龙论，到秋天不顺利，损名利，损财产，以秋金冲克寅木，又申时冲寅木主不得天时助，看起来财很旺而得不到手。

(5) 用爻与庚寅日比，主有外人嫉妒。

(6) 用神与丁巳用刑，又是无礼之刑，又寅刑巳，巳刑申时，主难题重重。

(7) 用神与年酉金绝主不顺，神干戊合年干癸，主今年巧合而成。

(8) 以寅午戌合火局天干见壬水主坏局，成中有败。明年甲戌火旺，又合火局，但被水克为坏局，占事一半成。

(9) 进入1994年门诊部关门，也有人寻你看病。

以上完全应验。

解读实例十

1. 时间：癸酉年、丙辰月、甲申日、壬申时，寅位，问办工厂如何？

2. 实例课式：

丙
己巳（螣蛇）
丁卯（太冲）
寅

3. 解读实例：

（1）以课用爻论兴旺，衰败。用爻丁卯太冲，木是纸张类，丁火主文字书信类，你应办小印刷厂。

（2）取用爻与年月日时的关系，知其成败，兴衰。

（3）癸酉年冲于丁卯，是岁破，求占一年内不顺利，应损财三万或三十万元。应于三十万元。

（4）丙辰月与丁卯将相害，有人心术不正，想从中谋取利益。

（5）甲申日绝用爻丁卯将，但有生有绝，主夏天甲木生丁火，主夏天有财可进，进货该有很高的利润，入秋主财爻死，入秋损财。

（6）壬申时合用爻将干，丁壬合化成木，助丁卯将，夏天被金冲绝克，到秋天破散或产生分割，最后发生官司，受人谋害。

（7）由于用爻丁卯受到年月日时支冲绝害将支，又年月日时干生合将干，占事求财有成有败。

（8）以用爻丁卯木，忙于春天，成于夏天，败于秋天。

（9）二木生外二火，主两个人合伙。

（10）内生外，出外求财顺利，夏天财旺。

（11）以甲申日合课内贵神己巳，是天地合处，占事能成，合能就，谋望成。

（12）由于日甲申合己巳，其工厂建于四月。

(13) 由于用爻寅卯木受到年月日时支冲绝，主在厂内或领导有官司。因有作风问题入狱。

(14) 木生火，主家或厂内有神经病人，疯魔之人。火旺相，主文化用品，及文字、文墨之物。厂长的夫人疯魔病。

(15) 见太冲，主盗贼之事。

(16) 课火旺于夏天，主厂内有两次火光，烧毁了财物。

(17) 以太冲木位，主后妇人。本人有后妇，且是一个疯魔人。

(18) 见申酉，必伤身。卯是船车，主有车灾伤身，骑车碰头伤四肢。

(19) 太冲兄弟各分张，入秋开始分张事。

(20) 螣蛇妇女应有阴私，工厂开业后农历七月份，因阴私强奸妇女被法院扣压入狱。

(21) 螣蛇是劫煞，主失物，官灾事。以上完全应验。

解读实例十一

1. 时间： 癸酉年、丙辰月、甲申日、戊辰时，丑位，问交易如何？

2. 实例课式：

乙

乙丑（贵神）

庚午（胜光）

丑

3. 解读实例：

(1) 以甲申旬午未空，午是用爻发用，主事虚假难成，只是空谈或空想。

(2) 天干乙木旺，午火相有力，看起来财很大，落空难成。

(3) 以将胜光，财爻被神与地分害，主意见不同，乱当家。

(4) 由于天干乙神干乙合将干庚，外合内，主今天午时有两个寻找你办事。

(5) 午将用爻，主酒食，只谈喝酒事，由于空没喝成。

(6) 庚午时外合内，外生内，有外来的八人到你家。

(7) 庚午空，主见血光，忧愁事。

(8) 交易应是布匹生意，以神干合将干。

(9) 因天干乙木主布匹服装事。

(10) 以天干克神，主求事难成，争而得之能成。虽成了交易，求财无，因财在空亡上，主虚假之财。

(11) 又受地分与神的穿害，不但财是空，反有别人谋害，口舌忧愁事。以上完全应验。

解读实例十二

1. 时间：癸酉年、乙卯月、癸巳日、壬戌时，问合资问题如何？

2. 实例课式：

(课“A”我)

辛

壬戌（天空）

辛酉（从魁）

酉

(课“B”他)

乙

癸丑（贵神）

乙卯（太冲）

卯

3. 解读实例：

(1) 以 A 用爻壬戌天空，主虚假，做到一颗心两种准备，贵神占时应于时，合于卯月主有外心。

由于天空戌受到课内酉害，主不得人心，周围人都嫉妒你。

(2) 以 B 用爻乙卯太冲为用，主古怪之人、因鬼动难测。乙卯是月建合于戌，合中有克主成中有败，顺中有阻，忧愁重重。

(3) 如以两课比较：A 天干辛金克 B 天干乙，A 壬戌刑 B 癸丑，为四季会杀，戌火库克于丑金库。A 辛酉冲克于 B 乙卯，天冲地克。A 酉地分冲于 B 卯地分。从两课中的四位看不能成事，没有合的道理。

(4) 最后不欢而散。我认为他不仁义，我不合资。

以上全部验证。

解读实例十三

1. 时间： 癸酉年、丙辰月、癸未日、辛酉时，未位，问交易成否？

2. 实例课式：

己

辛酉（太阴）

己未（小吉）

未

3. 解读实例：

(1) 小吉用爻，此交易牵连妇女，是在酒桌上谈成的交易。

(2) 以将神占日不出日，今天应该成，以己未将合戊午时。

(3) 以辛酉贵神与三月丙辰为天地合处，应成于三月份。

(4) 以甲戌旬申酉在旬空中，必须过了今天才能真正完成。

(5) 以见三土主迟，但课内土旺，应在土月日时为应期，故验于今天。

(6) 以天干生神外寻内，主客合生，求事有成。

(7) 将生神财爻旺，主求财可得。但牵连官中人，由于太阴酉空，他们只挂个虚名。

(8) 此交易求财，到甲午日可全部得到。

以上完全应验。

解读实例十四

1. 时间： 癸酉年、乙卯月、壬辰日、辛亥时，预测其合资成否？

2. 实例课式：

(外课)

辛

丁未（太常）

庚戌（河魁）

亥

(内课)

戊

壬寅（青龙）

丁未（小吉）

申

3. 解读实例：

以字画起课。取每一个代理人的名字最后一个字的笔画数，变成方位，以今天的日干变成四位，以用爻取代。

(1) 以外课用爻庚戌与太常丁未相刑，天干见辛应开始于 1991 年辛未，又丁合壬在 1992 年谈几次都没成。

(2) 以课有亥未无卯合乙卯月建，又庚戌与乙卯为天地合处，主二月份定下来，自今天起过二十二天合成。李先生马上查日历，谁知巧合，正是李先生约定的时间。

(3) 以用爻丁未，春天问事未是木库，未刑戌，丁火克庚，顺中有阻，用爻都是土主迟。

(4) 将干丁合神干壬，我合他，神青龙木入未木库，主他听于你，你为主。因春天问事，丁壬化木主其人巨富，是一个亿万富翁。

(5) 以此知四家合资，因未土主五数，被寅克一数余四数，因未为库为家不是四个人。

(6) 因二月卯亥时合未木库，故为主。

(7) 以用丁未木库，被壬辰水库日生 (又丁壬合化木。) 主财大。

(8) 以神克干官动，主其家因祖父发生官司。

(9) 外天干戊土克神干壬水，青龙木见土水才生长旺盛，主自己虽受老人连累，也得老人的财产。

(10) 由于甲申旬中见金为四大空亡，地分空没有得到家中父母培养，跟着外祖母生活。

(11) 由于申地分空春天青龙木冲，主家中田宅一扫而光。验于打倒资本家时一扫而光。

(12) 其课问合资能成，并有大利可图。

(13) 其两课取各旺相，他用庚戌旺，受日壬辰冲无力，受酉年害无力，月建与课内用爻成天地合处应在乙卯月完成。

(14) 申金为旺，但四大空亡主思想犹豫不定，六神无主。特别甲寅月冲克主反复无常。

(15) 受于当日壬辰三合申子辰水局，一九九二年中空主动荡，只有计划没有成果。

(16) 又壬癸辛巧合年月日时合三奇，主拿定主意，应去三个人助一力可成。

(17) 以最后论合资成，且收入颇丰，每年可收入几千万元。以上全部验证。

张先生，我给您打九十八分！你的预测简直像是亲眼到我们公司里“侦探”过一样，而且有很多机密只有我一个人知道，也全部被您一语道破，我们的合同就是二十二天后，由我和两名副总一同去美国纽约签订。其余所测可谓百发百中，我代表公司正式聘请您担任我集团高级决策顾问，请随时帮我们指点迷津，趋吉避凶。

解读实例十五

1. 时间： 癸酉年、甲寅月、壬午日、辛亥时，辰位。问与其他公司合作如何？

2. 实例课式：

甲

乙巳（螣蛇）

甲辰（天罡）

辰

3. 解读实例：

（1）以螣蛇用，主惊恐、惊怪之事。

（2）辛亥时冲于乙巳火，主成须破，先顺后阻。

（3）乙巳火受月甲寅木刑，无恩之刑，主出力不讨好。

（4）天干甲木生巳火，又甲木刑巳火无恩之刑。

（5）以神用爻以我为外为主，把内爻变成外爻作为公司。

（6）以用爻见两个辰土，为了合作，公司发生了不同的意见，辰见辰为伏吟，为自刑。总的来说我无力合作。

（7）以神生将我生于他，是隔角相生主顺中有阻，成中有败。

（8）神干乙被太岁冲破，被月建比不能成，将干与月比主公司休无力，与时生气，又被时干辛冲克而无力，最后败于二月份。

（9）甲木旺我有力，又与巳刑被我得罪，被他欺，以天干甲木为大树，以神干乙木为小树，必须服从领导。由于自己办事不注意得罪了领导，不欢而散。

以上全部应验。

解读实例十六

1. 时间：壬申年、壬子月、丙子日、甲午时，问合资如何？

2. 实例课式：

（甲方）

丙

戊子（玄武）

辛卯（太冲）

申

（乙方）

癸

戊戌（天空）

戊子（神后）

巳

3. 解读实例：

（1）甲方用爻太冲，主其公司内各分张，不团结。因申与卯绝，今年七月份有大亏损，应验。

地分申克将，主出外谈事没成，反被别的公司骗去三十万。外用爻见玄武，主盗贼事，水克天干丙，主外遭盗贼事。

（2）以木金谋害，又以神将相谋害相刑无礼之刑，公司间互相对抗。以玄武戊子月建，主官职无力，因甲子旬中见水，四大空亡，无力反驳，任凭别人摆布。

（3）乙方用爻是戊子月建在同样空位无力，以戊干生辛干，子水生卯木，乙方领导想与甲方合资。应乙方寻于甲方合资，验。

（4）以子刑卯主无礼之刑，主先合后分，意思不合。

（5）开始谈的很顺利，后来乙方以无条件，不愿意合资。因空所以无条件，因子刑卯故不成，白费几个月心血，应该败于壬子月，以月建落劫煞巳上，主折损财物。

解读实例十七、

占合资交易。

一女子问与别人合资如何？

1. 公历时间：2011 年 2 月 16 日 15 时 25 分 (北京时间)

农历时间：2011 年正月十四日，申时。

干支时间：辛卯年、庚寅月、壬寅日、戊申时。

月将：亥　日空：辰、巳　四大空亡：水

2. 实例课式：

甲			木 + 旺
乙巳	(螣蛇)		火 – 相
丁未	(小吉)	用	土 – 死
辰			土 + 死

神煞：

天干——六甲

贵神——丧门

将神——天德，六丁

3. 解读实例：

(1) 二阴二阳以将为用。

(2) 四位三行行令者旺故木旺、土死、火相。

(3) 取用神主事小吉主女人事，上见巳火相生主另一人也是女子，天地相生主关系很好可以做搭档。

(4) 用神未土主吃食之类主合伙开饭店。

(5) 天干见甲木为六甲入课主有好事。

(6) 取层层生内主饭店开门以后会有很多客户生意好。

(7) 问什么时候开饭店好？

答：取课中乙丙丁三奇合为上选日子待丙午日最好，三奇和全，又午未地和又可作应期又是好日子。

占合资交易十八

一人问与人合作开门市如何？

1. 公历时间：2011 年 2 月 16 日 15 时 25 分 (北京时间)

农历时间：2011 年正月十四日，申时。

干支时间：辛卯年、庚寅月、壬寅日、戊申时。

月将：亥　日空：辰、巳　四大空亡：水

2. 实例课式：

辛		金－旺
庚戌（天空）		土＋休
壬寅（功曹）	用	木＋死
亥		水－相

神煞：

天干——月德合

贵神——天喜，飞廉

将神——天德合，病符，截路

地分——劫煞

3. 解析实例：

（1）二阴二阳以将为用。

（2）四位四行不受克者为旺故金旺、木死、水休、土休。

（3）取寅午戌三合火局主文字、信息戌为火库主印刷或彩票门市。

（4）见寅戌无午主事情正在操作当中已成三分之二只差一步，本次合作应是二人合作，现在还有一个属马的未到待马日出此人出来。

（5）寅午戌和火局主门朝正南开且前面就是路，后面有水。

（6）今年开好就有钱赚，财神入课又得天时地利焉有不赚钱的道理，午日开门现在临太岁，得月建日上之助有财可挣。

以上所断全部应验。

第六章　财运如何

解读实例一

1. 时间：壬申年、戊申月、己酉日、己巳时，未位，问某人贵贱？

2. 实例课式：

辛

壬申（白虎）

辛未（小吉）

未

3. 解读实例：

（1）取用爻不受克，冲、破、休、囚、死、空，主富贵，主有权职，必须见官动、官禄神、太岁月建等。否则贫穷，孤寒无官贵之人。

（2）取壬申用爻为今年的太岁入课，并且旺相主有官职之人，是正职务。取太岁与己巳时合中有刑，主今年办事顺中有阻隔。有头无尾，临时变动。

（3）内二土生外二金、主家中之富贵，又主爱人家富贵，娶妻发家。

（4）用爻太岁入课主今年有官职可升。

（5）取天干见辛金，将是辛未主你自1991年转向顺利。

（6）取壬申见己巳时，你是一个军人，并且是个团级干部。因天干辛金生神干壬水，将干辛金也生神干壬水。

（7）你的外界人士关系处理的特好，因天干辛金与神申金比，主同类。

（8）虽顺利，也有时不顺，主外干预自己。

(9) 取天干与神为初运，有比有生，主兄弟父母助一力，而得幸福。逢忧愁转为喜庆。

(10) 将与方同生神主娶妻，生子发家，财官一齐来。

(11) 取将与地分为晚年，因小吉酒食神在巳时入课主一生有吃福酒福。

(12) 太岁入土中，主有暗昧不明事，受陷害。

解读实例二

1. 时间：甲戌年、辛未月、庚戌日、己卯时，酉位问近况如何？

2. 实例课式：

乙

癸未（太常）

丙子（神后）

酉

3. 解读实例：

(1) 以月将丙子用爻主盗贼事。水克火为偷盗，子为天盗，在内爻应在妇女身上。

(2) 神克将主贼动，神干癸水克将干丙火主贼动，课内见两贼动主发生两次盗贼事。

(3) 以贵神见太常，神干癸水是劫煞主散失两次财物，你本人有服毒之意。

(4) 以天干乙木克太常土主毒药，又主盗失财物两次。

(5) 以外爻见亥卯未合木局，被地分酉金克散，主你家三轮车被盗。

(6) 以将子害神未，以将子刑天干乙木，无礼之刑。

(7) 丙午日被外人骗去三万元，辛亥日被别人盗去三轮车一辆。取木长生在亥，又是辛亥自克，地分酉金克主损伤及盗失车子。

(8) 以天干克神，神克将主外合伙骗家内财物，将财爻受未月建穿害，被太常神穿害，主六月份被别人谋害，以卯时论，卯刑子主三个人合伙谋己。

以上全部应验。

解读实例三

1. 时间：癸酉年、丙辰月、乙酉日、甲申时，丑位，问命运和性格。

2. 实例课式：

丁

辛巳（螣蛇）

戊寅（功曹）

丑

3. 解读实例：

（1）以戊寅将，春天是天赦入课，又是用爻，主一生逢凶化吉，转危为安。

（2）以戊寅，主仁义，及文官、文书，你是县市议员。

（3）以将戊寅木在课内旺，又是春天，主旺中见旺，官中兼官。

（4）以将克地分主家内不合，将干比地分主家内六亲不合。

（5）将生神，将干生神干，主妻为结发，并有情人。

（6）将刑神，主夫妻不和，无礼之刑。因外情产生无礼之刑。

（7）螣蛇主妇女神经病，夫人有疯魔病，或精神病。以天干丁火主惊怪、火光，在家两次火光。

（8）日绝于用爻，时冲于用爻，主你有两次大灾或车祸。

（9）以巳克申酉金不能近木，以木休火旺，又被年绝主有轻伤。

（10）以将克方将刑神，主一父两母。

（11）以戊寅将用，主你姐弟六人，因金木三六九，课内木生火，木休应以六论。

（12）以巳丑无酉应起步于酉年、月、日、时，但不顺利，因金局绝于寅木。

（13）神克神干辛，主有两次车祸，伤于肩部，又以神干辛合月干丙化水克火，辛金得救，丙辛化水后生戊寅木主本人财官两旺。

（14）以天干丁合壬化木与戊寅木成比，受外人排挤，1992 年壬申下岗或换了一个地方。因 1992 年申冲于寅主变动工作岗位。

(15) 以天干丁壬是天月德合，主化解各种凶灾，转危为安。

以上全部验证。

解读实例四：占求财

(一) 大年初二有一家人让预测本人合伙求财和大女儿升学问题如何，父女属相同，一课同看。

1. 农历时间：2011 年正月初二日，戌时。

干支时间：辛卯年、庚寅月、庚寅日、丙戌时。

月将：亥　日空：午、未　四大空亡：金

2. 实例课式：

甲			木＋死
丁亥	(天后)		水－相
乙酉	(从魁)	用	金－旺
申			金＋旺

神煞：

天干——六甲

贵神——天德、六丁、劫煞

将神——丧车

地分——驿马

3. 解读实例：

(1) 二阴二阳以将为用。

(2) 金旺、木死、水休。

(3) 取财爻旺相主有财，太岁冲又重重生上主今年多出行。

(4) 现在金旺逢空不为真空，待金出空之日见驿马逢冲为动之时。

(5) 用神酉金取金年、金月走好运发财断 2004 年廾始转运本年开始发财（本人呵呵一笑）。

(6) 取神为对方合伙人，干逢三奇支逢生得力伙伴，关系为多年的好友，可做搭档。

(7) 用神为金主金属、生水，有金有水的行业（热水器）。

(8) 取将克干乙丙丁三奇入课层层生上主今年出行顺利，合作项目多，三月辰酉合有人来找合作，四月巳酉合丑和局主本月又有合作项目（本人说可能）。

(9) 二金同克天干甲木，主头部有伤灾或疤痕（验）。

女儿：

(1) 用神旺主学习努力学习好。

(2) 申与天干合主在学校得领导的喜爱，提携和帮助。

(3) 二金生水又见乙丙丁三奇合主今年可中榜，考入名校。

(4) 升学一般是夏天考试秋天升本科正好合于八月份酉月合成三奇得时助，主在本月会被名校选取。

(二) 贾老师给一课例，本课为以前一学员问求财如何。

1. 公历时间：2011 年 2 月 14 日 21 时 53 分 (北京时间)

农历时间：2011 年正月十二日亥时。

干支时间：辛卯年庚寅月庚子日，丁亥时。

月将：亥　日空：辰、巳　四大空亡：水

2. 实例课式：

癸		水－死
丁丑 (贵人)		土－旺
癸未 (小吉)	用	土－旺
未		土－旺

神煞：

贵神——天德，天医，吊客，六丁

3. 解析实例：

(1) 纯阴无阳将神为用。

(2) 取三土克水主土旺、水死。

(3) 取用神所主论事，见小吉主求财当中有两个女人。

(4) 入式歌云：二土比和迟晚看今见三土主迟也。

(5) 地分克天干鬼动，又三下克上主此次为团体出行。

(6) 财爻在课中旺相主有财，但受贵神丑土冲，又见官动，求财不宜见官动，否则必见官事，但天干空亡主别人之事或有惊无险虚惊也。

(7) 土旺多埋金主土中求财，如房地产煤炭等，小吉又为中介和合之事或为房地产中介的行业。

(8) 以见三土克天干主此次求财当中竞争力大，将神与贵神天地逢冲主求财当中有斗打口舌之事，特别注意今年十二月丑土出来冲用神主破财是非口舌的一月。

(9) 一片阴神不见阳神主多与女人打交道，且出事因女人而引起。

(10) 日前一辰为天罗对冲地网更无疑，今见天罗地网重重入课主出行不顺，见官司事。

(11) 格局为三下克上主破了天窗在外不顺，又天干为头，三土克头，头上有严重的病或伤疤，论五行癸水又为血液，受三土克之主血液受阻不通，逢见四季土年、月主得脑梗塞，脑血栓等病。

(12) 综合论之此次求财多有不顺应多多防备或反其道而行之。

第七章　事业如何

解读实例一

1. 时间：癸酉年、丁巳月、丙申日、癸巳时，午位，问今年能否升官？写字“李”七数。

2. 实例课式：

甲

丙申（白虎）

丁酉（从魁）

午

3. 解读实例：

(1) 以丁酉太岁用爻，旺相无冲破克者，主有官之人，若克冲刑破主无官之人。

(2) 神克干主官动，主求官得利，又以天干甲木生神干主领导已看重自己，想提拔自己。

(3) 以申子辰驿马在寅，天干甲是寅木之本，凡动迁、升官，必须见驿马，天马，鬼动官动，主升迁有利。

(4) 自下克于外，主出外做官，多次调动地方。

(5) 以神白虎克甲干为官动，主 1992 年升官，应验。

(6) 本人应有两次车祸无损伤，有惊无险。

(7) 丙寅年、丁卯年炉中火克金此两年应受惊吓。

解读实例二

1. 时间：癸酉年、丁巳月、壬辰日、己酉时，子位，问求官职如何？

2. 实例课式：

庚

壬寅（青龙）

辛亥（登明）

子

3. 解读实例：

(1) 以辛亥将为用爻，主无体，随变而变，以将生神主求于人，被求者为亲人朋友。应验。

(2) 青龙入课是有官之人，神干壬水自生主官职旺，又主文凭高，大专生。

(3) 以人元庚克青龙主1990年秋天官职有损，被人谋害，由于金占四大空亡无力制你，有惊无伤。庚生壬水，进入十月寅亥合，又取三奇壬癸辛而无癸，巧合年干是癸，日干是壬，合于将干辛又是用爻，用爻为本人。所以十月癸亥月升职。最后完全验证。

解读实例三

1. 时间：壬申年、壬子月、己巳日、甲子时，子位，问求官职如何？

2. 实例课式：

甲

乙丑（贵神）

乙丑（大吉）

子

3. 解读实例：

(1) 凡求官必须寻官贵神，太岁、月建、官动、官爻旺相，主有官职之人，或高官人物。

(2) 如受冲、刑、克、破、休、囚、死，主无官职，并且因求官不利伤身，得病，天灾人祸。

(3) 取贵神旺为有官之神，被天干克主削职罢官。在位时间不长，被外谋害。又以天干与神干为同类，主谋害者原来关系很好，后来谋权夺位。

(4) 取贵神死于课内，又受月合，得令主以后有复职之时。

(5) 取贵神丑被内爻子、月子、时子合主其人因作风不好丢了官职，因子主暗昧不明之事。

(6) 取内爻水主天干甲木，主在外升官或家中有官职之人在外。水飘木主在于海洋地区。

(7) 其课求官有失，反伤身，但后来有复职或副职或小官职。虽有合都是空合。

解读实例四

1. 时间：壬申年、丁未月、癸巳日、丙辰时，子位，问求官如何？

2. 实例课式：

壬
甲寅（青龙）
甲寅（功曹）
子

3. 解读实例：

(1) 凡求官应寻青龙、贵神、朱雀、白虎、月建、太岁，主高官及正权。如冲、克、破、害、死、绝主无官职，或失官职。

(2) 取用爻青龙甲寅木，主有官职，由于受太岁冲，日刑，主官职有伤，或外人刑害，得恩不报，反恩为仇。有这样的小人谋害你的禄位，求官难成反损财产。

(3) 取人元壬水，年干壬水，日干癸水，来救于寅木，主官职不受损。但是今年申冲青龙主必动不可，从此观之变动地方，职权不变，应在七月变动。

(4) 取今日巳酉丑劫煞在寅，主 1992 年的正月份动。应开始于 1991 年的十月份，为己亥与神甲寅成天地合处，当时有两个地争你，并且都是东西方位。你没有去，因神将比主有别人干扰，失去了机会。

(5) 取人元生神，方生月将为相生合局课，如你去了越干越好。

(6) 取青龙为形貌，你是一个文官，高等学历，不善于求人，清高思想过重。

(7) 取外生内主内外一体，领导与下级对你都很好，就是你去年错过了一个好机会。今年受冲主无力，官星不旺。

五、解读实例

1. 时间： 癸酉年、甲寅月、辛巳日、戊戌时，卯位，问升官如何？

2. 实例课式：

辛

癸巳（螣蛇）

壬辰（天罡）

卯

3. 解读实例：

(1) 以正月见卯辰主相主有力，占事主已谈过。

(2) 见卯辰巳主兼职，验于身兼三职。

(3) 以神克干官动利求官，主升迁事。

(4) 以甲戌旬中申酉落空位，天干辛金空，主进取无功，空动。又巳被月建刑，顺中有阻，难成。

(5) 以壬癸辛三奇人奇合，占事已联系过还没定下来，因辛金旬空无力，只是空合。

(6) 以巳酉丑驿马在亥，神干癸为驿马主快动而急，以天干辛金空生于癸水无力，主别人愿意接收。

(7) 以内爻卯辰相害，主公司内互相排挤。

(8) 以将辰神巳为隔角占事，阻隔不通。

(9) 其调动的事已联系过。

(10) 由于用爻辰主迟，与年合主有领导接收。

(11) 正月甲寅克于辰主无力办事。

(12) 戊戌时冲壬辰将，主成而散而败，费力不能成。

(13) 以干与神论开始不顺，空想于1991年至1993年，以壬癸辛论。

(14) 中间阻隔不通，辰巳隔角。

(15) 结尾不成，因辰卯相害又被时冲，卯与戌合被别人争去。

解读实例六

1. 时间：癸酉年、丁巳月、辛卯日、壬辰时，辰位，问调动工作如何？

2. 实例课式：

壬

甲午（朱雀）

丙申（传送）

辰

3. 解读实例：

(1) 以甲午朱雀用爻，主口舌官司事，或官司发生。

(2) 以天干克神主调动很难，应有一领导不同意。因天干壬水克午火贵神。

(3) 又天干壬水生神干甲木，夏天见甲乙为天喜入课，又是辛卯日天喜日主双喜临门，第一，调工作快成了，第二，婚姻有成但不顺利。

(4) 以见申子辰合水局，又申金落空主空合局，占事定不成。

(5) 以神甲午火受水局克主自己无力，听从别人摆布。办此事有一个亲戚为你助一臂之力能成。因月干丁火合于壬天干化成木生甲午火，得救，主事在丁巳月办成。验于甲午日办成。

(6) 为何定于丁巳月？因天干壬水是子水之本，子水是四月的天马主快。

(7) 又今日辛卯，以亥卯未驿马在丁巳月。

以上全部应验。

解读实例七

1. 时间：癸酉年、乙卯月、辛卯日、丁酉时，申位，问调动工作？

2. 实例课式：

丙
戊戌（天空）
丁酉（从魁）
申

3. 解读实例：

（1）以丁酉将用爻，空亡，主空想不能实现。以丁壬合，自1992年产生动心。

（2）今年动，有心无力，因酉空，酉时因酉害于戌神，以将干丁生于神干戊主我生我克，即为调动工作之事，既求于人又反对他人。

（3）此外天干生神，神生将，外生我，他人寻我，由于受月卯、日卯冲破，失去了两次机会。

（4）以神生将，将干丁火生神干戊土主往来的是朋友、亲戚关系。

（5）虽外生内，外寻内，由于内爻空亡，主事不成。

以上全部应验。

解读实例八

1. 时间：癸酉年、乙卯月、辛卯日、甲午时，问调动问题？

2. 实例课式：

（A. 原单位）
丙
丁酉（太阴）
戊子（神后）
申

(B. 别的单位)

　庚

壬辰（勾陈）

甲午（胜光）

　寅

3. 解读实例：

(1) 以两课用爻的丁酉与壬辰是天地合处，问事已定。

(2) 因甲申旬中问事，本人丁酉是四大空亡，主空合空想，自己想到别的单位去。辰与酉合为东西方向。

(3) 以A地分申金空亡无力出走，虽申是奔走神，以B地寅木在春天冲申金，申金受冲又空主无力奔走。

(4) 取A将戊子，与B甲午天地冲克，B将甲午时旺有力冲于A戊子将，主别单位内没有同意。

(5) 两课中的贵神丁酉与壬辰合，是空合，即别单位有人答复，但不行令。B课的壬辰被寅木克主死，春天木旺土死，无力办此事。又壬辰被二月卯害，又被卯日害，就是说答复为你办事的人不当家，还得通过别人，故不能办成。

(6) 本人不听劝告忙活了一个多月，没办成调动事，折损一万多元。

解读实例九：占工作

1. 农历时间：2010年十二月十五日，未时。

干支时间：庚寅年、己丑月、癸酉日、己未时。

月将：子　日空 (戌、亥)　四大空亡 (水)

2. 实例解读：

乙		木－休	天德合，月德合
戊午 (朱雀)		火＋旺	丧车
庚申 (传送)	用	金＋死	天德，月德
卯		木－休	飞廉

3. 解读实例：

(1) 以将为用，在课中入死地。

(2) 占工作看贵神，现贵神在课中旺说明为官，天干为天德合生只说明得贵人提携。

(3) 从 2001 年开始走好运，2002 年官运好升职，2004 年甲戊庚三奇入课再升职。

(4) 用神为庚申其人长的比较白，在课中入死地，说明先天身体素质不好，常会肚子痛，金主肺大肠，肠胃病。

(5) 用神庚申其脸型为方形的，课中火旺常会发脾气，火主文字教育可知在教育部门，入式歌云：火临金位有迤粘 2002 年夏天会有车祸发生。

(6) 夫妻宫相克为感情不睦互相排挤，但见三奇甲戊庚不好离婚，离婚有困难。

(7) 天干生贵神在外早有外遇，今年七月份甲申月，甲戊庚三奇合成主七月份有奇遇。

解读实例十：占工作

一人问想调动工作能成否？

1. 农历时间：2011 年正月初二日，戌时。

干支时间：辛卯年、庚寅月、庚寅日、丙戌时。

月将：亥　日空：午、未　四大空亡：金

2. 实例课式：

丙			火＋休
甲申	(白虎)		金＋相
丁丑	(大吉)	用	土－旺
子			水＋死

神煞：

天干——月德

贵神——驿马，六甲

将神——天德，天医，吊客，六丁

3. 解析实例：

(1) 三阳一阴取将神为用。

(2) 四位四行不受克者为旺故土旺、水死、金相、火休。

(3) 取用神旺相主事宜成但官爻空亡又逢天干克之，此事不宜成，只是空想而已。

(4) 地分为原单位，和局主在原单位较好。

(5) 明年辰年申子辰合成局主明年好，明年可换。

我说现在最好不要换工作，还是在原单位较好，其人才打消念头。

第八章　官司如何

解读实例一

1. 时间：壬申年、戊申月、庚戌日、庚辰时，寅位，问争讼。

2. 实例课式：

戊

辛巳（螣蛇）

己卯（太冲）

寅

3. 解读实例：

（1）用爻已卯将，空亡，主办什么事都无力。

（2）休囚死空亡，主不通，秋天木死绝，主无力。

（3）以旺相论过旬可通。

（4）凡问事以课内为主，以年月日时为助，吉凶可应验。

（5）虽课内旺空，卯木绝于申，死于秋天，主损木或有车祸，昨日申时碰车，有惊无伤损，因落空，大凶变小凶。

（6）以内爻生神，螣蛇火相，主惊怪事，又合于酉日申时，以妇女发生斗争或由妇女引起。你爱人骑车与别人碰头，伤腿脚见血光应验。

（7）以天干戊土生辛金，巳火克辛金，主自身伤自身，自己摔倒后见血光，是与别人碰撞。

（8）以往来相生，主认识，及一个熟人出面解此事应验。

解读实例二

1. 时间：壬申年、丁未月、丁酉日、癸卯时，寅位，问官司何时结束？

2. 实例课式：

　壬
癸卯（六合）
乙巳（太乙）
　寅

3. 解读实例：

（1）凡问何时来人，官司何时结束。寻课内有无天马，驿马，或有冲动，飞廉，取三合，六合，奇合为归期，为结束。

（2）取今日酉，巳酉丑，劫煞在寅，驿马在亥，地分寅劫煞主小口有灾。

（3）内爻寅刑巳，因田产及小口斗打，伤灾损财产，因巳为财爻，因此事产生官司。

（4）取外爻天干壬水，生六合木，壬是子水刑卯木为无礼之刑，外刑内，外谋内。又取天干与神干比主外干预自己，主原来关系很好，后来别人引起谋害。

（5）天干壬水克将巳火主外来诡诈财帛。

（6）取六合卯木受刑，主官司开始于1992年一月份，以交易发生争执，因六合为交易之人，原来因小口有些纠纷。

（7）取亥卯未无未，合于六月未月结束。取天干壬合于月干丁，又丁壬化木，亥卯未合木局，主有一个中介人说合事，由于天干壬水空，主外方无礼取闹，最后内胜外负。

（8）取贵神，卯木主散而必聚，最后和好。天干壬水生神，外想和好。

（9）取神与将相生主亲属，将干被神干生主事体往来。

（10）取六合卯木被外刑，被年绝，被日冲无力，最后损失部分财产。

（11）取月建丁未木库，合于内，助于内，最后解合。

结束于六月，丁未日。

解读实例三

1. 时间： 癸酉年、丁巳月、丁酉日、丙午时，问麻将输赢？

2. 实例课式：

(课式 A“东”)

丙

戊申（白虎）

戊申（传送）

午

(课式 B“南”)

癸

甲辰（勾陈）

乙巳（太乙）

卯

(课式 C“西”)

辛

丙午（朱雀）

癸卯（太冲）

丑

(课式 D“北”)

辛

丙午（朱雀）

癸卯（太冲）

丑

3. 解读实例：

凡博戏的各位用爻，以旺相休囚死论，再以各课用爻与今日今时配合。

(1) 课式 D 北方以丙火旺，又与时同，不得日助，可取乙丙丁三奇无乙，借乙为胜。

(2) 课式 C 西方以丙午用爻旺与 D 北方同比主争，主平。

(3) 课式 B 南方以甲辰用爻，课内以地分卯木旺，甲辰土死，受丙午时生主死而复生，由于今日丁酉合生主有外援助，能转败为胜。

(4) 课式 A 东方以戊申用爻，课内死，又受丙午时克主败。今天丁酉比主外排挤东方。

(5) 总论应南方胜利，因北方、西方丙午生于甲辰土，夏天火旺生辰土。北方，西方开始很兴旺，最后中平，东方戊申死于夏天，死于北方、西方丙午之手。最后都转入南方赢钱，东方输钱。应验。

解读实例四

1. 时间：癸酉年、丁巳月、甲午日、癸酉时，未位，问最近有无官司？

2. 实例课式：

　　辛
甲戌（天空）
庚午（胜光）
　　未

3. 解读实例：

(1) 以庚午，主忧愁，文字官司，斗讼不断，以将与贵神天空戌，主斗打官灾。如见木主刑狱，见火富贵，你很富裕。

(2) 以庚午 1990 年，辛未 1991 年，太岁入课不受克主这两年人财官运一起来。

(3) 以庚辛年克神干甲，主 1990 年 1991 年遗留下的杂事发生官司，神见甲戌，必须到 1994 年甲戌年才能转好运。1994 年是因祸得福的一年，转折点。

(4) 以庚辛在外亡，加火上必刀伤，主有车祸，以课内午戌无寅合于寅月日成火局克庚辛金，主车祸验于正月份差点撞死一人。以寅午戌驿马在申，庚为申之本，主最近几天应特别注意，今天就是火最旺日，庚午时应产生伤灾，发生在东西路，且是撞了腿脚和头部。(我见别人撞伤头部)

(5) 论四月见辛为天德，庚为月德，所以伤灾不重。因天月德能化凶灾，解忧愁。

(6) 由于天月德入课，主一生求谋可成，遇难成祥，逢凶化吉。

全部应验。

解读实例五

1. 时间：壬申年、丁未月、己酉日、庚午时，戌位，问官司胜负。

2. 实例课式：

　　　甲
癸酉（太阴）
甲戌（河魁）
　　　戌

3. 解读实例：

(1) 以太阴为用爻，主凶孝丧事，又太阴当凶事不长，死丧道路见逃亡，见戌主夭亡凶死事。

(2) 神克干主官动，一般人问官司发动，以癸酉是1993年，太岁主今年发动官司，甲辰旬，甲落旬空主官空动。本内克外主克客，主胜。由于客空有反折力。神干又生天干，主有解合心愿，验。

(3) 由于天干甲木受岁冲主此官司产生于春天正月寅。

(4) 用爻见辰戌主家有斗打官司事及牢狱之灾。

(5) 其官司与家内人有牵连，又以干甲与将干甲同类主兄弟之称，通过一领导认识，以神干癸水生天干甲木与将干甲木。

(6) 其官司最后内胜外败，内是1993年太岁不受冲克。

(7) 其官司应结束，秋天七月申月申日为应。秋天金旺。

（8）因 1993 年太岁入课应到 1993 年秋结束。最后他告诉我 1993 年秋天结束，经过如你断解同样。

解读实例六

1. 时间：壬申年、乙巳月、辛丑日、壬辰时，未位，问讨债结果。

2. 实例课式：

乙

己亥（天后）

己亥（登明）

未

3. 解读实例：

（1）用爻登明水空无力讨债主空手还家，并有气索之事。因空寻人不在家。

（2）两亥水生一天干乙木主争财，因空主无功之争。

（3）以天干乙木克神干与将干己土，主发生口舌、斗讼事，又以木土口舌因神将落空所以配干论之。

（4）取亥卯未合木局，占事预约今天去，但是空合，主只见不成，或变更了计划。

（5）以课纯阴，课宜静不宜动，主阴人在家内等待，男人躲避起来。

（6）以寻人四孟用爻主门前立等，因空主在门口外空等一阵子。神干将干土为隔，天干一木不能克二土，只主在院内门外斗讼口舌。因阴土未为庭院，外克内为院内。

（7）干克方主妻动，所以与他妻发生斗讼口舌，生气而归，空手而归。以上全验证。

解读实例七

1. 时间：壬申年、庚戌月、庚子日、丙戌时，未位，问我军胜负。

2. 实例课式：

癸

丁丑（贵神）

丙子（神后）

未

3. 解读实例：

（1）以将神用爻，子为敌方将领，地分为敌帅。如将克方，指挥有方听从领导；如方克将内部乱套，乱阵脚；方生将兵尊重领导；将生方爱兵如子，团结一致。

（2）以外爻为我，贵神为我的将领，天干为我方兵。如神克干指挥有方；干克神不听指挥；如干生神，兵与将领一条心，神生干爱兵如子，团结一致，共同对敌。

（3）如神克将，将克方，我胜敌负，攻即破敌。

（4）如天干克将主围攻活捉将领。

（5）如天干神同克将主围攻全胜。

（6）如天干克方主我军士兵勇猛，敌兵弱，可攻打。

（7）将克神不可攻，宜坚守，他强我弱。

（8）将克干我军可败，坚守或转移地方，转危为安。

（9）如方与将同克神主我将领被擒。

（10）如内爻旺相克神与干主全军覆灭。

（11）分清内外爻胜负后，再以年月日时与内外合生制破害等，才能真正知其胜负。

（12）以论我胜他负，因地分克将，内乱。

（13）以神克干指挥有方，丑冲于未，听到将军名字就魂不附体。

（14）子与丑合主敌将虚合于我，假投降于我。内有奸诈。

（15）以戌月戌时刑于丑，将军一时无力，得日庚子合助有力，即有一个好助手。

（16）以戌月戌时刑于未主无力再战，士兵乱作一团。

(17) 以子将与日同主受排挤，虽自己指挥有方但得不到士兵的拥护，又受到同级的欺压，只好合于对方。

(18) 以丙子论主敌方领导核心乱，互相冲克。

(19) 以丁丑论主我方领导核心一体，助手强。

(20) 如以地分主敌军兵力很强，但指挥不动。

(21) 如以天干我兵军力很弱，听指挥，古人说兵不在广而在于精。以秋金生水相主精，又九月土克水主纪律很好。

(22) 以秋天土休无力，又受月时戌土的欺压，与刑主散乱。

(23) 以庚子论甲午旬中水是四大空亡主无指挥，又以地分未害于子水，主内部谋害将领。

(24) 我方士兵空，不受敌兵打击，主声东，击西，又以月干日干时干庚生癸水主外援多，应胜利。

(25) 战斗应在河沟边发生。

(26) 九月建于戌时开火，戌天马主快。

(27) 以申子辰劫在巳神干丁为巳，主我方将领有伤。

以上全部验证。

解读实例八

一人问官司如何？

1. 公历时间：2011 年 2 月 16 日 17 时 34 分 (北京时间)。

农历时间：2011 年正月十四日，酉时。

干支时间：辛卯年、庚寅月、壬寅日、己酉时。

月将：亥　日空：辰、巳　四大空亡：水

2. 实例课式：

己			土－旺
丁未	(太常)		土－旺
辛亥	(登明)	用	水－死
酉			金－相

神煞：

贵神——天德，六丁

将神——月德合，劫煞

地分——丧车

3. 实例解读：

(1) 纯阴无阳取将神为用。

(2) 四位三行行令者旺故土旺、水死、金相。

(3) 取用神为天后主其中牵连到女人。

(4) 取亥卯未会木局主因婚姻或交易事情发生官司的。

(5) 问婚姻主看主客的关系，今主客比和主谁也处于不服输的状态，僵持不懈，但我方丁火生天干，天干主有意求和，但丁火空亡只是有此想法不敢去说和。

(6) 若从立上看贵神和天干较旺，但比和主意见不同一，散漫无组织无纪律，我方虽弱但得天时地利人和之助，我方年上来合，月上来合日上来合，又时上来生主我方虽然不旺但得力理，所谓理不顺气死旁人，有理走遍天下，今四时来帮与我合成一派主得理服人。

(7) 而对方是土虽在课中旺主一时心高气傲，今逢四时之克主不得民心，又年月日为三个官贵神主在此偏向于我方。

(8) 取亥未无卯主卯年开始，卯月开始，年上卯木来入和局主有属兔的或辛卯年的领导出面解决此事当与十月份结束因逢劫则止。

解读实例九

一人问官司胜负？

1. 公历时间：2011 年 2 月 16 日 17 时 34 分 (北京时间)。

农历时间：2011 年正月十四日，酉时。

干支时间：辛卯年、庚寅月、壬寅日、己酉时。

月将：亥　日空：辰、巳　四大空亡：水

2. 实例课式：

丁		火－旺
己酉 (太阴)		金－死
己酉 (从魁)	用	金－死
未		土－相

神煞：

天干——天德，六丁

贵神——丧车

将神——丧车

3. 解读实例：

(1) 纯阴无阳以将为用。

(2) 四位三行行令者旺故火旺、金死、土休。

(3) 取巳酉丑三合金局主淫乱之和丁火合二酉金主因男女事情打官司。

(4) 金在课中死地主无力为我方无理对方有理占据了上方。

(5) 又年上来冲、月日来绝主必输无疑，但天干丁火生己土有空亡主无心应战，躲避不愿意露面，此次官司还是不打为好。

(6) 以贵神天干主最后阶段因丁火空亡主最后不了了之。

以上所断完全符合事实，其最后不了了之。

第九章　来意如何

解读实例一

1. 时间：壬申年、癸丑月、己巳日、甲子时，辰位，问来意如何？

2. 实例课式：

戊

戊辰（勾陈）

戊辰（天罡）

辰

3. 解读实例：

（1）一类朝元课，主闭伏不动，无荣，无誉，求望阻隔不通。

（2）取勾陈主斗打官司，牢狱之灾，争田土之事。

（3）取同类主你有几年官灾，且牵连了你的门户亲属。

（4）纯土主其家住于坟附近，或高处。

（5）同类为你家中常有斗打，家人不睦。

（6）辰土旺主你及家中人有恶疮，或癌症死亡事。医药工作者，或常吃药的人。

（7）土旺为艺术，技术之人，书法家之人。

（8）主你有后妇人、男主孤儿、女主寡妇，又主平生好斗。形貌必丑，骨骼粗大，忠厚。无误。

解读实例二

1. 时间：壬申年、丁未月、己亥日、庚午时，寅位，问来意如何如何？

2. 实例课式：

丙

庚午（朱雀）

丙寅（功曹）

寅

3. 解读实例：

(1) 凡来意观五动，旺相休囚死，然后观用爻知来意。

(2) 若取来意课中看，争斗取索配人元。

(3) 取的朱雀用爻，因文字发生官司，口舌是非。

(4) 天干丙与神比，主外干预自己，外骗自己，在外有凶灾。

(5) 天干与神午火同克神干庚金。主你有车祸伤身，或伤残四肢，并有烧伤。因火克金灾祸事难量。又见内二木生火，夏天火旺，午时火旺，有木助燃更旺。庚金死于火中，主凶死残伤事。由于今日支干救援，主当时死不了，但有死而复生之理。

(6) 其家应有火灾三次，因内三木生火。

(7) 三火克一金和家中人在外有凶伤两人，出于车祸绝命。

(8) 内二木生外二火主有人在树下及火中烧伤之人。又取亥卯未劫在申，申入火中主凶伤，残死之人。

(9) 取内爻见两丙寅主家内有两棵槐树是虚空。并且与灶房很近。取课内所主家内无不验证。

(10) 取朱雀午火旺主来人是有官职之人，因朱雀是官禄神。

(11) 火旺主其人是搞文字工作，艺术家，政治界人士。内爻寅木也主文字事，由此看主其家内出三个大专生，或邮电局上班之人。

解读实例三

1. 时间： 壬申年、丁未月、乙未日、甲申时，酉位，问升学？

2. 实例课式：

乙

丙子（玄武）

癸未（小吉）

酉

3. 解读实例：

(1) 凡问升学寻课内用爻如旺相不受克冲破者，不落空亡及四大空亡者升学没问题，否则升不上学。如见太岁，月建、日建、时助、生合者，平时学习一般者都能升学。

(2) 取玄武用神，在课内相者有力，但是子水受到月建来害之，月建未，日建未害之，主升学顺中有阻，或动三个学校。无力升学，学业反复多次。

(3) 取甲午旬问事，子水为四大空亡，叫做发用空亡事多虚假，如努力求取可走后门上学。

(4) 取地分酉金旺生水，主家长愿让你上学，由于用爻落空自己无力，学习不好。

(5) 取有乙丙无丁，可用丁年月日时寻人求学。天干乙木克将财爻，主损财。

(6) 取乙为卯之本身，有未卯无亥取乙亥年转向学习好的时机，由于课内酉金旺可论 1993 年秋天进入上学的时机。或从此开始学习有大的进步。

(7) 这次升学不成，因用爻逢四大空亡等凶神。

(8) 真正的转入学习好，取乙丙丁，和亥卯未，那么就是乙亥年 1996 年。

解读实例四

1. 时间： 癸酉年，丁巳月，乙未日，辛巳时，丑位，问升学能成否？

2. 实例课式：

丁

辛巳（螣蛇）

庚辰（天罡）

丑

3. 解读实例：

(1) 用爻庚辰落空主事难成，占事反复多次。你今年是第三次。

(2) 以庚辰合于年支酉主有人助一力，或上高价学校，或顶替别人上学，最后应验。

(3) 以外二火生内爻土，主家中财富丰满。由于财爻辰土落旬空，很多财空来空去，即进财多，花钱也广。

(4) 以干生地分丑，主家内子孙兴旺，田宅广，房屋七间，其田宅东西长，因子丑东西论。

(5) 其应有凶伤，因神干辛金入巳火内天干丁火同克神干、将干庚，主在路上有凶伤，巳火是月建，主一月之内产生，自今天计算到第十一天丁巳时，或丙午时出现凶伤。最后此事完全验证，丁巳时出去寻人，返回的路上被别人的车碰伤腰肋，因庚背辛肋。

(6) 以天干丁火主惊怪动，丁巳是月建不出月。

(7) 以今天未，亥卯未驿马在巳主快。应验。

解读实例五

1. 时间：壬申年、丁未月、戊辰日、辛酉时，未位，问病如何？

2. 实例课式：

己

壬戌（天空）

丙辰（天罡）

未

3. 解读实例：

(1) 问病寻天医地医、天月德合，天赦、冲空为吉。

(2) 以用爻丙辰主常年病灾，辰为医药类。又是辰日问事主家中有两个人吃药。辰主吃食及脾胃、胃癌后期，又神干水克将干火，主心脏及小肠。本人有心脏病多年。

(3) 以六月天医对冲酉，没入课只见酉时，主临时救，又丙辰合辛酉，主到各地治疗，见地天医为名医，也能死而复生。

(4) 六月天德，月德合己土入课，能转危为安，在此六月份有好转，重三月份，因辰被戌冲，又冲动，因凶化吉，因吉化凶的变化环节。

(5) 克将干凶中转吉，三月天德是壬，月德是壬，故化吉。

(6) 其课又主夫妻分离不和之事。辰戌丑未后妇多，其人有三个妇人。

(7) 久病逢冲克即变，逢合宜去宜亡。问事逢冲克即凶，逢合生即吉。

(8) 老人逢旺相冲吉，休囚死冲克即死。问病用。

(9) 青年人旺相冲克伤损，休囚死，生、合死而复生。应验。

解读实例六

1. 时间：壬申年、丁未月、甲辰日、戊辰时，酉位，问病如何？

2. 实例课式：

癸

辛未（太常）

乙亥（登明）

酉

3. 解读实例：

(1) 用爻乙亥无定式，水无体，须配合贵神。

(2) 贵神土克水主腰疼，肾病，及肚腰痛，肠炎等，克水尿病膀胱病，应验。

(3) 三月见乙卯是天医主有救，死而复生。

(4) 神克干头部，癸水主口腔炎。

(5) 以太常主毒药，及常年吃药，或见服毒死之人。

(6) 甲辰日灾煞申酉最为愁。

(7) 子辰劫煞在巳，对冲望门煞乙亥用爻。

(8) 甲辰是木性，未是月建，旺而受克，有灾无凶，逢凶而化吉也。只主吃药，不代表死丧。

(9) 四孟为天刑，主先天肾水不足，应验。

(10) 地分与时合，主逢凶化吉，虽小口有病无事，气管炎，因酉金肺病喘。

(11) 六月见酉为地医，化险为安。

(12) 六月见甲为天德、月德，能解百祸之忧愁。

(13) 亥申穿害，主今年被别人谋害，应验。

解读实例七

1. 时间： 癸酉年、丁巳月、戊戌日、庚申时，辰位，问病情如何？

2. 实例课式：

丙

乙卯（六合）

丙辰（天罡）

辰

3. 解读实例：

(1) 取用爻，六合乙卯木受年冲克，与庚申时绝中有合。

(2) 以乙卯生天干丙火主木休，金冲克主胸肋有病或心脏病。

(3) 以神乙卯害于辰土，主有肠胃病，常有肚腹疼。

(4) 以神乙卯克方，主扭伤腿脚。

(5) 以神干乙生天干丙，将干又为丙火，其人好头晕头痛，以火能炎上，只主此事。

(6) 以今日戊戌日冲丙辰将与地分，以辰戌冲主家内常有斗讼口舌事。以甲午旬中辰巳空亡，主轻微斗讼。日冲地分主小口发生斗讼口舌官司。

验。

(7) 以乙卯神合戊戌日，乙合庚申时，主绝木，见火克金主救援。

(8) 以课用爻的本性，乙卯木逢火、水年相助，求谋有成，占病好转。

(9) 如逢金年主伤，损财，身体得病。

(10) 如1980年、1981年，申酉年得病，1980年卯与戌合主各方面好转。

(11) 1984年金主别人害你，子刑卯为无礼之刑，甲子海中金克乙卯木主能谋害。

(12) 乙丑年金克木不顺利，金克木主转化动荡，到北京学习。

(13) 1986年丙寅年与乙卯生，主搞文字及印书，神生外，付出很多，开气功门诊部，古籍研究会，搬家动工作，应验，因乙丙丁三奇得名利。

(14) 丁卯年有名利可得，又以卯见卯主排挤，做生意不成，到东北及东方求财不成，二卯主合欢阴私事。应验。

(15) 戊辰，己巳大林木，乙卯小木入林中，财特旺，由于一小树在林中不得阳光，难以成材，己巳年1989年财特旺。由于求财不得发生一场官事。被别人骗去二十万元。

(16) 庚午1990年，乙合庚应转好运，又以卯木生午火主起家。门市部搬了家，借助别人力量起家。

(17) 辛未1991年，辛金克乙木冲克主动于七至八月，爬山越岭横跨几个省。以亥卯未木局。主结伙出外五人，内有一个妇女属猪，并有一位男孩属猪，以卯未无亥，这两个属猪之人都是主要人物，都是气功大师，由于合局未木库，未属羊，整个过程中，以两个属羊的为主，应验。

(18) 壬申1992年，以壬水生乙卯见土有财，以申金克绝卯木主伤财，伤灾，丢失全验。以乙合庚申金合中有绝主升官，在于申月应验。

(19) 癸酉年取亥卯未三合木局，到东或南方求财很旺，应以酉冲卯木主动多次。由于合局得人和，建立了人事关系收了几个学生，发展了你自己的事业。

(20) 甲戌1994年，甲木乙卯木比不得力，别人争斗。又以卯与戌合得年合，到处有助，真正的时机应在农历九月份合处。

(21) 截至现在都联系上了。关键在于秋天至冬天，是决定人生的关键时刻。

(22) 进入乙亥年万事成功，财官一齐来，因亥卯未合木局。

(23) 以乙卯木生丙丁天干，生将干丙，内外明亮，必须从乙年开始，乙丙丁年可以大胆干事业。应验。

解读实例八

1. 时间： 癸酉年、丁巳月、辛未日、癸巳时，卯位，问今年身体如何？

2. 实例课式：

辛

辛卯（六合）

甲午（胜光）

卯

3. 解读实例：

(1) 用爻甲午，主忧愁和血光伤灾。以辛金日干与天干辛神干辛同克将干甲木，主伤灾。

(2) 以夏天寅卯木甲乙木都是天喜，受克喜中有忧愁。

(3) 今年身体不佳，以六合木与地分卯木受年冲主一年身体有病，来人说他得了胸膜炎，因贵神主心胸，神干辛金克身，天干辛金克冲于六合才主心胸有病灾。

(4) 以辛金入火主头有伤灾或咽喉有病，在 1981 年辛酉年冲克六合木。来人说 1981 年得急性扁桃体炎，动了手术。

(5) 又夏天问事，课内午火克辛金，主头部和咽喉发炎。

(6) 春天开始生病，夏天严重，秋天金克木伤，进入冬天好转。

(7) 凡问病以天干为病，位主医人，天干克方主病克医，难好，或身体有伤灾，动手术。

(8) 以四月见辛为天德入课，解百凶忧愁。

解读实例九

1. 时间：甲戌年、辛未月、癸亥日、丙辰时，以方位知来意。

2. 实例课式：

癸

壬戌（天空）

癸丑（大吉）

亥

3. 解读实例：

（1）本人两次来都坐亥地分上，以亥为位立课。

（2）用爻天空，主虚假不实，主失物空形。

（3）神天空戌主道僧仙，或神佛之类。由于辰时问事冲于用爻戌，故损失财物。

（4）以大吉将丑刑天空神戌又月建辛未刑戌主用爻天空有动有失，且在六月丁未日，以未刑戌，日干丁合壬神干。

（5）以神干壬合月干辛借将干癸，主三个人合办此事，又主应在辛未月丁未日。

（6）以神戌刑丑，主神像原来在丑位，现在变动。取太岁刑丑，未月冲丑。以未主妇女，主被妇女盗走，其人属羊，或在未地住。

（7）此神将同克地分亥主其物从门下而出。

（8）以地分亥水见丑金戌火库，水泥为应。

（9）你家门坎是水泥构成，受克主伤是两件物。

（10）以神将比主门户亲戚，大吉为老阴人五十岁左右。

（11）以神戌见将丑是四季会煞，主家内有凶伤，且伤腿脚。又主伤夫人腿脚，因大吉丑为妇女。

（12）以神戌是太岁刑将丑，将是妇人，故妇人有伤。

（13）以今年太岁火库，克金库，今年不能到南去，又不能见火形物，或红颜色之物。

(14) 其妇人被车伤，车是红色，受伤时间是午时。丑是腿脚，伤腿脚。

(15) 以神天空戌火库，克将大吉丑金库，是贼动，是家内之贼，火克金主金属之类。丑金库主神祠之位在丑地分上。

(16) 以神干比将干主门户亲属之人盗其贵重之物，以丑大吉主贵重之物。

(17) 丑将受月冲主破烂之物，只盗去一半或一部分，把佛像盗去，底坐还在原来位上。因太岁戌刑月建未。

以上全部应验。

解读实例十：占来意

1. 公历时间：2011年1月18日13时56分。

农历时间：2010年十二月十五日，未时。

干支时间：庚寅年、己丑月、癸酉日、己未时。

月将：子　日空：戌、亥　四大空亡：水

2. 实例课式：

辛			金－旺
己未	(太常)		土－休
甲寅	(功曹)	用	木＋死
酉			金－旺

神煞：

将神——六甲，劫煞

地分——天喜

3. 解读实例：

(1) 三阴一阳以将为用

(2) 金旺、木死、土休

(3) 以日上论寅为劫煞、无天驿二马。

(4) 用神在课中入死地，见财动和兄弟动可知来人是问求财之事的。

(5) 两层财动不空说明最近得了两笔财，但财神在课中入死地又见兄弟动为不吉争比之象，寅又为劫煞为此烦恼。

(6) 己未时入课为贵神占时不出时，甲与己和己未时出外寻人谈事。

解读实例十一：占来意

1. 公历时间： 2011 年 1 月 18 日 13 时 56 分。

农历时间：2010 年十二月十五日，未时。

干支时间：庚寅年、己丑月、癸酉日、己未时。

月将：子日空：戌、亥四大空亡：水

2. 实例课式：

戊			土＋旺	
癸亥	(天后)		水－死	驿马
癸亥	(登明)	用	水－死	驿马
午			火＋休	丧车

3. 解读实例：

(1) 二阴二阳以将为用。

(2) 土克水水克火故土旺水死火休。

(3) 不见五动只见父母动，父母动为工作升迁事见两个驿马主快之又快，课中与年上形成寅午戌合成火局，为财帛文字信息之喜美之事。

(4) 用神癸亥克地分见驿马主出行，天干戊与癸和与人同行出外。

(5) 用神空亡两亥皆空，占事凶则不凶，吉则不吉。

(6) 贵神与月将同是癸亥一模一样又在正宫为婚姻僵持不下。

解读实例十二：占来意

1. 公历时间： 2011 年 1 月 18 日 13 时 56 分 (北京时间)。

农历时间：2010 年十二月十五日，未时。

干支时间：庚寅年、己丑月、癸酉日、己未时。

月将：子　日空 (戌、亥)　四大空亡 (水)

2. 实例课式：

丙		火＋旺	
丁巳（螣蛇）		火－旺	六丁
辛酉（从魁）	用	金－死	天喜
辰		土＋相	天马，丧门

3. 解读实例：

（1）以辛酉为用，课中入死地，见贼动。

（2）贼动为丢失东西，破财有关。

（3）财爻受制过重主破财，又为妻子宫主妻子身体欠佳。

（4）入式歌云：火临金位有遯邅，今日路上小心有伤灾车祸。

（5）巳酉丑合金局又辰与酉和为男女淫乱之和。

第十章　失物如何

解读实例一

1. 时间： 壬申年、乙巳月、甲辰日、辰时，问藏物所在。

2. 实例课式：

课式①

庚

丙寅（青龙）

甲戌（河魁）

午

课式②

辛

甲戌（天空）

乙亥（登明）

未

3. 解读实例：

(1) 以①寅午戌合火局克天干庚，内见合局主是成形物。以火主电主声音，是个录音机。

(2) 火局克天干主其物在其录音机上放着。

(3) 天干庚金受克主破损物，又是金属物。

(4) 以五行主金形方，有克尖形。

(5) 又主其物在南方午地。

同时又问一课②：

(1) 以甲戌天空为用，主空虚之用，又主坚硬之物。

(2) 辰戌坚硬更带角，是一个玻璃球形，戌主磁瓶，内有花纹，以神干见甲木将水生木主花，地分未也主花。

(3) 其物以神干甲合于己巳主在巳地。

(4) 以亥卯未木局克天空土，生天干辛金主在其物之上，其物有多种颜色。

(5) 土受克不主吃物，只主玩物。

以上全部验证。

解读实例二

1. 时间：壬申年、戊申月、辛亥日、甲午时，亥位，问逃跑方位。

2. 实例课式：

己

丙申（白虎）

戊戌（河魁）

亥

3. 解读实例：

(1) 问丢失和贼逃方向，可寻天罗地网及天盘地结。如戌见亥为天盘，主贼人跑不掉能抓住。

(2) 其贼人在大路边，叉路口附近。以秋天申金旺，月建与太岁主大路，丙火克之主叉路口。

(3) 以神太岁月建，生地亥水主领导干部的后代作贼。

(4) 以日干辛落于酉位主其家门朝西开，或向西逃走。以天干合处为去路，在西去大路上查点可获于戌亥时。

(5) 以日亥卯未劫煞在申日戌亥时落网应验。

(6) 以活贵神玄武落于戌上为入天盘，主落网于戌时，最后应验。

解读实例三

1. 时间：壬申年、乙巳月、壬寅日、辛亥时，辰位，问藏物何在？

2. 实例课式：

甲

乙巳（螣蛇）

辛丑（大吉）

辰

3. 解读实例：

(1) 以辛丑主角斗在其下，丑未眉目要思量，当旺器物为新。

(2) 以丑土死，夏天丑死而复生，主新物有损。

(3) 以上克下主其物从上而下，以将干克天干克神干主放在其物之下，又放在其物之上，所以放在两层物之上。

(4) 辛丑金主镜和金属，以阴金被火炼之，见水冷却主器具。若占手中物与怀藏之物同论。

解读实例四

1. 时间：壬申年、乙巳月、辛巳日、戊戌时，问贼人逃跑方向？

2. 实例课式：

己

戊子（玄武）

丁酉

亥

3. 解读实例：

对方以写好的十二地支为十二方位，他任意拿一个，我在另一个房间计算，知其拿的哪一个，或近三十度的一个。今天日干辛顺用。

(1) 如月将加戌寻酉落处亥位，主对方拿的是亥。即贼人往亥地跑掉，应在亥地伏兵截击。

(2) 以日干辛为主，丙辛就在功曹寻，因是第二例可逆转，落于辰位是游都，对冲是戌位为鲁都，主贼逃去的方向。他拿的亥位差三十度。

(3) 以月将加时顺转，到辰为游都对冲戌为鲁都，贼人往西跑。差三十度，以他拿酉位。

(4) 以同年月日时，再用今天的日干辛酉，以逆转到亥位得酉将，为天地合处，贼人逃走方向。对方拿的亥位。

(5) 十一月癸丑月戊辰日寅时，问贼往哪里逃。以月将加时，寻天罡的落处在巳位为天地合处，对方拿的是巳方位。（十一月子月丑将神加于寅时上寻天罡落于巳位，若以癸丑寻天罡落处为午也）

(6) 四月将壬子日卯时，问贼逃跑方向？以月将加时，寻于亥落处为天地合处，对方拿的是未，实际上亥落于午位，因午未为南方差三十度。

(7) 在同年月日时连续用游都鲁都时，必须多种变化。可以月将加时寻游都，落处丑对冲鲁都，未位，再以月将加在鲁都落处的方位未上，逆数到戌上得亥将。以壬日干的合处是丁亥上，亥落处为天地合处，此方位是贼人逃跑的方位。在外划一个圆圈，站在中心，随便走一个方向正是今天的天地合处，经反复试验误差三十度，若按八卦分四十五度一个方位，完全正确。

以上皆应验。

解读实例五

1. 时间： 壬申年、戊申月、戊申日、丙辰时，以戊辰己戌中，在院内任意走一个方位，知其往哪个方向行？

2. 实例课式：

乙
戊午（朱雀）
丙辰（天罡）
卯

3. 解读实例：

(1) 以月将加时寻辰的落处，卯位是天罡，其人应往卯方出走。应验。

(2) 本人谈到想往南走最后还是朝东去。

(3) 天地合处为去路，暗藏人马杀贼兵。

解读实例六

1. 时间： 壬申年、乙巳月、甲辰日、申时，问故人出行。

2. 实例课式：

丁卯
庚午（朱雀）
丙寅（功曹）
 卯

3. 解读实例：

(1) 以月将加时寻寅位，落于寅即东方。

(2) 以月将加时寻游都，落于卯位。

(3) 对冲酉为鲁都。

(4) 以鲁都上加月将，数到卯为天地合处，得寅入卯位。

(5) 对方实际出行于辰位，以寅卯辰为东方木，误差六十度，以游都误一位。

以上完全应验。

解读实例七：占找人

一先生年前来预测儿子出走在外平安否，能回来否？

1. 农历时间： 2010 年十二月廿八日，未时。

干支时间：庚寅年、己丑月、丙戌日、乙未时。

月将：子 日空：午、未 四大空亡：金

2. 实例课式：

乙			木－旺
乙未	(太常)		土－死
戊子	(神后)	用	水＋休
未			土－死

神煞：

天干：天德合，月德合

贵神：天德合，月德合

将神：天医，吊客

3. 解读实例：

(1) 三阴一阳取将神为用。

(2) 四位三行行令者旺，故木旺、土死、水休。

(3) 见妻动贼动，妻动说明婚姻不顺见子未相害说明离婚之象，贼动主骗取、拐骗诈骗等性质，说明其妻被人骗走。

(4) 用爻在课中休囚无力，但在冬季水旺之季节可断儿子人在外，在外平安。

(5) 上下相加持主儿子在家受到打骂，难以在家而不辞而别的（其人反馈因为打儿子而出去的）。

(6) 以用神合于丑月又见课中有卯未无亥以此判断可知去了北京（有不明之人往家里打电话说儿子现在在北京）。

(7) 层层克下主本人现在想回来，但又遭到地分的克制主心中矛盾害怕。

(8) 见三土加上课外月日时的三土是戊土克制用神，可知现在资金不足一时被人控制暂时难以回来（反馈出去的时候身上没有带钱）。

(9) 取格局看其事体干克神，方克将主可以相逢。

(10) 无驿马天马但见将干戊土可做天马，但天马被克主有不快之说，故今年过年难以回来。

(11) 取用爻自身相克又入休地无力，可知儿子无学历，从小身体素质较差，水主黑，长的不白，地分受克，主脚上有病有肚腹之病肠胃病和肾病(其人忙说对对对)。

以上全部应验。

解读实例八：占寻人

今日 83 岁的姥姥丢失不知去向，焦急之际才用金口诀断之，课例如下：

1. 公历时间：2005 年 10 月 5 日 20 时 14 分 (北京时间)

农历时间：2005 年九月初三日，戌时。

干支时间：乙酉年、乙酉月、壬戌日、庚戌时。

月将：辰　日空：子、丑　四大空亡：金

2. 实例课式：

癸		金 – 相
己酉 (太阴)		金 – 相
丁未 (小吉)	用	土 – 旺
丑		土 – 旺

神煞：

将神：吊客，六丁

3. 解读实例：

(1) 纯阴反阳以将为用。

(2) 土克水金生水，故土旺、水死、金相。

(3) 取用神丁未丁主惊恐怪异事。

(4) 取五动鬼动又层层生外主已远走。

(5) 取本人属相为地分冲将神未土显然是向未地而去，未地正逢县城 107 国道，明日可沿着 107 国道去寻。

(6) 取土旺论数己土为九数合为十七数，故断向西南走去十七里地左右。

(7) 取用神旺相主人在外平安。

(8) 未土生酉金故在外得到一妇女的帮助，未被丑冲主迷失方向到处乱走。

(9) 问什么时候可归？明日甲寅时甲与己合可归，与卯申时可归因卯来入未库主回家。

第二天卯时早起出门找姥姥立课出行如何？

1. 时间：乙酉年、乙酉月、甲寅日、丁卯时，占出行。

2. 实例课式：

丙

壬申（白虎）

丁卯（太冲）

寅

3. 解读实例：

(1) 三阳一阴取将神为用。

(2) 见驿马天马主出行，主快。

(3) 唯有占出行和找人、捕获逃亡有利也。

(4) 何以知之？本课卯上见金谓之锁，金上又见火克金谓之破锁，故出行无阻也，今日出门寻人可见。

以上全部应验，于卯时在107国道找到。

解读实例九：占失物

今天邯郸苏伟打来电话说金戒指丢失问能否找到？课例如下：

(本课为错课正断)

1. 公历时间：2009年1月23日17时6分 (北京时间)

农历时间：2008年十二月廿八日，酉时。

干支时间：戊子年、乙丑月、戊辰日、辛酉时。

月将：子　日空：戌、亥　四大空亡：水

2. 实例课式：

辛		金－旺
辛酉 (太常)		土－休
壬子 (神后)	用	水＋相
酉		金－旺

神煞：

将神——天医，截路

地分——天喜

3. 解读实例：

(1) 三阴一阳取将神为用。

(2) 课中四位二行受生者旺但见三金取多者为旺故金旺、水休。

(3) 用神天盗入课主丢失东西，但见用神发用空亡逢凶不凶。

(4) 子水空亡又不见贼动综合判断不是被盗而是丢失。

(5) 见三金生一水，又见壬癸辛三奇入课主可以找到。

(6) 取贵神占时不出时主苏伟现在已经找到。

(7) 三金夹一水明显的是在两个铁物中间放着，应该从这方面找。

以上全部应验。

第十一章　今天如何

解读实例一

1. 时间： 壬申年、丁未月、乙未日、甲申时，午位，问今天办事如何？

2. 实例课式：

　　　壬

　　丙戌（天空）

　　庚辰（天罡）

　　　午

3. 解读实例：

(1) 取天空用爻主虚诈不实，及斗讼、口舌发生，且将辰与天空同落于午位。六月天马在辰，今天你辰时发生此事。

(2) 取用爻合局，寅午戌火局，天干见水克火主坏局，求谋一半成或不成。又取课内辰子合申时及申年，占事主有争执。

(3) 取丙戌天空合于辛巳时见牢狱事，因辰见巳亥必有斗打牢狱，因神克干为官动，在外爻主外事，官动又落空亡，主外人事。

(4) 取方生神，有外人与你相约，内外相望有人接引，因隔位求财主迟。

(5) 取用爻与每月日时相刑主办事不顺，戌未为特势之刑，所断今天办事不成与对方格格不入，并有斗讼，口舌事。

(6) 取课有戌午无寅主你今天到寅方位去了（东北方向），办事只谈没有订下合同，而为订合同发生文字争执。

(7) 凡求谋，用爻不冲、破、空、亡、死、绝主有力能成，否则一事无成。

(8) 取天干克神干，神支又克天干，主事情往返两次才能办成。

解读实例二

1. 时间： 壬申年、壬子月、癸亥日、己未时，亥位，宋先生问今天办事如何？

2. 实例课式：

癸

壬戌（天空）

丁巳（太乙）

亥

3. 解读实例：

(1) 取天空用爻，主虚诈不实，难度较大、并有斗讼口舌。

(2) 取未时与用爻相刑，主未时办事无成，或阻隔不通。

(3) 取日亥驿马在巳，将为丁巳主丁巳时办事成功，因丁巳将与神壬戌，有生、相合，主求人办事能见，能成。内生外，内合外，内求寻于外。

(4) 取人元癸水克将巳火，地分亥水冲将巳火，主今天中午十点左右有人在你厂内，或家中发生取债，或付债，因外两水冲克财爻，主损财两次。但是课内戌土旺克水，主财爻巳火得救，今天不损财。今天是在厂内有两位妇女讨债。被领导劝告说回去，那两位女同事，还咒骂了几句。

(5) 神克干主今天动官司，或你到法院去办事，或者你九月份，与外人发生斗打官司事。由于土克水主因田宅，房屋之争斗。我断你必去法院办事去了，因天空戌落入巳亥位。最后他说我到警察局办事了，并在于巳时。询问别人的一个案件事。

(6) 取内爻巳亥相冲，主家内斗打口舌，因孩子引起，应发生在昨晚戌时至亥时。

(7) 取日干癸，在于未时问事，是五鬼时，癸水又冲巳火，主在午时有一位妇女在东西路上碰车子，手上与面部见血光。因未为面部、未为东西部，何为碰头，癸冲巳火，何为外人，日干为外人。日干癸合戌年时。

解读实例三

1. 时间： 壬申年、丁未月、癸巳日、丙辰时，亥位、问今日来信否？

2. 实例课式：

癸
壬戌（天空）
癸丑（大吉）
亥

3. 解读实例：

（1）凡问人事来信应以天干生贵神。或外生内，主外信可来。外克内来信有冲，言语不当。

（2）内克外不来，内生外不来。

（3）天空壬戌土旺，主虚诈不实。

（4）取癸巳日，巳酉丑合，驿马在亥，地分亥，日干癸，将干癸，天干癸水是亥之本身。问事主快上加快，刚说话，外边送来信。

（5）取用爻干的合处，为丁巳地分上来信，接信后果然东南方向来信。由于用爻是贵神，为外爻。应在门外相验。加快，八点四十五分来到，正好应于正丁巳分时。

（6）为什么用于神干，因辰时冲用爻戌，冲即动，可用干合处。也可取神干壬，将干癸合辛酉时，或来信者属鸡。或辛日干，辛酉年生人，送信人属鸡，酉时发出的信。

解读实例四

1. 时间： 壬申年、戊申月、己酉日、己巳时，巳位问信何时来？

2. 实例课式：

己
丙寅（青龙）
己巳（太乙）
巳

3. 解读实例：

(1) 取青龙用爻克天干，主信动，因取来信以我为外，天干为我贵神对方，神克干主信动也。但顺中有阻。

(2) 寅木刑地分巳将，地分巳取内爻见两个巳为气索之事，或因小口发生斗打事。后来见面问之非常正确。

(3) 取六合、三合、或天地合为应期，逢空可论航空信、电话、电报等，以丙寅合辛亥准来，结果如此。

(4) 取神干丙火为文字，青龙为文字，神干生天干己主文字动，所以断必来不可。

(5) 取用爻青龙寅驿马在申，劫煞在亥，逢劫即止。

(6) 取甲辰旬中寅卯落空，应过旬后才通顺，可近取天地合处为应。必须用爻旺相，如休囚死不可此论。

(7) 取神将相刑，来信时主夫妻斗打事。

解读实例五

1. 时间：壬申年、壬子月、戊午日、丁巳时，午位，问今日如何？

2. 实例课式：

　　戊

甲寅（青龙）

甲寅（功曹）

　　午

3. 解读实例：

(1) 以青龙在冬天主旺相，可得财得官禄及珠宝财物。以课内神与干同克天干，主官动两次。因十一月见寅为天马，十一月寅是飞廉主快。今天应谈到别单位兼职的事或升官的事。

(2) 由于见岁破主占事难成，但冲即动今年动。

(3) 以内爻子午冲，主家内或公司内部发生冲突。

(4) 甲寅旬子丑逢空主无力冲午地分，虽壬子月建空，主一月办事无成绩。又受日冲无力生神青龙，必须等到1993年癸酉年、甲寅月绝中有合，到另一个单位去。

(5) 今日办事在外发生斗讼事，我克于外我胜他负。

(6) 以神克干，将生方是分局课，因将干、神干比主分散事。今天午时已谈到去另一个单位。

(7) 因壬子水空亡主十一月内求财无功，子午相冲，二人分散，内里乱了套。接了出口活，最后做错了，内部人员互相埋怨。应验。

解读实例六

1. 时间：甲戌年、乙亥月、乙卯日、庚辰时，辰位问今天如何？

2. 实例课式：

庚
庚辰（勾陈）
戊寅（功曹）
辰

3. 解读实例：

(1) 用爻勾陈主辰时发生斗打事，以贵神占时不出时，又主妇女斗打门外，因勾陈落辰主妇女，勾陈在外爻主在外，验。

(2) 以天干神干庚克将主口舌外来，又土隔外，金不能近前，所以说在外有人帮助解说，以庚金道路之神，庚为斜路。由于甲寅旬中见金四大空亡，无力克木，反被木克，土埋金之说，主外人今天辰时讨债没讨去发生口舌，有一个人帮助劝告。

(3) 土加木主公司贫穷，把产业卖完也不够还债。

(4) 以一木克两头土主分张事，今天公司开会谈如何承包问题分家。

(5) 因辰时见辰用爻主会上相争事，辰为库主开会。应验。

解读实例七

1. 时间：壬申年、壬子月、甲子日、辛未时，子位，问办事见验？

2. 实例课式：

甲

乙亥（天后）

庚午（胜光）

子

3. 解读实例：

（1）以天后主妇女奸私之事及邪淫之事。

（2）甲子旬中戌亥空亡，发用空亡主事虚假难成，或求事一半成。

（3）以神生干主空寻人，空生能见不能成，验于寻找他人见两次不能成。

（4）内爻子午相冲、主家内斗讼，出外损财，先失而后得，子月建冲午主伤财。让别人骗去四万元，到十一月壬子月复还。又以地分子克午将主小口斗讼事。

（5）以神与将绝主夫妻分散，或有一段分离。以神干乙合将干庚主有分有合，先分而后合。

（6）以将干克神干克天干，主你与领导发生斗讼事。

（7）天干甲木生午火主有一领导寻你，求你办事。

（8）水加火主妇女官灾心痛祸，在厂内应见一妇女肚腰痛，验于午时，因午将是肚腰，被水克主此事。

解读实例八

1. 时间：壬申年、乙巳月、壬寅日、丁未时，申位，问来人时间。

2. 实例课式：

戊

庚子（玄武）

己酉（从魁）

申

3. 解读实例：

(1) 以已酉用爻，主四游神主来人在半路，因四仲故来人在半路。

(2) 以乙巳月见子为天马主快，甲午旬中见水空亡，故未来到。

(3) 天干戊土克贵神水，主出行有阻隔。

(4) 以天干戊土旺主土旺日时为应。合甲辰日，来到。

(5) 因酉为门户及庭院，所以甲辰日到家寻找你。

(6) 以寅午戌驿马在申，地分在申主快，申时到家。

解读实例九

1. 时间：壬申年、乙巳月、癸卯日、丁巳时，未位，问来人。

2. 实例课式：

己

辛酉（太阴）

壬戌（河魁）

未

3. 解读实例：

(1) 用爻壬戌土主迟，今天卯与戌合主来。

(2) 以将干壬合日干癸落神干辛，主辛酉时来于6:40分，正酉时戌分。

(3) 以日卯，亥卯未驿马在巳，巳时间主巳时，对方已确定来。

(4) 金出于土中，金入于土中，所以回家来，天干生金别人送他来。

以上全部验证。

解读实例十

1. 时间：壬申年、壬子月、丙寅日、壬辰时，寅位，问今日见验。

2. 实例课式：

庚

辛卯（六合）

己亥（登明）

寅

3. 解读实例：

(1) 用爻己亥，主取索之事，又己土克亥身主自己克自己，因落旬空，办事无力。

(2) 以天干庚克六合木见人伐树木，神干辛金克卯木主伐数棵树非一棵。以六合卯木入地分寅木内主有大树及小树一齐伐光。

(3) 以天干庚落寅主斜路上见伐木。

(4) 以用爻己亥应合甲午，应以甲午方合己亥方向。只取甲与己合，午与亥绝，主绝中有合顺中有阻，西北路不通因修路伐树木不通行，最后改东北方路，课内天干克内寅卯木位主东北不通，或三次转弯。因冬天木旺，课内水相，主求谋努力可成。应验。

(5) 以用爻干己合于甲时干，应午时才能见。按正常从菏泽到鄄城一个半小时可到，九点出发，十点半可到达目的地。当时车内领导认为根本不可能午时抵达，谁知路不通绕了几个弯到达鄄城宣传部时已十二点十八分正午时。从此例中得知时空不受条件限制。随便取一个方位，立成课用以生克制化可先知道一切事物的发展过程。领导们从此信服。

(6) 以日寅可取寅午戌驿马在申天干庚，主路神，主急，但路神有刑，主路中不顺。

(7) 以今日论亥是劫煞，主凶伤及凶灾，地分寅是太岁冲。今天是寅，故在今日动。

(8) 用爻亥是今天的劫煞，主凶灾，但甲子旬中戌亥落空主不凶。只亲眼看到别人凶灾伤灾，验。车开到四十里路时，见一小孩从自行车上掉下摔伤。

(9) 回来时转于巳方向，以将亥冲巳，所以走巳的方向。

(10) 自东北向西南，此寅地分冲于申往西南开通。

(11) 卯六合木冲酉主最后往正西开。

(12) 由于外克于内出行不通回来同论，见一车碰头，见一车坏于路上。以用爻空只见别人。

(13) 用爻落空进取无力，验。到了鄄城后，只见说笑一场，成果一无所成。

(14) 申金旺主申时回来，以寅申冲必动。

(15) 以辰时害六合卯木，主我受排挤无力，只受领导考核，应验。子月刑卯外人无礼之刑。

(16) 天干庚金旺见一位军人，司机是军人。

(17) 寅为炉灶，又天干庚金克冲，进入申时主搬一个铁制炉灶。车停的方向是寅申位，门朝亥位开。

(18) 送回厂时，应见一位有官职之人寻你，以地分寅为官职之人。外寅合亥在于内爻，主在厂内见面，又是空合主不顺利，及工作有差错，寅主文书、文字、争执事，申时冲主合同签的不明确来问你，应验。

(19) 以亥受申时害，主有外人谋害，应验。

(20) 以空位用爻，今天办事无成果，想办的事都见了，但是却一无所成。

(21) 以天干神干生你，主外人两次寻你。

(22) 六合主宴会酒食，官府中的人聚会。

课内全应验。

解读实例十一

1. 时间：癸酉年、丙辰月、丙戌日、壬辰时，午位，问今天生意如何？

2. 实例课式：

甲

丙申（白虎）

己亥（登明）

午

3. 解读实例：

(1) 以己亥将主气索之物，及斗讼口舌。

(2) 以甲申旬丙戌日，地分午主旬空；白虎申是四大空亡，主空想。

(3) 以将与方绝，亥与午绝，主家中口舌斗争及家中有酒食。以将干己主酒食问题，天干甲生神干丙生将己主外人来喝酒。

(4) 神申将亥或申与亥害，主顺中有阻，求事难成。

(5) 地分贵神空，主是支空，可寻天干用。此天干生神干，神干生将干，外财可进，应在甲午时进五万元。

(6) 以四月见丙为天德合。

(7) 以天干甲合于将干己化土克亥水，主外来克内，家中财有折损。

以上全应验。

解读实例十二：占今日如何?

1. 公历时间：2008 年 7 月 18 日 1 时 14 分 (北京时间)

农历时间：2008 年六月十六日，丑时。

干支时间：戊子年、己未月、己未日、乙丑时。

月将：午　日空：子、丑　四大空亡：金

2. 实例课式：

丁			木 − 旺
丙子	(玄武)		水 + 休
戊辰	(天罡)	用	土 + 死
亥			水 − 休

神煞：

贵神——天德，月德，丧车，六甲

将神——天马

地分——病符

3. 解读实例：

(1) 二阴二阳一将为用。

(2) 四位三行行令者旺故土旺、水死、火休。

(3) 天罡发用无不斗讼，主斗打口舌之事，见申子辰会水局主打群架。

(4) 见天干六丁人课主斗打惊恐。

(5) 取天干贵神克将干庚主道路伤灾见空亡主有惊无险。

(6) 巳亥常为取索物因索要东西而发生斗打生气之事。

(7) 以无形论事子水入水库今日洗澡。

解读实例十三：占今日如何?

1. 公历时间：2005年10月5日21时14分 (北京时间)。

农历时间：2005年九月初三日，亥时。

干支时间：乙酉年、乙酉月、壬戌日、辛亥时。

月将：辰　日空：子、丑　四大空亡：金

2. 实例课式：

辛			金－相
丁未	(太常)		土－旺
甲辰	(天罡)	用	土＋旺
亥			水－死

神煞：

贵神——吊客，六丁

将神——六甲

地分——德合，丧门，飞廉，劫煞

3. 解读实例：

(1) 三阴一阳取将神为用。

(2) 土旺、金相。

(3) 取用神旺相主事，用神旺相主明日办事有力。

(4) 辰土发用无不斗讼与戌时冲主斗打之事，明日办事需注意。

(5) 将干与日支成半合局待明日午时三合火局主有力，火局为信息之和。

(6) 取土旺论事，入式歌云：太常五谷酒食宴，主明日有酒食宴会之事，见地分劫煞主饮醉。

(7) 用神辰合天干辛金主明日出外寻人且关系很好。

(8) 以亥卯未合木局主明日有交易婚姻之事。

以上全应验。

解读实例十四：占今日如何？

1. 公历时间：2008年8月2日1时14分（北京时间）

农历时间：2008年七月初二日，丑时。

干支时间：戊子年、己未月、甲戌日、乙丑时。

月将：午日空：申、酉四大空亡：无

2. 实例课式：

甲			木＋旺
甲子	（玄武）		水＋休
丁卯	（太冲）	用	木－旺
戌			土＋死

神煞：

天干——天德，月德，六甲

贵神——天德，月德，丧车，六甲

将神——天喜，六丁

地分——吊客

3. 解读实例：

（1）三阳一阴取将神为用。

（2）四位三行行令者旺。

（3）取用神与子水成无理之刑主无理扣留。

（4）用神卯为车被子水刑就是车的事情。

（5）卯木入火库主车被囚禁之象见天德月德入课主得贵人相助。

（6）取今日辰时冲开库放出卯主得到释放，主此时解决，结果与辰时释放。

第十二章　家宅如何

解读实例一

1. 时间：癸酉年、丙辰月、戊午日、辛酉时，卯位。问家中的门户及外景怎样？

2. 实例课式：

乙
戊午（朱雀）
乙卯（太冲）
卯

3. 解读实例：

(1) 以用爻戊午为天门，应朝南开，应验。

(2) 以贵神占日主旺，其家内应出大专文凭一人。

(3) 以乙木生火，主其家有三次火光。

(4) 以内爻见二卯木，主其家有数棵小树或石榴树，应验。以朱雀火主红色，朱雀火在木中间，所以说有开红花的树木。

(5) 门外有柳树，以天乙论之。

(6) 其家有拖拉机一辆，以午火为马，古时为马，现在为车。

(7) 地分将卯为车，主其家是与别人合伙买的车。因三木一火，主三家合伙干事。

(8) 以太冲内爻，主分家一次，及兄弟斗打之事。

(9) 以内爻见二卯木，主门户相争斗。因门户斗争。

(10) 因见二乙二卯木为门户，主搬家四次。

解读实例二

1. 时间：癸酉年、丁巳月、壬辰日、己酉时，巳位，问家宅？以本人属相子前五辰作地分立课，知其家吉凶成败。

2. 实例课式：

乙
辛丑（贵神）
甲辰（天罡）
巳

3. 解读实例：

(1) 以天干论祖父，以课内旺相休囚死而论。如旺相，应有官职和财富丰足；休，主一般，无官职；死囚，无职主贫败。

(2) 以贵神为父亲。如旺相主官禄富贵，财产丰隆，如休一般无职权，如囚死无官无贵，贫苦等。

(3) 以将为妇女或妻财。如旺相生神土娶妻发家，如休囚死主一般贫穷，冲克主损财伤妻论。生合于年月日时主有外情及外财可进。

(4) 地分为子孙田宅事。地分旺相，主子孙兴旺，且有成才子孙，或田宅宽广，六畜兴旺，地分休囚死冲破主反之。

(5) 以此课论，天干旺主祖上有名气，家业兴隆，并职权在身，因受年冲、日破、时冲，主后来身败名裂，官司缠身，家业衰败。应验。

(6) 以天乙贵神，主其父亲是有官职之人。以神干辛金入金库，主其年酉、时酉金入丑库。

(7) 以天干乙木克贵神土，主其外谋官职又升官。以辛金克天干乙主官动、因祸而得福也，应验。

(8) 以甲辰将土本人或兄弟，又主姐弟五人，内含兄弟两人。以将甲辰与辛丑神比，主兄弟两个人，兄弟两人都是有官之人。因贵神是官禄之神，以将干甲是职权之人。应验。

(9) 以地分巳火，又是月建，主子孙能成才，或有职权之人。又主子孙聪明伶俐，学业有成。

以上论述全部验证。

解读实例三

1. 时间：癸酉年、丁巳月、甲午日、庚午时、戌位，问一家工厂情况怎样？

2. 实例课式：

甲

甲子（玄武）

甲子（神后）

戌

3. 解读实例：

(1) 以甲子用爻，主布匹、服装之类。

(2) 以今日甲午、庚午时冲甲子不得日时助，主求财困难。又主丢失东西和布匹，应在冬天。因课内以玄武为用爻，主盗贼事，又以玄武见火，主偷。

(3) 以水土在内爻，为土地，天干甲木与神将干甲木生长在土地上，又于夏天火问事主树木才可旺盛。必须到金年、月、日时成大树，巧合于九二年、壬申年，九三年癸酉年是金，主本厂的大转折，开始走好运，价格猛涨，生意特好，厂风正规，各方面调节的很好。

(4) 以地分克将克神，主工人反抗不听话。

(5) 以天干克地分得天时，将神干甲木克地分戌土，主当权行令。

(6) 以天干甲木隔位克地分主遥控指挥。

(7) 以神与将两个甲子比，主有人争权争名利，内有两个厂长互相排挤。

(8) 以日时为总经理，冲克他两位，当面服、背后不服，免职一人，情况逐渐好转。

(9) 以神将比，你的亲属有伤。

全验证。

解读实例四

1. 时间：甲戌年、辛未月、乙卯日、辛巳时，酉位。问开门市如何？

2. 实例课式：

乙

丙子（玄武）

丙戌（河魁）

酉

3. 解读实例：

(1) 以用爻丙戌将，斗讼之神，自身相生主先贫后富。

(2) 以丙戌本身肥大，因太岁土旺主胖大。

(3) 以将与方为内爻，戌害于酉，主1993年开始家庭纠纷。分散于今年，以卯酉相冲，辰戌相冲分散于三月份应验。

(4) 以丙戌将合于辛未月，自己建立家庭和工厂。

(5) 以天干乙、贵神玄武，水木相生，主作好了外出计划，以天干乙木生神干丙火，发财于外。

(6) 以天干乙、1995年乙亥、1996年丙子皆是转运的好机会。

(7) 以本人的日干甲应起于乙亥年，丙子年，丁丑年，戊寅年，由日干测出的结果与姓名笔画测出的结果相同。

(8) 以本人的年干丁，自八九年转好运开始工作，1990年至1992年很好！至1993年转折。

(9) 以日干甲与1994年甲同，主今年因祸得福，直到走投无路才能有生机，任××厂长或经理。

(10) 以日支干合，于1994年十月乙亥与寅合，甲木生于亥宫。

(11) 以名字将与地分相害，主家内互相谋害。将是太岁主家长，地分为小孩，主家内复杂斗讼，又主父亲把儿子赶出家门。应验。

解读实例五

1. 时间：壬申年、丁未月、丁酉日、癸卯时，午位，问分房与求财？

2. 实例课式：

丙
戊申（白虎）
己酉（从魁）
午

3. 解读实例：

（1）用爻己酉，主小院及房屋。课内两个火克金，主争斗事。

（2）夏天甲午旬中，火旺克金，主争执，财爻死于火中，见神将干戊己土生金，主有死而复生之说。

（3）以方克将，干克将，主分房得到楼的中层。

（4）天干丙火生神将干土，主领导答复分给房子。地分午火生神干土，主工人意见统一，争夺房子。

（5）神与将比，主有门房之争，并有两个条件同等的人争执房屋。

（6）火旺，午主门主你家门朝南开。

（7）如求财天干克神，主争而得。

（8）取地分火与天干火同克将财爻，主求财不得反有损、患病、肺病、气管炎。

（9）如求财到南方，财很大，但是因财伤身，贵神为身，受火克之。可论物极必反，如速战速决可得大财，少迟不得反损财。

（10）取将金，必到于秋才能得大财，火克金为财。

（11）进入冬天在外损财，不宜外求。

（12）总论课内无财，只能别人为主，借他人之力量可得财，取天干生将干，地分生将干，论别人。

解读实例六

1. 时间：壬申年、丁未月、甲子旬己巳日、辛未时，丑位，问家宅如何？

2. 实例课式：

乙

己巳（螣蛇）

乙丑（大吉）

丑

3. 解读实例：

（1）用爻乙丑将，主家宅住的地方是田园，园内有坟，小树数课，将干乙木为小树林。

（2）取贵神螣蛇火，主家内有神经病之人是妇女。课内巳火相主妇女，并家内有火光燃烧，及伤残之人，先天发育不足之人。

（3）取天干乙木旺，螣蛇巳火旺主家中阴人淫乱及病灾，心胸疼痛病。

（4）取1983年癸亥水冲己巳火，1983年主家内阴人有伤灾，及血光之灾，产灾。

（5）取1984年的甲子合于课内的将与地分丑，1984年主外财可进。

（6）取1986年，丙寅1986年损家畜，伤小口，破财，丑见寅头疼，头顶秃，损牛羊。又见寅刑巳火，主家内有外来官司、斗打、口舌，及外人谋害家中妇女。

（7）取1987年，乙卯木生神巳火主阴人求财可得，家中旺盛。添财产进人口。财爻丑受克，主得财防损失，小口有病灾。

（8）取巳酉丑合金局，克天干乙木主官鬼动之，主出外求官可得，先凶后吉。

（9）取将丑地分丑受未冲，主1991年未月、未日、未时，有外人谋害。无中生有受到打骂。

（10）取巳火旺相与年支申合，是明合暗刑，顺中有阻，成中有败。

(11) 家宅课为纯阴，主阴人掌管家，阴盛阳衰，办事宜静，不宜动，家中应有不明之事。

(12) 取外生内，主得阴人赏赐，或外来的钱财，外来人住家中。

解读实例七

1. 时间：壬申年、丁未月、癸巳日、戊午时，寅位问家宅如何？

2. 实例课式：

　　　　甲

　　乙卯（六合）

　　甲寅（功曹）

　　　　寅

3. 解读实例：

(1) 纯木，主官缠身，主家内林木茂盛，又主家内新盖房舍。见此课者兄弟不合，家中贫穷，必须逢金年月日时成才。

(2) 取六合卯木用爻，主其家门，东方向开。因卯木为门户，又取年支绝于卯木，主家内更改门户，或无门户，无墙，又因课内纯木，土死绝也。

(3) 取天干甲木在六合卯木之上，主其家出入处有大树一棵。甲落入寅位为槐树。取将甲寅，地分甲寅主家内两棵同样大的树木应验。

(4) 取六合，逢制克主家中出工匠，艺术家，交易之人，教学、会计等。

宅命：取本人命的前五辰为地分、自卯数到未，未为地分：

实例课式：

　　　　己

　　辛酉（太阴）

　　己未（小吉）

　　　　未

解读实例：

(1) 其实你家内阴人掌权。三土生太阴金，主妇女有暗昧不明事。其情人在你家的未地，即西南方向。

(2) 其家住处是田园，地形高，并且有坟墓，坟边有东西路一条。取辛酉为路，落在未位，午未为东西方向。

(3) 未地并有枯井一眼，小吉落处为井地。井处高地，土坡前，并且井旁有磨石埋在土中，以太阴为石落未土中，天干又见己土埋金。

(4) 家的未地有碾一盘，见三土一金，主被埋没地下。

(5) 取己未木库主家内有花园，或发叉很多的树木，在于门里，取酉为门，未在门内，主家内有此花树。

以上断验正确。

解读实例八

1. 时间：壬申年、丁未月、壬辰日、戊申时，辰位，问搬灶如何？

2. 实例课式：

甲

乙巳（螣蛇）

壬寅（功曹）

辰

3. 解读实例：

(1) 火旺主灶神动，必须有制才能长久兴旺。

(2) 六月甲木为天月德，生灶神，主外助于内，逢凶化吉。

(3) 取月将生贵神，主家内富贵。

(4) 爻见木入土中，主家内有斗打、口舌、官司、牢狱之灾。

(5) 天干生神，外生助我，主搬后发财，及外来寻内做生意，或外财所进纳。外人求你办事，带物而来。

(6) 天干甲木，将壬寅木，同受太岁冲，又受时冲，主今年损财产，应动地方，及动位置，但是将干壬可救于寅木，壬水泄申金气，生寅卯木，主有失而复得之理。因搬灶必然是破而必成，散而必聚。

(7) 取巳被寅刑为无恩之刑，神与时巳与申合为明合、暗刑，主顺中有阻，搬灶时伤破之物，为金属之类。因课内见两个寅木一个巳火。

(8) 寅为火炉，巳火螣蛇为灶，主其灶已动三次。

(9) 巳火旺，主你家灶在于巳地，因其灶位置不对产生斗打官司，牢狱之灾事。

解读实例九

1. 时间： 壬申年、戊申月、乙卯日、甲申时，巳位，问家宅吉凶。

2. 实例课式：

辛
戊寅
戊寅
巳

3. 解读实例：

(1) 以功曹寅木用爻，生地分巳火，秋天木死见火燃烧。又受年月时冲克，主其年损财产三次，又主家中有伤灾之人，寅为老翁，伤于腿脚，因寅为腿脚。应验。

(2) 以寅木休死，又受冲克破主伤老翁。又主今年损官职，伤家长。

(3) 以方克干为鬼动，主家内忧愁灾怪，发生斗讼，内告外人。因辛金为门户，内火克天干辛，在外树下伤着。车子倒老翁身上，碰着腿脚，后来因肝胆病死亡，又以木土痛伤亡，秋金克木死，应验。

(4) 以天干辛金斜路口附近，火克金叉路口，并在十字路口的东北角，因寅木为东北角。因课有土无水，有金火又在秋天金旺之季。

(5) 其家有两棵大树，在门外两边，上有干枝及伤损树枝，其树不旺，干焦，因课有土无水、有金火，又在秋天金旺之季伤于树木，主西边的一棵树被砍伐。应验。

(6) 大树死时家长死、验于此课。

(7) 以方与将神刑，主家中出少亡子孙。应验。

(8) 地分旺，主子孙有名誉在外，秋天火囚无气，家中女孩四个，巳亥无干四数。应验。

解读实例十

1. 时间：壬申年、丁未月、己酉日、庚午时，申位，问宅的吉凶。

2. 课式：

壬

辛未（太常）

壬申（传送）

申

3. 解读实例：

（1）以太常辛未主阴人持家，爱饮酒，或有贪吃之人。

（2）其辛未是月建有力，又与午时合主有助。

（3）其妇女有一定官职。

（4）神克干主有官动，阴克阳主正官正印，以天干壬是岁干主1991年辛未上升，今年还有上升。

（5）又主辛无癸到1993年癸人三奇合。

（6）神辛未生壬申，主所谋顺随，内外合谐，夫妻和合。

（7）因月建旺相主其人聪明伶俐，能言能语，有领导能力。应验。

（8）甲己申酉最为愁、主灾煞太常所临，主有服毒、中毒或吃药之人。家中有打针中毒之人。应验。

（9）太常克天干主呕吐事。

解读实例十一

1. 时间：壬申年、丁未月、乙巳日、辛巳时，卯位，问兄弟分家事。

2. 实例课式：

己

己卯（六合）

庚辰（天罡）

卯

3. 解读实例：

(1) 用爻将戊辰主家内斗打分张事。

(2) 地分卯木与辰相害，主互相谋害，家宅田产及财产门户。

(3) 木加土牢狱官灾害田土，又见辰卯相害，主兄弟因分家相互谋害，家内斗打官司，并有牢狱之灾。应验。

(4) 以天干已土将戊辰土加六合木主缺田园分产屋。一木克两土主分家宅及财产，兄弟各分张。因兄弟为同类，一木克两土主分开。应验。

(5) 天干已土，戊己入课。因己丑、己未土主东西之土，主家贫，外来官讼被讼论，有克损身家宅破，分张家产奔西东。

(6) 六合木落空，无力克害辰土，分张时发生争执并无斗打。

(7) 六合祖上必诛连。因土木为隔，木土官灾斗打事。神克干主官动，天干为祖上，所以说祖上有牢狱，诛罚事。应验。

(8) 木克土主家斗争，分张、兄弟、父子、夫妻不和，与外界关系不和，斗打于1988年戊辰年。

(9) 其家起于申子辰年和亥卯未年发家。

解读实例十二

1. 时间：壬申年、乙巳月、乙未日、丁丑时，丑位，问家中如何？

2. 实例课式：

丁

辛巳（螣蛇）

辛巳（太乙）

丑

3. 解读实例：

(1) 其课纯阴课，主家内阴人掌家，男人少和男人早伤。

(2) 家内见三火主有烧残之人在家，或烫伤之人在家。

(3) 螣蛇太乙主神经病人在家。疯魔之人。

(4) 外三火主其家有天天见火之人，在外做火形生意。由于火克金其在炼铁炉处上班。

(5) 外三位生内一位，主得阴人财产和外阴人田产，因地分丑为田园。又主家内田园广大。

(6) 由于三外生地分主子孙有巨富之人，并有官禄在身，必须逢未年月日时冲动。

(7) 以巳酉丑金局，被外火、夏天火克坏局，主家中人分散在外，或东奔西走，又主家人在南方受伤。以辛金在外亡，见火上必刀伤，主凶死于南方。

(8) 以辛金见丑入金库，后把死的情况带入家中，并把照片交给家人。

(9) 以神将干辛金天德，主当时没死，后在台湾升官，并且身上有残伤。1991 年回家。

以上均验证。

解读实例十三

1. 时间：癸酉年、丁巳月、戊子日、丙辰时，未位，问家庭？

2. 实例课式：

己

壬戌（天空）

癸亥（登明）

未

3. 解读实例：

(1) 以天空为用，主斗讼斗打官灾，见水主争田宅，发生官司。

(2) 三土克一水主伤妻损财，因将是财爻和妻妾。

(3) 三土主你家田宅宽广，有三个大小家庭，在戌亥位上有坑沟。

(4) 神克将主内贼动，无空冲破主有盗贼事，损伤妻财之事。

(5) 以方克将主出外损财，先失后得。

(6) 天干克将主损财忧病，将阳主本身，将阴主妇女。

(7) 你本人有后妇，因神克将主妻伤财亡。

(8) 家内有肚腹病灾之人，及肾脏病人，妇女有子宫瘤。

(9) 壬戌受时冲，主家长凶伤，及疮灾之人。

(10) 将癸亥冲丁巳月，主本家与外发生争斗，在丁巳地，门朝东南开。

(11) 以将干癸与日干戊合，主外来私情事。

(12) 壬癸无辛，取1991年开始的阴私合和事。

(13) 以见亥未合于卯，主卯年月日时开始转运。

以上完全应验。

解读实例十四

1. 时间： 癸酉年、甲寅月、辛巳日、己亥时，申位，写字问房地产开发项目如何？写“信”字，九画。

2. 实例课式：

丙

戊戌（天空）

丙申（传送）

申

3. 解读实例：

(1) 以天空戌用爻，主土地事。见于亥时，主田土事。

(2) 内爻见二金主后面是山坡。

(3) 以天干丙生神干戊土将干丙生神干戊土，主田宅宽广事，及开发房地产事。

(4) 因甲戌旬中问事，申酉空，主内无力，在外求财有，求事成。由于火生土，主发家于南方。并在一山区起家。

(5) 以今日巳驿马在于亥，是亥时，谈此事主急躁。

(6) 正月见戌为飞廉，主宜速不宜迟。

(7) 以用爻为地分又立一课，见四土主迟，主田宅广，场地大。

(8) 以取人元再遁得壬水主填大山沟，以推土坡填山沟搞房地产开发。

(9) 外火生内土主外来合资事。

(10) 由于内爻空无力，公司经济力量不足，以申主金银钱空。

以上全部应验。

解读实例十五

1. 时间：癸酉年、乙卯月、辛卯日、癸巳时，丑位，问建房开始如何？

2. 实例课式：

己

庚寅（青龙）

甲午（胜光）

丑

3. 解读实例：

(1) 以天干为开始，必须配贵神的生克知其开始的成败。

(2) 以贵神青龙木克天干己土主开始不顺。

(3) 以神将为事情的中间，神生将寅生午，主中间顺利，又神干庚金克将干甲木，主顺中有阻。

(4) 以将与地分为事情的结尾，以午害丑土结尾发生官司及斗讼口舌事。

(5) 青龙克两头土，主有两个建筑地方，并且距离很远，是东西方位，因丑为东方。

(6) 以木生火，火生土，主田宅宽广。

(7) 以青龙木克土主田宅有变，或其宅为长形，有缺陷。

(8) 地分丑为金库，神干庚金，受午火克，主叉路口附近。

(9) 以将干甲隔位合天干己化土，主顺中有阻，又主求事隔手，应隔中间人。

(10) 以寅午合戌位，甲庚合戊是天三奇，中间人是戊戌方向，又是属狗的。

以上全部验证。

解读实例十六

1. 时间：甲戌年、癸酉月、壬寅日、戊申时，未地分，问家运及婚姻。

2. 实例课式：

丁
己酉（太阴）
癸卯（太冲）
未

3. 解读实例：

(1) 取上克下，火克金，金克木，木克土，地分土虽受克，但不能死，有天干丁火生土为救援，又取丁火泄木气，金克木变为柴，见火燃烧助火生土。火旺金死，金有土援救，秋天金旺，火囚不能尽克金，所以金有死而复生之理。又可论金借此成材，成刀剑刃具，金借火放光，成才，成名，名扬天下。

(2) 取上克下，损家中财物，外来欺辱，官司外来家内，家内伤阴人小口及田宅，器具有伤。身有伤，扭伤脚腿，四肢。土受木克主因木质伤四肢。损身或死于肝胆及肠胃病。

(3) 月将太冲主兄弟各分张，家内有汽车、摩托车、高级自行车，船车门户损伤，又主盗贼伤财车损，邻居不合动刀枪，如见生合必有解，家中兴隆，门户多，兄弟哥们离祖多。

(4) 神克将贼动，家中财产丢失数次，克将主失本家及妻室财物，水主服装布匹，珍珠宝物，木主器物，家具，外人盗失车子在家所失，熟人或朋友亲属做引路人，神克将谋望不成，百事不乐。

(5) 婚姻须分离，因神酉金冲将卯木，主分散夫妻，又主妻自缢，取人元丁火生地分土有第三者女性纠缠。因地分土生神太阴，合主妇女纠缠，将克地分，主原配夫妻争斗打。

(6) 太阴同处丑未宫，主阴私会合有信通，因隔卯木冲及三角夫妻发生斗打。太阴被丁火克主其妇女平日好淫，有肺病，火金疮脓不离身，其人爱文艺，眉清目秀，漂亮女子所以说一生私情不断，外火克阴金主名门闺秀，豪门之女，娇嫩之妇，因受刑克主有奸夫，被外人强奸，身有伤灾。

(7) 人元丁火主惊恐，惊怪之人，又主其人有烧伤烫伤，血光火光，家中祖上有名扬天下之说。因人元火旺，有木助之，家中出武官及文学工作者，又主家内有名人字画，为祖上所留。

(8) 由于课内火旺，主家内有火光烧残人，及阴人持家，住在高处，出军官及武术大师。

解读实例十七：占家宅

1. 公历时间：2011 年 2 月 16 日 11 时 4 分 (北京时间)。

农历时间：2011 年正月十四日，午时。

干支时间：辛卯年、庚寅月、壬寅日、丙午时。

月将：亥　日空：辰、巳　四大空亡：水

2. 实例课式：

己			土－休
丁未	(太常)		土－休
壬寅	(功曹)	用	木＋死
酉			金－旺

神煞：

贵神——天德，六丁

将神——天德合，病符，截路

地分——丧车

3. 解析实例：

(1) 三阴一阳以将为用。

(2) 四位三行行令者旺故金旺、木死、土休。

(3) 宅外景断：取用神论事壬寅木主家中有大树一棵，见阴金克之主伤枝损皮，又丁与壬和化木主院内多棵树。

(4) 地分酉金主路其家旁边有南北路一条，酉金不主宽大马路，主窄小的路。

(5) 天干贵神见土主门前有小坡和空地，木克土主有坑，寅上见未主寅位上见枯井一眼。

(6) 取木克土为岗岭地带受木克主弯环曲折高低不平。

(7) 层层克上、主家居高、且有岗坡。

(8) 取酉金为家后邻居克用神主与后面邻居不合。

(9) 寅木入死地，主家中贫穷，见金之克主伤一名男子。

(10) 层层克外主家中出外不在家。

(11) 取天干休囚主祖上贫穷无名誉，贵神受丁火生主比祖上稍微可以，用神入死地丁壬合化木帮之主本辈可以，地分酉金旺主子孙可以。

(12) 取2004年2005年冲克财爻主这两年破财不顺，2006年寅午戌会火局主本年财运好，2007年和2008年水生木主家中走向好的开始2010年和2011年木年出来住这两年更好。

以上所断全部应验。

解读实例十八：占家宅

一人问家宅如何？

1. 公历时间：2011年2月16日11时4分 (北京时间)。

农历时间：2011年正月十四日，午时。

干支时间：辛卯年、庚寅月、壬寅日、丙午时。

月将：亥　日空：辰、巳　四大空亡：水

2. 实例课式：

壬			水＋休
癸卯	(六合)		木－旺
丁未	(小吉)	用	土－死
寅			木＋旺

神煞：

天干——天德合

将神——天德，六丁

地分——病符，截路

3. 解读实例：

(1) 二阴二阳以将为用。

(2) 四位三行行令者旺故木旺、土死、水休。

(3) 取用神主事未主井受克主寅位有枯井一眼，小吉未土主家中出爱喝酒的人见亥水劫煞主中毒，家中常年吃药之人。

(4) 木加土牢狱争财斗田土，主家中有争家宅财产而斗打官司。

(5) 入式歌云：甲乙为林单见树，双木成林主家中树木较多，附近见树林也。

(6) 天干见壬水主前面有河一条走东西向，子丑为东西，又卯木主小桥、有桥也。

(7) 卯木又主车、主家中有高档小轿车、摩托车，都为红色的因丁火主红色。

(8) 小吉未土主家中女人持家，受木克主有病未主头部，脾胃不好，幸得自身丁火救主有死而复生之理，亥卯未主婚姻较好，但时上午火来合主外有清热也。

(9) 取木多主家贫穷官司口舌事，旺相主先贫而后富也，见金年金月主家中有成名之人。

(10) 入式歌云：青龙神树并枪刃，主家中有练武之人或杀人刀剑。

(11) 用神未土主孤又入死地主无弟兄孤，人受克主在家中受欺负。

(12) 寅木旺主家中出大学生和笔杆子较硬的学问高的人。

(13) 木见水不为枯木，见土主能生长，只待今年克制主扬名四海也。

第十三章　杂断如何

（1）白虎入夏火主分尸之鬼。

（2）甲寅木入秋金定做徒配之人。

（3）寻人看伏吟，以天干辛到酉位，庚落申方是天地合处。

（4）望信干合位，干生位信来，干克位中有阻，位克干不来，位生干望书信，以此计算百无一失。

（5）贵神丑逢辛卯将克之，客中之江湖之客。

（6）天空见辛酉为气绝，为僧尼、道士、气功大师。

（7）白虎见魁罡主雕刻匠人及艺术家、书画家等人。

（8）天干丙克太阴主家有缺石佛像，及烂石磨碾眼灾之人。

（9）太阴见二火主宝藏瓶类，古老珍珠物，瓶类无唇或破口。

（10）勾陈逢天罡贫妇难度日，孤寡之人。

（11）青龙见功曹主官禄富贵之人，见水火主官贵之人，金克贫之。

（12）河魁天罡受木克主理发师，僧道之命，尼姑之身。

（13）太阴得水制悬壶之士，手艺之人，艺术文艺之人。

（14）课二阳克阴贵神伤妇女，二阴克阳贵主伤男子。

（15）课中见阴将、阴神、阴时、阴位、主妇女来。

（16）课中见阳将、阳神、阳时、阳位、主男子用事。

（17）贵阳、地分阳主男子，贵阴地分阴主妇女。坟不必寻。

（18）太阴无气神刑克主患风唠喘咳之病，水受克来入墓，男子水死真不误。

（19）土死绝，木来刑，若死成为刀下之鬼，生刑女守寡，虽有男儿也是假，庚金克木，卯见酉，家长横祸已过久。

解读实例一

1. 时间： 壬申年、乙巳月、壬寅日、己酉时，申位，问下雨否？

2. 实例课式：

戊

庚子（玄武）

丁未（小吉）

申

3. 解读实例：

(1) 以甲午旬见水主四大空亡，课内有水，无雨可下。

(2) 天干见戊土主云，土旺主乌云。

(3) 水土主阴天及毛毛细雨。

(4) 今日壬寅驿马在申主快，戌时下毛毛细雨。

(5) 四月见子为天马主快，由于土克水天马不快。

(6) 以丁未将丁壬合化木主风，主今天有大风。

以上全部应验。

解读实例二

1. 时间： 甲戌年、辛未月、庚子日、庚辰时，午位，巳位，问菏泽有无水灾？以菏泽两字数理论，以拿牌巳为应。

2. 实例课式：

(课 1)

壬

戊寅（青龙）

甲申（传送）

午

(课 2)

辛

庚辰（勾陈）

癸未（小吉）

巳

3. 解读实例：

(1) 以甲午旬中问菏泽水灾问题，辰巳在空位上无事。

(2) 以天干壬水及将干癸水是四大空亡，主无水灾，水由大变小。

(3) 辰是水库，今天庚子辰水局，在空合，主虚假的水灾。

(4) 辰又受岁冲主库开而空位冲不动、主不开库。

(5) 见了壬癸天水，申子辰水局。又在辰时间，今天庚子水日，水比较旺，又以未月害子水。太岁冲水局，甲午见水落四大空亡主水由大变小。多注意应七月申子辰局有时发作。但是无大水灾。

解读实例三

1. 时间： 壬申年、丁未月、辛卯日、丙申时，酉位，刘先生问雨何时停？

2. 实例课式：

丁

戊子（玄武）

乙未（小吉）

酉

3. 解读实例：

(1) 以贵神玄武为用爻，玄武子水，主雨，被土克主细雨。

(2) 将是月建主一月内阴天多。

(3) 天干见丁火受神玄武水克主日月无光，阴天多。

(4) 地分酉金生神子水，水得助，有雨可下。

(5) 明天壬辰水库，又合于用神子，成为水局，肯定明天比今天的雨量大。后天是癸巳日，应多云到阴天并有小雨。

(6) 根据多年的实践经验，断定甲午时必晴天。因逢甲必开，夏天甲午日又是天赦日，主有风，晴天。

(7) 乙未日晴天有少云，并有风，因乙未木库，木主风。

(8) 取课内干、有乙丁无丙，应合在丙申日真正的晴好天。取今日辛卯，取亥卯未驿马在巳，劫煞在申，所以说到丙申日必须晴天。

解读实例四

1. 时间：壬申年、丁未月、癸巳日、丁巳时，卯位，问“吕先生说给我一幅观音像，能给否？”

2. 实例课式：

乙

戊午（朱雀）

丙辰（天罡）

卯

3. 解读实例：

(1) 取天干乙木生神午火，火生辰土，主吕先生已答复给你。

(2) 甲申旬午未旬空，神朱雀午火空无力，故是空答复。因课内木旺，而朱雀火相，主文字，文书书画，神像之说，主空说，空信往来，无收获。

(3) 内爻卯害辰，卯木克将辰土，主互相报怨，因介绍人无话说。

(4) 取天干乙木生午火，午火又生辰土，那么朱雀火为一个中介人，午火相放光芒，主是一位名流，或是一位名画家，并且是妇女，因朱雀为妇女。可以天干为外人，贵神朱雀为媒介，用爻为本人。

(5) 取天干乙木克将土，主他人不想送给你观音菩萨像。

(6) 神朱雀午火生将辰土，主中介人想给你，但是午在空位，主心有余而力不足。

(7) 天干乙木见午火主自焚烧，不能克辰土，就是说外方天干无理，最怕中介人。

(8) 到1996年有希望给你，因丙辰合今年壬申落丙子午。子冲午火必动，天干乙木落于水局飘之，受刑无力。

解读实例五

1. 时间：壬申年、丁未月、辛卯日、丙申时，子位问讲课如何？

2. 实例课式：

　　戊
戊戊（天空）
戊戊（河魁）
　　子

3. 解读实例：

(1) 四位内纯阳课，主光明，宜速，不宜迟。

(2) 四位内见三戊土，主迟，应到戊、月、日时为应期。

(3) 用爻天空戊土旺，凡有求望必须到九月份才能成。

(4) 取天空神为外，主空诈不实，你别看现在催的紧急，我看你必须到九月戊日时为应期，结果如此。

(5) 等事成以后来报时。验正是戊戌日，壬戌时开始。

(6) 戌主气功协会及气功师，或讲气功理论。巧合于地区气功协会组织的。

(7) 因外三土克地分水，你应立足本地。

(8) 外爻见三土，主外干扰自己，受排挤，你将来受外界欺压。

(9) 戌主孤独，独自一人讲课，你旺应你行令。

(10) 我断定你讲课时是阴天，并且下毛毛细雨。因土旺主云，见水主雨，水虽死于土中，但是壬戌时讲课，有水有土，所以主此景象。

(11) 因夏天问事，用爻戌为火库，主归于你所有，将来你可征服他们，他们可认你为师，来入你的火库。

最后全验。

解读实例六

1. 时间： 壬申年、壬子月、辛酉日、乙未时，寅位，问参加会议人数？

2. 实例课式：

庚

壬辰（勾陈）

丙申（传送）

寅

3. 解读实例：

(1) 取勾陈用爻主一五七数，由于冬天水旺主七数论断。

(2) 取申子辰水局旺，会议室的门应朝北方开。

(3) 取勾陈发用主开会时发生斗争，并且是一位妇女斗闹。

(4) 取甲寅旬问事，课内见金为四大空亡，虽申子辰合水局，只是一种空合，没有得到任何效果。

(5) 原计划开会集资一点经费，由于将申金落四大空亡，一事无成。

(6) 取今日巳酉丑劫煞在寅，寅为腿膝，将申金冲地分寅木，开会时应有瘸子参加会议。

(7) 取合局论事，已定过三次计划，因是空合局。

(8) 凡占空合局者，虽有聚会商谈，但是没有任何收获。

解读实例七

1. 时间： 壬申年、壬子月、辛酉日、甲午时，巳位，问合资会议如何？

2. 实例课式：

癸

癸巳（螣蛇）

戊子（神后）

巳

3. 解读实例：

(1) 取用爻戊子，是月建，主我方有力，但是甲寅旬中子丑在空位上主有心而无力。求谋办事一半成，或不成。

(2) 取水克火，你克他，你行令，由于火死囚于冬天，所以你说了算数。将干戊合神干癸，又合人元癸，主有亲属与你做导引。

(3) 子将为财爻空主求财无功，子月是不能成，应成在丑月，因月建子合于丑。

(4) 取将干戊合于神干癸，人元癸，主你处处寻他人，这次开会也是你通知的，我断你最后完不成，因空万事不成。

八、解读实例

1. 时间： 壬申年、壬子月，庚申日、壬午时，巳位问谈的对象容貌如何？

2. 实例课式： (女)

辛

庚辰（勾陈）

丙子（神后）

巳

3. 解读实例：

(1) 取丙子用爻主这位小伙子，不白，面容有些黑红色，由于子落空主比一般皮肤偏黑一点，并且是长形脸，因水长，火尖，所以长形论之。

(2) 用爻将支干为丙子，水火为着急，主其人是一个急性子人。

(3) 取用爻空主其人办事有头无尾。丙子为自冲，主其人善动，干事不长远，变化特快，原来还有一个未婚妻，因和你好而抛弃了。因子合神庚辰为三合，你们现在也是一种空合，思想动荡不定 (这位小姐的脸一下红起来)。

(4) 取子辰合日申为水局，主其人家斗打官司，必须因田宅引起。因勾陈落于巳位必有官司牢狱之灾。

(5) 由于课内的勾陈土旺主其人能言善语，性格刚强，不屈服于别人。

(6) 取冬天土囚无力，主有志不能伸，怀才而不遇。又见午时冲用爻子，不得时助，主有很多的计划变成泡影。

(7) 取辰土生天干辛金，主自已常在外，因辰主孤独。

(8) 取申日劫煞在巳，巳火为地分，水克火主伤腿脚，小时有水灾，因救一位小女孩，巳火为少女。你还做过人工流产两次。

九、解读实例

1. 时间：癸酉年、丁巳月、己丑日、辛未时，问车号。

2. 实例课式：

(课 A)

辛
壬申（白虎）
壬申（传送）
未

(课 B)

丙
庚午（朱雀）
丁卯（太冲）
寅

3. 解读实例：(A)

(1) 以 95384÷12 余 8 未为地分。

(2) 甲申旬中见金为四大空亡主凶不凶，吉不吉。

(3) 壬申神将主 1992 年有车祸，轻微。

(4) 以天干辛金空，在外有凶伤，因夏天问事，金空有一场虚惊。

(5) 外之金空无力，吉凶不成。

4. 解读实例：(B)

(1) 以 95355÷12 余 3 数寅地分。

(2) 以太冲用主车，夏天火旺木休，见金克主伤损，车灾。甲申旬问金空主亲眼看到别人出车祸，或自己出轻微的车祸。

(3) 贵神庚午朱雀，主车灾血光伤残，又金空死而复生。

(4) 以内二木生外二火，夏天火旺，合为三火，主在外有火灾伤残。

(5) 朱雀见地分寅劫煞，主火光焚烧事，但甲申旬午未空之主逢凶转吉，验于你见别人的车燃烧。

以上全部应验。

解读实例十

1. 时间：癸酉年、丙辰月，戊午日、戊午时，巳位，问开车如何？

2. 实例课式：

丁

丙辰（勾陈）

庚申（传送）

巳

3. 解读实例：

(1) 取用爻传送申金，主奔走之神，又主开车司机，或业务员常在外。

(2) 申金传送临巳火主车伤，血光，残伤凶死，此凶灾应发生在丁巳月。因地分巳火，天干丁巳火，又是戊午日，戊午时火旺极伤身，所以说到农历四月份有凶伤。

(3) 以贵神丙辰土生申金，申金得救，主死而复生，又以甲寅旬中见金为四大空亡，主吉凶不成。所以说丁巳月有凶灾无事，逢凶化吉。忧转喜，危转安。

(4) 以课论主你进入四月发生一场官司，以勾陈土相有力，主官司口舌斗打之事，见于巳亥主官司及牢狱。

(5) 见三火克申金主出三次凶灾，都是有惊无伤。以火克申金为叉路口附近应验。

(6) 以申金入于巳辰位主你左边腿脚有伤应验。

解读实例十一：占来信

1. 公历时间：2008 年 8 月 2 日 9 时 14 分，占信何时能来？

农历时间：2008 年七月初二日，巳时。

干支时间：戊子年、己未月、甲戌日、己巳时。

月将：午　日空;申、酉　四大空亡：无

2. 实例课式：

庚			金＋死
丙寅	(青龙)		木＋休
辛未	(小吉)	用	土－相
午			火＋旺

神煞：

贵神——丧门

地分——天医

3. 解读实例：

(1) 三阳一阴取将神为用。

(2) 四位三行行令者旺，故火旺、金死、木休、土相。

(3) 取寅午戌火局主信息之事。

(4) 取干克方主信必来但有阻。

(5) 以格局看其事体，合局相生为聚格问主能见。

(6) 问何时能来？取壬癸辛可做应期但未时马上就过可取未时，癸未时和贵神天地逢和主此时必来。

总论：以上所断全部应验，后果然来于未时。

解读实例十二：占成败

一人问办学校如何？能成否？

1. 公历时间：2008 年 8 月 2 日 12 时 14 分 (北京时间)。

农历时间：2008 年七月初二日，午时。

干支时间：戊子年、己未月、甲戌日、庚午时。

月将：午　日空：申、酉　四大空亡：无

2. 实例课式：

戊			土＋死
丁卯	(六合)	用	木－旺
戊辰	(天罡)		土＋死
辰			土＋死

神煞：

贵神——天喜，六丁

将神——天马

地分——天马

3. 解读实例：

(1) 三阳一阴取贵神为用。

(2) 木本克土见三木反被土折。

(3) 凡占事情成不成专看用神旺衰情，用神休囚无力主事不成。

(4) 入式歌云：二土比和迟晚看，今见三土主迟之又迟。

(5) 用神受两个辰土害之主无力成之，又内爻为家主严重遭到家中反对。

(6) 课中见辰土斗打之神主办学校一定会有斗打官司之事。

本人反馈因遭到家中严重的反对而放弃，最后没成。

解读实例十三：占病章

中午一人打来电话问一人病情现在如何？报其八字少时，以八字和金口诀综合看之。

1. 公历时间：2011年2月12日13时29分（北京时间）

农历时间：2011年正月初十日，未时。

干支时间：辛卯年、庚寅月、戊戌日、己未时。

月将：亥　日空：辰、巳　四大空亡：水

2. 实例课式：

壬			水 + 休
壬子	(玄武)	用	水 + 休
甲寅	(功曹)		木 + 旺
戌			土 + 死

神煞：

天干——天德合

贵神——天德合，截路

将神——病符，六甲

地分——天喜，飞廉

3. 解读实例：

(1) 纯阳反阴取神为用。

(2) 四位三行行令者旺故木旺、土死、水休。

(3) 占病主要看用神在课中的旺相休囚死，配年月日时的生、克、刑、冲、破、害关系，取方克干病可医治，干克方无治，再查所需要的神煞吉凶立见。

(4) 本课取贵神子水为用在课中入休囚之地受日时两土克制不吉，但落于空亡之地主没有克住，又用神逢空书云：近病逢空主吉，久病见空主死。

(5) 取甲寅木旺克地分戌土现在正逢春天木旺之季故本月严重，课中土死不见火救危在旦夕。

(6) 木克地分土主脚上、脾胃病或疮灾之病（后得知得的是红斑狼疮晚期）。

(7) 以见月德合、天医，得天医时主一时救治暂时无大碍，又见地分克天干主此病可治主得到高人救治，地分戌土主佛道之人或到西方戌地或属狗的医生可医治也。

(8) 课中寅木旺去年当令克地分戌土主此病年初出来或严重，现在正月寅月主严重，不见天驿二马但见飞廉主迅速，宜速不宜迟，得赶紧医治不可拖延否则无治。

总论：占得金口诀与此人八字极其相符，本人八字是庚戌、癸亥、壬寅未时取外应就此未时就主不顺，年少时主只争朝夕，取八字身旺坐下寅木为用就怕伤之，现走庚申大运，申金冲之有力说明本运是要过关的一运，那么去年是寅年正好是寅木登台亮相的一年被大运申金逮个正着，主去年开始，今年辛卯流年辛金制申无力主今年闯关的一年，两课对比完全相符。

解读实例十四：占病如何

上海一网友身上长了一个黑痣不知道什么地方医治为此烦恼，求我占了一课说了几点，课例如下：

1. 公历时间：2011 年 2 月 14 日 21 时 0 分（北京时间）

农历时间：2011 年正月十二日，亥时。

干支时间：辛卯年、庚寅月、庚子日、丁亥时。

月将：亥　日空：辰、巳　四大空亡：水

2. 实例课式：

丙			**火 + 休**
丙子（玄武）	用		**水 + 死**
丙戌（河魁）			**土 + 旺**
戌			**土 + 旺**

神煞：

天干——月德

贵神——月德

将神——月德，天喜，飞廉

地分——天喜，飞廉

3. 解读实例：

（1）以贵神丙子为其病症，水颜色属黑色，正主黑痣。既然子水主黑痣那么神干丙火也属颜色，说明此黑痣不是纯黑色的，还稍微发红（验）。

（2）取贵神丙子位在脖子以下背后（反馈脖子下面正脊椎中间）。

（3）取戌落戌地分上断你住的西方有一个正规医院，此处可医治。（她说你怎么知道的，你是神仙啊。)

(4) 取戊土旺主正规医院又为医生能得到好的大夫医治。(她说刚刚已经在网上联系好了是医院的主治医师。)

(5) 取用神逢空不受其克主不能彻底除根或者以后还会再长。

(6) 用神入死地又受二土克制主此人身体不好毛病多，取位置病在心胸，论五行水主肾病 (验) 为妇科病，为脚上疼痛 (所断之病都有)。

(7) 用神空主无主见，墙头草两边倒，又办事有头无尾 (验)。

(8) 自身相冲主好动，层层克上，出门喜进门愁在家不如在外边 (验)。

(9) 论长相主长尖脸型，不白，主细长瘦瘦的，天干丙火主头发染色微红 (后经视频验证果然)。

(10) 将克神主家庭不幸福。离婚也!

以上所断全部应验。

附 录

一、对金口诀的认识

“学会奇门遁，来人不用问；精通金口诀，敢把万事说。”一语道破了“隐秘莫传，精深至极”的神课金口诀预测学的重大应用价值。奇门遁甲流传甚广，所知之人不在少数，但精通者却寥若晨星。而作为“融奇门、太乙、六壬三式之精华，破天时，地理、人事三才之奥密”的金口诀，由于历代口传心授，密而不宣，一直处于“祖师留下金口诀，千金莫与外人传”的绝密状态，更不用说精通了。

1995 年 3 月 19 日上午，在清华大学庄严的讲台上，一位四十多岁的学者挥洒自如，侃侃而谈。台下来自中央电视台，中国生命科学院，清华大学，北京大学的听众，聚精会神地倾听着。摄像机把这一成功的学术场面录进了历史的镜头里——这就是中国人民解放军军事谋略中心主任研究员，北大访问学者张得计教授，“中国预测学学术报告会”的现场。

张得计教授作为中国第一位踏入清华、北大等著名学府举办“中国预测学”讲座的易学教授，除系统精研了中国古代预测学中的奇门、太乙、四柱、梅花易数等传统易经预测方法之外，尤其精通被称为三式之精华的“金口诀”，得金口诀第七十七代先师吕鸿雁真传，并在实践运用中达到炉火纯青、出神入化的境界。中国预测学专家委员会组织国内一流的预测专家，对张得计教授进行了上千例精确性的严格考核，证实他的预测准确性可达 90%，特别是经济预测准确率竟高达 95%以上，殊为可贵。张得计教授所承传的“金口诀”，集中体现了中国最高级预测学的独到之处：一是不但能超前预测、精确推断，还能转换时空，转败为胜。二是可以“来人不用说”，仅根据求测时空即可准确、快速的推断出来人来意、近事近运及事件细节。三是预测程序至为精密，预测途径极广，求测者既可自己亲自来测，也可以替别人求测；既可一事一断，更能“一课断百题”。

张得计教授，在北大作访问学者期间，完成了“揭开中国玄学之奥秘”的专题研究，并将传统术数理论与现代理论相结合，提出了“得计瞬间定位理论”。这不仅是对预测学最高层次的理论总结，也是现代思维领域中的一大突破！

金口诀在传统预测学中是属于高层次的绝学秘术，历史上真传只有一人。其书在民间虽有一些版本流传，但里面错误甚多，深奥难懂，若没有明师指点，根本无法入得门径。即使有幸得此书者，也无疑是得到了一本有字天书，无法运用。张得计教授作为“金口诀”第七十八代传人在几十年的实践中，深得“金口诀”的奥旨。为弘扬普及这门古文化，张得计教授取其精华与现代生活相结合，将自己数十年的研究成果，毫无保留地撰写成现代学术著作，并力求使其书通俗易懂，让每个易学爱好者都能明明白白地学，轻松掌握，并运用到实践中去。

金口诀凭它入式手法的简洁、判断的精确、解断的细腻而让人惊叹不已，以为神遇。故有“学会金口诀，敢把万事说”，“断言既出，无有改易”之美誉。相信有缘得此书者都能“入手便得高层次，不必低层苦求索”，并将其应用到现代社会的各个领域中去，造福于人类。

简明扼要、条理化、清晰化、简单化、公式化是本书的特点，即使毫无易学基础知识通过学习本书，也可让你在最短的时间内掌握这门绝学，本书不含任何神秘色彩，书中所讲立课方法纯粹是公式化的公理，正如数学中的函数一样，只要您设定好时间、空间，然后就可以立出公式，接着找出公式内的重点（正好函授中要求的解），然后对这一重点（简称为用爻）与公式内的其他干支（如函授中的常量）进行比、生、合、克、制、破、刑、害、绝关系的判断，最后即可根据公式四位所代表的含义进行综合判断。

例如：2003 年 6 月 9 日 22：11 分，以地分子立课，问求财如何？

起课（公式）如下：

1. 首先将 2003 年 6 月 9 日，转化成干支，查万年历知：2003 年为癸未年，6 月为戊午月，9 号为癸丑日，22：11 分为癸亥时。

2. 将地分子写在下面。

3. 起月将：戊午月，月将为未，用未加在时支“亥”上，顺转至子为“申”，将“申”写在地分（子）的上方。

4. 起贵神：癸丑日，“壬癸蛇兔藏”，此时为夜里所以从兔（卯）起贵神：贵、腾、朱、六、勾……数到（子）为“玄武”——(子)，将子写在月将（申）的上方。

5. 起人元：癸丑日，“戊癸起壬子”——壬子，地分为子，则人元为“壬”，将壬写在贵神（子）的上方。

6. 起贵神的干：癸丑日，“戊癸起壬子”——壬子，贵神为子，则贵神的干为“壬”，将（壬）写在贵神（子）的左方。

7. 起月将的干：癸丑日，“戊癸起壬子”——壬子、癸丑、甲寅、乙卯、丙辰、丁巳、戊午、己未、庚申……月将为（申），则月将的干为(庚)，将（庚）写在月将的左方。

人元：**壬水 + 旺**

贵神：**壬子水 + 旺**

月将：**庚申金 + 休**

地分：**子水 + 旺**

此时这一课（公式）已经起完，接着下面是对公式进行分析：

1. 定阴阳：

A. 地分（子）为阳水，在其右方注上：水 +。

B. 月将（申）为阳金，在其右方注上：金 +。

C. 贵神（子）为阳水，在其右方注上：水 +。

D. 人元（壬）为阳水，在其右方注上：水 +。

2. 定课内用爻：纯阳反阴以“神”为用，贵神（子）水为用爻，在其下方划一横线。

3. 确定用爻的兴衰力量：课内三水一金，金又生水，由此可知水旺而金休，所以用爻（子）水旺，在其右方写上一个旺字，同时在其他各个地支右方写上旺衰情况。

4. 分析用爻所代表的情况：用爻贵神为上级、父母、官禄、胸部为主。用爻旺，说明自己的上级或父母有力量、为主。

5. 问求财：月将为己身、为财，月将为（申）金，金生水，泄自己的力量，说明自己要付出，自己将财物送与别人，也就是自己破财，又因月将（申）金与用爻（子）水构成（申子辰）半合水局，又说明自己与上级领导、父母关系融洽，心甘情愿地将财送与别人。

6. 应期：因课中用爻为（子），课内又有月将（申）金，应取三合，有申子而无辰，应期应在辰日、辰时。

由以上实例，我们可以看出金口诀预测学是公式化的自然公理，其中并不含有任何迷信的色彩，并且我们可以看出其简单性，是人人可学、人人会用的一门自然唯物辩证哲学。

在张老师的身边一年多的时间内，我听到有许多学员询问张老师一些浅显的问题，本来都是一些基本的东西，他们却硬要给扣上一层神秘的面纱，为此张老师一次次地给予他们解答，可是有些学员总是不能领会其中的真义。其实一句话，预测学就是自然规律，就是古人对大量实例的总结，并不神秘，但是有些学员由于受到多年来的“迷信”、“神话”等字眼的影响，自认为预测学就应该是神仙创造的、只有大智慧的人才能用，其实这是错误的观点。在这里，我希望看到这本书的朋友、以及对预测学有误解的朋友们，请你们不要再执迷不悟，请您放开心态正确认识预测学——它不是神秘文化，而是实实在在的自然规律！

刘明洋

2003 年 6 月 11 日

二、情系六壬金口诀

——学习六壬金口诀的感受

学易的日子转眼近十年矣，其间甘苦参半。幼年辛苦，生长于农村，孤陋寡闻，好在父亲乃一教书匠，略有藏书，便也领略些古今中外名著与哲学思想。六七岁时，古典诗词朗朗上口者不下百首，一时间传为神童，小学毕业，已凡举孙行者、诸葛亮、梁山好汉之宏伟大业，春秋战国故事也了然于胸。中学结业，对中国古文化有了更深层次的了解，对古典哲学思想有了更深刻的认识，百家争鸣的战国时代的沉寂，与儒家中庸之道流传千年的思想底蕴与这个民族兴衰史的千丝万缕的关系。那么，这一切的一切誉为黄河文明的源头在哪里？

在读中学便知“群经之首”的《易经》，知其有博大精深的内容，知道了它对汉文化广泛而深刻的影响。大学时期，翻阅了这部典籍与相关书籍，更知道了数千年来从历代君王到平民百姓，从饱学鸿儒到江湖术士，从世外隐士到凡夫俗子，从军事家到政治家，从思想家到科学家，无不对《周易》抱着浓厚的兴趣，“不知易，不可为将相”，“不知易，不足以言太医”，“不知易经者，不得入内阁”，也知道了易经对世界的影响，世界范围内都有周易研究会，计算机的二进制的发明就是受周易的启发，所以它被推为“科学顶峰上的皇冠”。在那时我与易经结下了不解之缘，对易理中的辩证思维方法、辩证推理方法惊叹不已。若要从理论上求教于校园的学者尚可为之，然而要说到把这些知识在实践中运用，指导实践，则都无能为力。无论什么知识，不能运用于实践，那么它还有什么用处呢？因而，我不安分的眼光越过学院的高墙，开始在社会上寻求知名人士。在苦苦寻觅中、追求中，虽然访过一些名人，得到的答案却不尽如人意。

学习六壬金口诀，结缘于张得计老师，算是天缘，命运巧机。1997 年元月，在我紧张复习功课准备考研究生时，接触到了“金口诀”。说来也怪，在短短一个星期内，就掌握了“金口诀”的起课法与简单决断法。在学习金口诀时，并没有影响到我复习功课，反而产生了一种强烈的预感，我能考上研究生。结果我的总成绩比国家规定的分数线多了二十多分。然而，我没有重新走进大学校门，而选择了追随张老师，这一决择就足以说明金口诀魅力之大，价值之大了。

两年多来，随着对金口诀探索的深入，更领略了它易理的博大精深，领略了它奇准神验的预测功能，真正意识到金口诀这一术数学的价值所在。

金口诀的定位法原理，把时空点分为十二个方位取十二地支为用，十二地支本身是时空信息的原点，它既可以指代时间，又可指代空间，这一信息源的确定，是构架金口诀四位一课的基础，而信息源的取用，金口诀规定“以来人方位定地分”，也就是以来人的方位点捕捉确定，是来人在特定时空中提供的信息源。信息源确立后，便是这一信息源如何展开的问题，而金口诀使用了大宇宙全息理论展开这一信息源。

将神的确定：也就是说在确定信息源——地分的特定时空中，月球运转相对于地球来说会施加怎样的信息影响问题，十二将神各有其名，这些命名与其实际的能量场关系不大，也说是说无论将神是凶是吉，都是它原具有的性质。而在具体课例中，则可能千变万化，吉凶转化因时空而定，随时空而变。尽管这样，但在特定时空中，随着地分确定后，那么将神控制地分，规定了地分这一信息点展开方向，吉凶方向。

贵神的确定：贵神取用原理，依然是取宇宙能量的施加影响，贵神能量场源于木星与其他各大星系的复合能量场，也就是在特定时空中，这一能量场与地分的关系决定，贵神确立后，那么，贵神便进一步把信息源的信息展开方向规定化，它的能量信息场又与将神能量叠加，又使信息源的信息明朗化，吉凶成败，主要决定于由信息源——地分引出的这两大信息场的特定时空中的吉凶成败，信息的发生发展与结局状况。故有一课之成败，将、神所占事体的十之六七。

人元的确定：人元乃是由地分在特定时空中遁出的另一宇宙能量场，这一能量来源于太阳相对地球位置不同而施加的能量场，为人元、为上、为至尊、为领导、为帝。这与月亮、地球及九大行星都围绕太阳转，都受太阳影响的规律暗合。古人造“六壬金口诀”这套预测学时，也许早就明了太阳系的这种关系，但它的运算法则却与自然宇宙运转规律暗合，这不能不让我们惊叹不已。更为重要的是以太阳为至尊的观念，在金口诀中还体现在神干将干上，也就是说神干将干也是太阳的一种能量场对月球能量场与木星等能量场的影响。也就是说，金口诀的框架规律正好吻合了宇宙运转规律。

由于金口诀的运算规律，采用了大宇宙的信息能量场，而根据宇宙全息理论可知，大可至宇宙，小可至人事点滴，事无巨细皆可反映出来。金口诀的瞬间定位论，时空全息论确立了六壬金口诀预测学的内在关系符合宇宙规律的理论，使金口诀预测学解断理论达到了规范，使预测结合详尽而准确，这也是其他预测学无法相比的。

下面这个课例是我学习金口诀预测学过程中为他人的一个预测实例，从中可以看出金口诀预测学信息的丰富与解断之精确。

丁丑年、辛亥月、壬戌日、丁未时，某人问公司发展情况，卯位，立课求之。

癸	**人元**
丙午（朱雀）	**贵神**
庚戌（河魁）	**将神**（用爻）
卯	**地分**

1. 课中二阴二阳，以将神庚为用，甲寅旬，子丑空，四大空亡金空。

2. 四位之内，木克土，土克水，水克火，木不受克，故木旺，火相，土死，水休。

3. 课内无五动，取三动干生方为子孙动；利子孙，外生内，外来财物。

4. 用爻在课内死，用爻为一课之主体，主所问之事，故求财达不到理想。

5. 神将相合，即午与戌构成半合。卯与戌合，故上下合财爻，可知在求财过程中，有人相助，合作项目很多。

6. 又子午卯酉主门户，可知无论上层人还是下边的人相助都是亲属朋友间的合作相助。

7. （寅）午戌合火局主文字信息，故主求财为文字信息方面的事，故指书籍、策划广告经营的业务。

8. 问今年财气如何？丁丑年干支与用爻庚戌构成天克地刑的关系，主今年求财不利，丑戌相刑，故今年有官司口舌事，特别注意十二月份。

9. 取寅午戌合局，当于今年正月筹划开设咨询公司或文化书店事宜，取卯与戌合，当成于二月，巳午月火旺，当有所收益。

10. 未月受太岁冲动当东奔西走，申月，取寅午戌马在申，当也是不停地忙于外面诸事。

11. 到了戌月，即为庚戌，当有财进，财入库，但课中为死地当以墓论，不以库论，故财进不多，且受太岁冲刑，故戌月艰难。

12. 本月亥月，当于火局不利，但与地分卯合局，故有人自愿与你公司合作，且不止一家，这些合作为明年求财打下基础，因亥卯未成木局生助火局。（以上所断皆被证实）

13. 子月，取子午相冲，故会对贵公司领导不利，因太岁丑与午相害，又受子月冲动，应防止被盗被罚的现象。

14. 丑月注意丑午相害，丑戌相刑，故不利，做事多加小心为好。

15. 问明年公司发展如何？明年为寅年，寅午戌成火局，可断名声雀起，财源广进。

16. 明年为戊寅年，正月为甲寅月，构成甲戊庚三奇，可知正月即有意想不到的合作，进财。

17. 二月乙卯，与财爻天地合处，故财源蓬勃，将有6~7万元的收入。

18. 三月丙辰，上半月仍旺，下半月稍差，因丙火助火局，辰为水库，不利于火局也，下半月老总多奔波。

19. 四月丁巳，五月戊午，财旺火炽，名声大振。文字有成。

20. 己未六月，当有合作事项。

21、庚申月，当因六月合作事，公司老总东奔西走。

22. 辛酉月八月，取卯酉相冲，公司门户可能变迁。

23. 壬戌月九月，火局入库，本月当有大财收入。

24. 十、十一、十二月相对稳定，相对来说，十月较好些。

25. 明年总收入可达60万元左右。

26. 问公司环境如何？取地分卯为公司所在地，故你们公司在城市的东部，亥卯未马在巳，当开巳门。

27. 巳方向的门与人元癸（亥）相冲，主公司总裁不在公司常在外面活动。

28. 巳方向的门与公司经理午构成天罗，使公司经理施展不开拳脚，故巳方向的门不利于公司经理。

29. 午为公司经理坐于戌上，当坐在公司的西北位，戌主神秘文化、僧佛、医药类，总经理当与这些事有缘且很深。

30. 卯主公司后面或东面当有树木，树不大，或有花园类。戌位即公司的西北方；当有高层建筑。（其证实：公司确实在本城市的东部区，开的东南门，原来的西门被堵住。公司总裁因有几家公司所以经常不在公司内，常到香港活动。公司经理办公室在西北边，练气功信佛道。公司的后面与东面都有树木.东面有一个小花园。西北方有一高层建筑，在市内也是数一数二的高楼。）

31. 问公司内部关系如何？取亥（癸）与午绝，可断公司最高领导与经理间不睦或不在一起，这里已断出总裁常不在公司。

32. 从课中有木局、火局相生可知内部关系较协调。

33. 今后几年发展情况如何？1999年即己卯年，在课内为合局时间，故此年多合作，财源不错。

34. 庚辰年，2000年，取辰戌相冲，冲破财爻，故当开办许多分公司。

35. 2001、2002年走向辉煌。

徐丙昕

2003年6月8日

三、学生来信，来稿选登

一、学生吕伟来信

张老师：

您好！

首先向您说声谢谢！我是“金口诀”班的函授学员，从小就喜欢术数预测。由于自己的文化程度不高的原因吧，学习预测学很吃力。以前看过周易，学了三个月，卦也装不起来。学四柱预测，虽得到一些皮毛的东西，就再也深入不下去了。尽管参加了名人的函授班，也无大的起色。就怀疑自己可能没这方面的缘分吧！

说到放弃，确实有些不甘心，而想放弃，就再无进展。也许与您有缘吧，正在我犹豫苦恼的时候看到了你们的广告，说“金口诀”，是一门简单易学的预测绝学。说实在的，我对函授广告报着怀疑的态度，相信您能理解我的心情。是我不甘心放弃学易的心促使我抱着试试看的心理寄去两元的邮票。索要简章。收到简章，看了介绍，才知道“金口诀”是一门千古口传的预测绝学，难怪以前我没有听说过。看了里面的介绍，一点也不吹嘘，而是实在的介绍，给人一种信任感，于是我下了很大的决心，到邮局填下了汇单。其实，促使我汇款的还有一个原因，就是收费低廉。这在预测学举办各种班中是极少见的。

收到你寄来的函授资料。我学习很快，不到一个星期就可以起课了。两个星期过后就能按照书中的解课步骤断课了，且很灵验，真的想不到“金口诀”是如此的简单易学，我学易的信心一下子就足了。后来又收到《金口诀内刊研究》里面的问题解答、课例选登、学员来信等题目，解决了学习过程中遇到的实际问题，打开了学习预测的学的新天地，从而让我在短时间内掌握了一门预测绝学，为自己的生活中解决了不少问题，也为朋友排解了许多疑难之事。“金口诀”依它准确而神奇的应验，让人叹之以为神遇，真不愧为“神课金口诀”。

下面是我学习“金口诀”两个多月后的一个预测实例，请老师指正。

丁丑年、辛亥月、壬戌日、乙巳时。

壬

癸卯（六合）

辛亥（登明）

寅

1. 课内二阴二阳以辛亥将为用，壬戌日立课，子丑空，金为四大空亡，课内不空不破。

2. 课内用爻辛亥为休，但得辛亥月建，仍可当令。

3. 月建入课，谓之逢月不出月，本月内当有婚恋事。

4. 壬癸辛在课内构成三奇，这在本月内又结识了一个恋人。

5. 卯合于亥，别人主动来找你的，你对她很动心。

6. 亥与寅合，你原来应有一个恋着的人。

7. 取月建辛亥与癸卯合，故本月结识的这个人现在还有一个恋人，是一个三角恋受关系。

8. 由此可以看出你此刻心情矛盾，不知该怎样选择。

9. 新结的这位朋友，以卯木六合看，苗条浪漫，很会谈情说爱，而原先的朋友较稳重。

10. 问那我怎么办呢？该选择谁呢？以人元壬水当子用，子卯相刑，可知本月中刚结识的女子因为遇到一些棘手的事，而求于你的帮助，所以非常爱你。到下个月子月，这些棘手的事就会出现，你们恋情很难维持到腊月。在十一月份就可能结束。

11. 希望你还是选择原先的女友，明年等喝你的喜酒。

今年，此人果然与原先的女友结婚了，当我问起他这件事的经过时，事情的发展果如先前所测。

现在，我已能运用金口诀为他人排忧解难了，这无疑对我学习这门预测学增加了信心，使我感到这门学问真是精深，信息量之大是其他预测学无法相比的。我一定百倍努力把金口诀学好，不负金口诀之名。最后祝老师事业发达，早日实现自己的理想，光大这门传统文化，为人类造福。

学生：吕伟

1998年4月5日

二、学生许开大来信

张老师：

您好！

学了“金口诀”后，总算定下研易的决心。当今易学风风火火，可谓热也。但很多名人教易总是“且听下回分解”，在下回分解中，学者还是不明白，花了钱也难学到一点实用的东西。学了您的金口诀，确是真人不说假话，教材讲解清晰，方法明白，使学员学后即能运用，后学之福也。

下例中是选日子改楼管道，以自己属相“巳”为地分起课。1998年1月13日戌时：（丁丑、癸丑、庚申、丙戌）

辛　人元

壬午　贵神（用爻）

癸未　将神

巳　地分

1. 根据用爻壬午课中有人三奇癸辛及本命巳，选取1998年1月25日未时开工，即丁丑年、癸丑月、壬申日、丁未时。

思路：①日支申与地分巳合，②未时合贵神午火，③日课中虽只见壬癸，实际上金口诀课中的人元辛巳暗合日课为三奇吉格。

2. 讲批：学员所选日子符合金口诀原理，利用三奇化一切不利，这样就有据可依，所选丑年、丑月巳与地分巳人元酉（辛可当其含本气地支酉用）构成合局。申合本命地支巳，丁未时与用爻壬午又构成天合丁壬合、地合午未合。故可以肯定其所选日子合理。)

3. 此课虽是为选日子所立，因用我本人属相为地分，所以也反映了我本人的人生经历。

4. 1973年9月13日（癸丑、辛酉、壬子）参加工作，壬癸辛三奇全，大吉。

5. 1975年7月（乙卯年、癸未月）在农场连队小学任教，卯岁与将神癸未合局，癸为三奇之月也。（讲批：癸未月为月建入课所主也。）

6. 1976年7月（丙辰年甲午月）调四场中心小学任教，丙与辛合，午火当旺生将之故。

7. 1981年5月20日（辛酉、癸巳、戊戌）调往场中学任教，又是辛癸合局之故。

8. 1985年9月1日（乙丑、甲申、癸卯）调到县劳动部门工作，丑与课中巳酉成局，申月合巳（巳为我生肖）卯日又合将神未土，但太岁丑害午，申巳合中有刑，却因二派争斗，我作为下属受累，停发了十个月的工资。

9. 1991年（辛未）函大毕业，辛为三奇，未为月德。

10. 贵神为阳，我当家，家中事以我为主。

11. 先生女孩，流一胎，三胎男，如何看？（讲批：巳为地分，为子女，火主二四八，课内为旺，不以二胎断，以四为妥信。）

12. 我父壬申年正月去世如何看？（批：人元辛以酉论，为父，申酉构成天罗地网，应在正月寅月，寅酉相绝之故。）

学生：许开大

1998年5月

三、学生许开大来信

实践追踪，其乐无穷

戊寅年、丁巳月、戊辰日、丁巳时。出差某农场收费，以午为地分立课。

戊

甲寅（青龙）

辛酉（从魁）

午

解：

1. 课内火旺，土相，金木休囚。

2. 月将辛酉为用爻，酉为游移之神，四位自下层层克上，火月火时火地分，可见即在当时出发。

3. 课中寅午戌火局三合全，主往南方去。

4. 酉为从魁为用爻，“从魁到午必田宅”，将干辛主道路，故为筑路建房而出发。

5. 贵神寅为天吏，为官府，课中财动、父母动、官动。寅为文书，为公文，火局寅午戌亦主文书印信，为政府部门执行公务而行。

6. “午为少阳及鞍马”，车也，司机曾某（男）恰属鸡，原不想出行被迫而出，下克上也。

7. 以酉午为内，寅戌为外，寅午戌三人，加月将四人，内为单位内二人，外为外人，其中一人有单位（寅），一人为社会青年。

8. 取方将为始，将神为中，神干为终，方克将先忧后喜，开始不顺，神将成财动，吉。不宜逢绝，故中间亦不顺，神克干兮空手还，故最后不顺。

9. 中间正绝机理为办事不顺，难成，但用爻辛酉为日干支生合，转不利为有利，午时破酉不行，待己未时合午化土生酉财矣，又酉为阴为女为院子，故己未时于路（辛主之）旁一店收到一女子学功费用，共135元。

10. 酉为天喜，为吃物为酒食，午破酉，正应杀鸡，未时，未主酒食，必杀鸡饮酒于己未时，且是一女子主动招待的（一挚友妻）。

11. 课中酉上寅为关，寅上戌为隔，辛酉为道路，又神将处正绝，故出行必阻隔不通，要拐弯而行。实际上，入农场叉路约三里路，一座小桥前面正在修路，不通，不得不回头绕弯行。也就是说，金口诀课一成，天地人信息便客观地定下来，由不得你了。

此课中所反映信息全验，学生课例中可能尚有一些分析不确，望老师指正。

学生：许开大

1998年5月25日

四、一个初级学员的一封信

金口诀研究会：

我接触大六壬金口诀是在广州一个周易应用学术报告会上，得到张得计老师的名片，按名片地址，我找到了张老师，并请他为我预测是否与预测学有缘。他测后说有，并预测了我前几年的事情，而且测的很准，觉的挺神的。于是，我马上报名参加金口诀快速入门初级班。之前，我只学过一点有关周易的基础知识，但总觉得理难明。通过参加大六壬神课金口诀快速入门初级班的一个月学习，我觉得金口诀快速入门教材，对预测学中阴阳、干支的来历及其生克制化原理的解释，比一般预测学书上讲的道理要明白清晰得多，唯物辩证得多。教学上真正做到理通法自明，学员很容易学会。金口诀神课教课方法简便，找出五动三动即可知其大意，详阅干支的生克制化，即可依理直断求测者求问事情的虚实，非常简单明了。而且取地分的方法很多。法无定法，只要以第一感觉取得的任何一个信息，即可作地分来起课。

下面是本人学习金口诀半年后，帮一个求测合作办函授班的同志预测的实例。我当时测后把结果邮寄给他，他反馈回来的信息全测对了，并将结果复印给我，现整理出来与大家共同学习提高。

我是这样起课的，按信中求测内容要求，以“林××与河南杜×合作搞函授如何？”作信息点，15个字转化为地支寅作地分，起课时间为丁丑年、壬子月、癸卯日、辛酉时：

甲
癸亥（天后）
戊午（胜光）
寅

1. 用爻贵神癸亥，课内水旺木相火死。

2. 用爻为亥，癸卯日属甲午旬见女为四大空亡，丑月前事情只谈未落实。

3. 取用爻贵神癸亥为内；为求测者林方，人元甲为外为杜方。时值壬子月亥水旺生人元甲（寅），内生外，主林方主动联系杜方搞合作的事情。

4. 用爻亥生人元甲（寅）为六合相生，寅为文字文化类的，亥水主神秘类的，可断定双方合作搞的函授是有关神秘文化方面的培训班。

5. 取用爻神亥水旺为主为林方，以将午火为外为容为杜方。将午火又为财爻，亥水旺绝午火，主合作双方在财务上有争执林方说了算。

6. 取用爻贵神亥水为内，地分寅为外，人元甲为寅地方的领导，癸亥水生甲寅木.天地相生合，主林要送财钱给办班提供地方的当地主管领导。

7. 取将午火与地分寅木为客为杜方，地分生财爻，主办班的地方可助生财。寅午半合火局，主外主杜与提供地方的单位又有合作协定。信中间学员通信联络地址以哪方为好？答：应以外方杜方的地址联络为佳。因地分寅相有力可助生财爻。

8.几见人元为甲主喜庆，主有财帛官职文书之喜。

9. 信中问如何做广告？答：广告为外，外为甲为宽为木主文学，亥为黑色，可以青黑色的字为好，因亥寅生合，内外和合，办事顺利。

10. 综合而论，人元贵神亥寅（甲）相生为开始，双方合作顺利，为林方生合杜方；贵神将神亥午相绝为中间阶段，不顺，为财爻午火而发生口角不和，为林方克合杜方；以将为最后阶段神地分寅午相生，成寅午戌火局绝水，主外杜方克合林方。

11. 时值快到丑月，用爻亥水被丑土克，如在丑年合作办班；主办事不顺，如能改在明年戊寅年寅月，与用爻癸亥形成天地合处和寅亥生合及寅午戌火局，主诸事顺利。（果如此）

12. 办班地方甲寅既生又克害太岁丁丑，虽得月建水生，及癸卯日生扶，但不得时被旺时辛酉所绝，主其办班的地方临时有变，而且随时间推移会一变再变，而且得不到地方主管领导的支持。如果改在明年戊寅年寅月则

一切顺利。另外：地分寅被旺时辛酉绝，为金入木乡忧口舌，还要慎防因办班地方问题与当地的人发生争执口舌。(后果应验)

学员：余丰

五、一位老学员测求财课例

丁丑年、癸丑月、癸丑日、庚申时，周先生问今年财运如何？

让其报数，求测人报数定地分为戌，月将仍用十一月将，立课。根据金口诀原理进行分析。

壬

庚申（白虎）

乙卯（太冲）

戌

1. 先取四位内用爻，此课三阳一阴取阴为用，卯为用爻，用爻为一课之主体，为所问事之主体。

2. 卯太冲主交通车辆、交通工具，为社会地痞、黑道人物，为交易暗昧之事。

3. 取四位内旺爻，四位内土克水，木克土，金克木，土又生金，故金旺、水相、木死、土休。

4. 再取五动，贵神克将神为贼动，经云：贼动内贼生，为财爻受克，主损失财物，勾连诈不明，主里勾外连，空诈不明。谋望必无成，神将冲克主破财、六亲不和，斗打官司，偷攘婉转名，主损失暗昧不明之财物。卦爻终暗昧，病恐亦非轻，主家中有病人，病情严重。

5. 方克干为鬼动，经云：鬼动忧灾怪，主有天灾人祸，或怪异惊恐之事，诉讼带他人，主有官司株连事，家宅未安泰，主家宅不宁之事。

6. 再取神煞验吉凶，旬空、飞廉、天德、天德合。年月刑方，四绝、三刑都入课，以神煞主事断之。

7. 断课分析：

根据课中信息显示断课如下：

(1) 此人应在农历七月份破财两次，属于上当受骗而致；周证实，他与朋友在七月去香港旅游，被一个酒巴敲了杠子。

(2) 此次旅游在中途不顺利，应有车祸发生，但不危险，只是一场虚惊而已。周证实，在他们行车的中途突然迎面一车疾驰而来，司机猛打方向盘，车没有撞上，也被擦了一下，在急刹车时，把他的腿碰伤了。

(3) 为什么断他七月破财呢？因课内庚申白虎旺，克绝用爻卯木为死地，卯申相见为四绝，主破财交通事故，将神相遇为正绝，白虎为凶恶之神，为歹徒、黑势力，又为行程道路凶丧事。

(4) 为什么只断有车祸不断凶伤呢？按课内旺相休囚死所断应该是不死即重伤，但结合神煞去断，情况就有变，因为甲辰旬中寅卯空，用爻旬空为避祸伏藏，所以有惊无险。

(5) 空亡为吉神落空好事难成，凶神落空凶事消溶。又贵神干为天德，所以一德解百祸，逢凶化吉，不会形成大的凶灾。

(6) 问此次求财如何？断这次求财比上次损失更重，这次你遭到黑道人物的挟持和暗算，但只破财人身安全没问题。周证实，他此次去澳门玩，无意中转到一个赌场，就玩了几把，结果输得很惨，走到出口处，又碰到几个大汉拦住去路，要茶钱，无奈又给他们一些钱才算破财免灾。

(7) 为什么说他应损财两次呢？因课内有两个卯木，两个申冲克，故断他损财两次。

(8) 为什么说他这次损财比上次惨重呢？因为有两个白虎带劫煞克绝用爻，经云：白虎行年灾劫宫，必须丧失两重重，两虎当旺魁罡上，人元见木有深凶。

(9) 问这两次损失多少钱？预测学上最难的便是数的预测。因为数的对应关系一直是预测界的一大难题，根据课内显示断为5000元，周证实为4500元，玩牌输了3000元，打发地痞1000元，喝咖啡敲了1000元，后来朋友要回来500元，这正好4500元，不过要回的500元，他们吃了夜宵。

(10) 又问今年家庭怎样？断家庭情况不如人意，破财，怪事，惊恐，跌打损伤都有，其中双亲中有一个重病，患的是肝胆方面的病，很难治愈。周证实，他父亲患了肝癌，今年十一月份去世。妻子倒茶水时杯子突然碎裂，把腰闪了，几天不能上班。花去一部分钱。

(11) 为什么断他双亲中有肝胆病绝症呢？因卯木主肝，在课内金旺木死，申卯相见为绝，又是神将遇正绝，又是神将遇，金旺卯木临死地，壬水来生又带刑，地分戌土又克住壬水，申时又克绝卯木，四绝经云：神将见绝主人会而傲占病必死，所以断是绝症难愈。为什么他死在十一月呢？因为虽申金克绝卯木但课中有土水不是真绝可绝处逢生，卯木又落空亡为避祸不受其绝，但到十一月见子带刑，必难脱此灾。

(12) 为什么断他家庭出现怪异之象呢？因为有鬼动主灾怪惊恐事，家宅不宁。

(13) 为什么又断他家中出现跌打损伤呢？从课中看出白虎申金克绝卯木，卯木又为四肢，贵神为腰腹，逢仲克则损则动。白虎又主跌打损伤之神，克绝卯木。所以主有跌打损伤之灾。

(14) 问婚姻状况如何？一般预测只讲一卦一断，卦问千条事，只有一件灵。金口诀可一课多断，看课中你的婚姻中应该婚前分手一个，婚后离一个，现在对象应是一个军人或公检法机关单位方面的人物，你的对象性格刚毅果断，行动稳定，秉公执法，办事快刀斩乱麻，从不拖泥带水，在家庭家务方面主要的事你还要让她几分，到关键的时刻还是你的贤内助决断。她若在军中应是个营级以上的军官，若在公检法应是处级以上的法官。周证实有90%是对的。

(15) 为什么断他的对象是军人呢？因课中用爻将神卯木空亡，贵神为白虎，白虎为军人，司法机关人员，课内独见白虎旺，但不见太岁月建入课，所以不能断高官只能断营级干部，实际上他爱人是个副营级。

(16) 为什么又断他以前婚姻不顺呢？从课中已经看出神将见绝，白虎申金克卯木为分离，关系断绝。二申克二卯主婚前期不顺，有在恋爱中分手的朋友。

(17) 又断其兄弟姐妹关系不太好，从人数来看最多四人，但不能保全，必有夭折，或者是有同父异母的情况。周证实，他兄妹四人，少年时死了一个，现在只有两人和父母一起住。

(18) 为什么断你兄弟关系不和呢？因用爻乙卯受申金克绝又受人元壬水所刑，二卯刑一子为争刑，主父母婚姻曲折。

(19) 又问子女如何？断应该有一子一女，但应先生男孩。

①为什么这样断子女呢？从课中看地分为戌土，课中三阳一阴，阴主事但用爻落空亡，所以断先生男孩。

②又断今年概况，他今年不但亏损，而且有官司口舌缠身。因本命戌相，见年月所刑，丑戌相会为四季会煞，必有官司口舌斗讼之事，是属于来自外方预料不到的。周证实，官司不是出在家内，而是公司中的，因其公司在汕头承包的一项保险连做两年，赚了一百多万，今年因为天灾造成赔偿损失亏损五百多万，为此事还打了一场官司。

学员：关山

六、初级班结业试题一例

丁丑年、辛亥月、壬戌日，丁未时，卯位问求财？

癸	人元
丙午（朱雀）	贵神
庚戌（从魁）	将神（用爻）
卯	地分

1. 课中用爻为戌（二阴二阳将为用）；故以将为财爻，仍取庚戌为用。课中无旬空、四大空亡。四位之中，只有木不受克，故木旺，火相、土死、水休。财爻死于课中，幸有午相火生助，日建临戌为助，故为死而复生之相，财仍可得。

2. 看五动不现，发用不明，只有三动干生方为子孙动，主外来财物。看四位生克，干克神主外环境不好。幸课内火相水克害不显。又癸来生方贪生不克。但癸临亥月建为旺，仍主有损害之相，且癸为劫煞主有政法部门前来查询。因戌临日辰为旺；又来克制癸水，说明用钱可以挡过谋害。神来生将可以生助财爻，主此次求财有人相助，（有人出钱投资），将克干又主在外求财可得。戌临日建又得午火旺相生助有力，出外求财可得。方克将主先失后得，变忧为喜，方生神求财不隔手，利于求财。

3. 戌卯相合，方合将为进合，成事为缓，又因卯木为课中旺爻，故影响求财进程，又午与戌为三合，当有合伙人，有相帮之人当属马。

4. 由于丁丑年，丁未时相刑相克财爻，财必受损伤，两丁克庚干，丑来刑戌，天克地刑也。必于申酉月损财，因酉害戌，申又泄戌之故。幸岁丑空，所害不大。当未月之所刑难免，故损财之事当起于未月到丑月。酉金见丑入墓。

5. 课中不见天德月德天马驿马，惟庚干有临驿马之象，有催动求财之应，但受年时干克，故当尚缓。幸有干庚为天德合其势稍减有救，对此次求财有利。

故此次求财虽可行尚缓，于寅年寅月求财可得，因戌临日建求财数为大。应期当为，寅年寅月，戌日，酉时可得，因为寅月三合得戌日临三月天马为将，酉时冲去卯爻之合，克去卯爻之克，求财方可成。内外关系为干克神，癸又为劫煞主政法部门寻事查询，又有木克戌方克将有内部属下人从中作梗阻挠上报揭发，因戌为天空又为用爻，主有隐藏欺诈之事又因癸卯相生，故上报揭发。再有以上四数为戌之数，临日建旺，但受时刑，受卯克有损，故取二十万数为应。

6. 丁丑年壬子月，丁酉日，酉时，以丑立课测病：

辛	人元
丙午	贵神（用爻）
乙巳	月将
丑	地分

①课中二火旺于课内，甲午旬，辰巳空用爻丙午旺于课内。

②方生干为父母动，丙午为阳，测病主父亲之病，神克干主病在头部。

③旺相之丙午受月建子月之冲，凶的的力量强大，课中巳酉丑又合成金

局但遇火克成坏局入课，主望而不成，测病难以痊愈。

④ 测病大凶。

⑤此病难以拖过子月可能于亥日是生死之别。

1997 年 12 月 24 日

七、学生谢贵章来信

千古智慧之光

昔孙膑与庞涓皆学于鬼谷先生；二人结为兄弟，膑为人忠厚，涓为人奸险。庞涓学艺下山仕魏得志；拜为大将、军师。孙膑后亦去魏国，兄弟二人本应相互关照，共扶大业。然庞涓忌贤妒能，以伪书陷害孙膑受刑致残，孙膑佯疯方脱险去齐国，拜为军师。在齐围魏救赵战役之中，以减灶增兵之计，诱庞涓中计于马陵道，孙膑以断树塞路，只留一棵大树，上书“庞涓死此树下”六个大字，诱庞涓点火观看，以火光为令，万箭齐发，射杀庞涓。这就是家喻户晓的孙庞斗智的故事。（见《东周列国志》）

自古兵家运筹帷幄，决胜千里。孙膑在此战役之前，已预先按时空变幻、五行生克制化测出其结局。后人以《金口诀》立课推演，课内四位五行有火、金、木、土。以金为齐军（孙），以木为魏军（庞），以火盗木气木休，金克木，木死，金被火克炼成器为锋利刀剑，秋天金旺木死金受克成器，土生庚金金更旺，庚金冲克寅木，主大将必死无疑。又庞涓动于未时，死于戌时，戌为火库，木克土受损，入火库自焚，故有此结局。

古今贤达，安邦救民，无不运用此等先见之智。老子、孔子、周文王、姜子牙、诸葛亮、刘伯温等先哲，无一不精研术数之学，为后人留下的智慧财富，在历史乃至将来都起到承前启后的作用，这是中华民族的骄傲。我们应继承弘扬此等文化，造福于全人类。孙膑的一生，是光大其预测绝学——阴兵法（今称为金口诀）的一生。金口诀自孙膑后，历代留传于民间，集阴阳、五行、天干、地支、三才四象于一体，天下万事均能凭此窥其堂奥。用现代科学解释，金口诀能断有无之事，解忧疑之难，乃是把握了太阳、木星、地球、月球等天体运行规律。其中的生合制化对人与事物均有所影响，这就是今人之统一场论、宇宙全息论和万物瞬间定位理论的背景。

二十一世纪是信息的世纪，掌握好金口诀这门预测绝学，对自身及社会都会有不可估量的意义。感谢张得计先生，将这一国宝重辉公诸于世。愿金口诀伴随每一个人成功地迈向二十一世纪。

学生：谢贵章

1998 年 5 月

八、新学员课例两则

（一）公历时间：1998 年，7 月，20 日，10 点。

干支时间：戊寅年、戊午月、戊辰日、丁巳时。

李科长坐寅地让测来意：以寅为地分。

甲

丁巳（螣蛇）

丁巳（太乙）

寅

1. 课内二阴二阳以月将丁巳螣蛇为用爻。

2. 申子辰日见巳为劫煞，用爻为阴，主失财物。

3. 用爻辰逢天马，驿马刑克，主失物应在途中或车上。

4. 用爻丁巳，巳为游神，为自失，失物不是直接从你手上失去的。

5. 以丁巳为火取象为手机、PB 机、钱财等，总钱数在 1~1.6 万元之间。

6. 驿马寅木虽刑巳火但刑中有生，寅木生巳火，此物应失而复得。二火相见百事残，返回却不是全部，只能返回一部分。

7. 在己巳日，壬申时应有消息，将有一女人来口信。

8. 壬申日方可见物归。

验证：

1. 李科长说 19 日（戊辰日）去沈阳办事，将自己的手提包放在汽车上，一转身工夫瞬间包就不见了。包内有手机、驾驶证，现金一万元及一些发票。

2. 己巳日，一女人从沈阳来电话，让去人取包，包内钱、手机均不见了，只剩一些证件和发票。

学员：姜禄

1998 年 7 月

（二）一位商店经理，近日聘用一名 1978 年生的店员，欲看此店员有无灾祸及雇用后如何？

戊寅年、戊午月、甲子日、己巳时，以该人年命为地分立课。

庚

丙寅（青龙）

壬申（传送）

午

1. 课内四位纯阳反阴，是位女子。以神为用，用爻青龙寅木。

2. 用爻受将神天克地冲，寅、巳、申三刑全，必见灾祸。火旺木休。

3. 用爻寅木逢天马，五月见寅为天马，又被驿马申金夹冲两克，必被迫离家有万里之行，见灾两次，另地分克人元，将克贵神，也为出行之象。

4. 将神克贵神为财动，凶灾以财为诱饵。

5. 用爻寅木干透月德，逢凶化吉，申子半合水局生寅木，贪生忘克，遇险有救。寅午临年、月旺处逢合，克去仇神申金，不成大凶。

测完后这位经理说：此女是吉林省人，今年阴历 4 月被人骗走一次，至北京被家人追回。

我又告诉此经理。①此课以客克主，招其用工，与其关系必不顺调，关系日见紧张。②此人阴历 7 月还将遇一次灾祸，请告之应当注意。

学员：冯子扬

1998 年 7 月

九、学生许忠华来信

张老师：

您好！

给您写信不知您能否收到。

因有几个问题不明，才产生如下疑问：

第一，“金口诀”是术数中的绝传秘术，见广告如是说，“金口诀”传人也只有您一个人，可为什么一夜之间会有数个“金口诀”函授班出现？

第二，全国有几个张得计，这几个函授“金口诀”的都是您的弟子吗？

第三，您有固定的通讯地址吗？能否通过一定形式澄清。据我所知，得到“金口诀”真传的只有您自己，为企业策划更是独具一格，使一些陷入低谷的企业起死回生，步入辉煌。为了让我们这些函授学员能学到真正的“金口诀”，望您对以上问题加以澄清。我想这一举措，既是对全国的函授学员负责，也是对您自己负责。

遥祝

易安

许忠华

1998 年 5 月 12 日

十、回学生许忠华信

许忠华易友：

您好!

看了你的信，我很感动，对你的来信，我表示真诚的谢意。现在对你提出的问题做以答复，也是对广大“金口诀”爱好者的答复。

“金口诀”乃古代术数中的精华，历代口授秘传，不为外界所知，就连各类术数集也不见收录，可见其隐藏之深，吕鸿雁师父当时对我要求十分严谨，不可轻易传人。遵其嘱：“孙膑故里发现之日，乃‘金口诀’名扬天下之时”。1990年通过专家考证确定，孙膑故里在鄄城孙老家村，随后果建孙膑纪念祠。至此，我才开始对外传授“金口诀”。

在全国名为张得计的可能不在少数，但“金口诀”七十八代传人只有一位张得计（曾用名张得骥）。在全国举办“金口诀”班的可能不只我一人，盗用我的名义，盗用我的著作资料的太多了。有的人出书竟托名（战国）孙膑所著。这些书均未经我审查校订，错漏很多，不可轻信，敬请各位易学爱好者留意。我希望“金口诀”能通过传播，使更多的人掌握，以服务于人类。

由于我工作繁忙，未能及时对外公布我的联系地址，是我的一个失误，也给一些欺世盗名之人可乘之机。现把我的通讯联系地址，附于下面：

北京房山良乡嘉瑞通4号楼4单元410

联系电话：010-69375538

手机：13371667758

网站：http://www.zhangdeji.com http://www.sjdw.net

E-mail：13371667758@163.com

联系人：张得计

后 记

想了解金口诀，研究金口诀，不要道听途说地、不负责地对金口诀枉加批评，更不要轻易扣上迷信、玄学、伪科学等帽子。因为它是时空学，更是时间、空间、人、物、象、数能量合一的化身，它是不可复制的公理性理论体系，我们只有用科学的思想、科学的理法、哲学的观点才能解读金口诀的本源理论。不论你是学习它还是研究它，你必须打破旧的思想观念的约束，你必须以全新的心态重新认识天时、地利、人和、人需、物需、象术及数字、螺旋数、双螺旋数的本源，回到远古时代用远古时代的朴素思维去探讨自然界，研究自然界的天人合一现象，你定会发现金口诀不是迷信、不是玄学、不是伪科学、而是自然法则学，自然公理学。

为了将金口诀时空公理发扬光大，我们特成立“国际预测公理风水研究院”，望天下有缘人共研。在此谨向支持金口诀事业的亲朋好友们致以深厚的谢意，特别感谢田立奇博士、张素华硕士、徐丙昕先生，张真语女士，石熊先生、刘明洋先生、苏昭华大律师、赵一宇先生等。

联系电话：010-69375538　手机：13371667758

地址：中国北京房山良乡嘉瑞通 4 号楼 4 单元 410

我们的网站：www.zhangdeji.com　www.sjdw.net

张得计

2012 年 1 月 10 日于北京